兒童及家庭關係執業心理學權威醫師 &
《10天內,培養專注力小孩》暢銷書作者
傑佛瑞・伯恩斯坦 博士◎著

陳昭如、陳芳智◎譯

目錄

第
2
天

第 3 天

第 4 天

第 5 天

讓你不再感到絕望的管教方式——把握7個訣竅，就能有效管教孩子 190

第 7 天

減少孩子在學校的偏差行爲——8個家長處理孩子在校偏差的訣竅……248

第 9 天

第 10 天

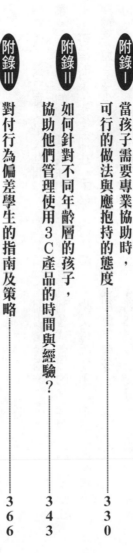

推薦序

讓孩子成為一個身心健全又充滿「愛」與「情」的快樂寶貝

陳永綺（書田診所小兒科主任醫師）

孝順雙親、養兒育女是人世間最平凡無奇的事，卻也是最困難的事。「家家有本難念的經。」我在門診中，就常常見到各式各樣的父母親，卯足了勁在養育孩子，可惜的是，孩子卻往往不從父母所願，不少父母因此頭痛不已。近幾年來，家家戶戶孩子愈生愈少，為此而憂鬱、操勞的父母親卻愈來愈多。

《10天內，孩子不再是小霸王！》就是專為有4到18歲孩子父母，所寫的工具書。10天，就持之以恆的10天。在這樣的10天，不斷思考運用及微幅調整，必能改善親子關係、矯正孩子偏差行為，讓家中寶貝成為身心健全又充滿「愛」與「情」的快樂孩子。

從小建立良好的親子關係，是為人父母必須遵守的第一個，也是最重要的原則。一旦發現了其中的小嫌隙，應該立即找出癥結，適時處理，盡快解決，千萬不要累積，否則愈積愈多，成為習慣便難以改善了。

錯過時機，想再修正恐怕就來不及了。正所謂「痼疾難醫」。遇到叛逆期的階段，為人父母的更應以多聽少說為宜，而且得仔細傾聽，從旁觀察，這不是監視孩子的一舉一動，而是適度讓孩子有自由活動的隱私空間，並把握合宜的氣氛與時機，適時的討論、由衷的交換意見，並與孩子培養出共同興趣，分享生活點滴。

找出孩子脾氣與特殊才能，發掘孩子內心深處的孤寂與需求，將有助於與孩子的相處。為人父母，言行舉止也不必然「成熟」，也許只是年齡與外表看起來較子女成熟罷了。因為如此，父母也需要適度讓孩子知道心中感受、情緒，與為了改善偏差行為所做的努力與苦心，引發孩子們與生俱來的同理心。這般的共同合作，才是達到至真、至善的境界。

作者循序漸進的讓父母親了解，並且在忙亂無序當下有所依循，按部就班的一步一步指引與孩子相處的改善方法。先了解父母親自身的行為與態度，發現自己的問題，再進一步的幫助孩子，矯正他們的偏差行為，就是這本書最難能可貴的地方。

此書是一本為已經發覺問題的父母親，立即提供解決良方的工具書。亦是讓未為或即將為人父母者，一本非常適用的參考書，以便了解自己與將來孩子可能發生的現象，防範未然。當然，更是協助身旁有類似情況而不知所措的親友們，度過難關的寶典。

引言

每天閱讀1章節，10天後你與孩子都將變得更好！

你知道教養孩子並不是件簡單的事，但是你做夢也想不到，它竟然有這麼困難！你正在閱讀本書是因為你感到筋疲力盡，無技可施。你的孩子行為偏差，而且簡直快把你逼瘋了。即使是最簡單的要求，他也會頑強地抗拒到底，不願意照辦。他情緒化、超級固執、過度戲劇化、粗魯、無禮——而且不只是有時這樣，而是經常如此。他不只挑戰你的權威，還自以為擁有與你同樣的權力。誠然所有做父母的偶爾都得應付難搞、挑戰自己權威的孩子，然而行為偏差的孩子，卻會將這種挑戰推到極至。

你或許花了很多時間想了解，到底什麼原因讓孩子做出這種行為：**那些極端的憤怒從何而來**？**是什麼原因讓他這麼容易生氣，才會做出報復性的態度與行為**？你可能已經發現偏差行為是如何干擾孩子的學習、校園生活的適應、外在的嗜好、以及人際關係。有時你可能會很驚訝，你的孩子竟然會叛逆到如此地步。我敢說你已試過無數方法，但情況始終沒有好轉。你對尋求解決之道及日常家庭生活失去了熱情，且感到絕望。

如果你覺得上述情況十分熟悉的話，那麼你就更需要看這本書。過去二十多年以來，我有幸輔導過超過兩千個有偏差孩子的家庭。這一段期間，我獲得許多重要且珍貴的洞見，來幫助行為偏差的孩子及圍繞在這些孩子身邊、如履薄冰的沮喪父母及家庭。就我個人而言，身為三個成年孩子的父親，我也從中學習了很多。

我為你願意主動閱讀本書而喝采。你將會發現這裡提供了許多有用的策略及技巧，讓你可以有效地減少孩子的偏差程度。你將會了解為何偏差孩子會做出那些舉動，以及何以偏差行為會毀掉一個家庭；同時，你將逐步發現該怎麼做來減少孩子的偏差行為，並增進你們之間的親子關係。我將提供你一些訣竅及練習，幫助你評估自己的行為，以更有建設性的態度對待偏差的孩子。許多找我諮詢的客戶都已達成了這個目標，而我知道你也做得到。

請注意：**我的十天計畫，原本的確是為4到18歲的孩子所設計，但由於收到許多讀者、幼兒家長、以及有成年子女父母的迴響，表示他們也能從這十天計畫受益，因此我也樂於將此計畫與他們共享。**不僅如此，許多孩子「只是頑固，還不能被稱為偏差」的父母也表示本書對一般性教養的問題，甚有幫助。因此，我使用「孩子」這個字眼，來代表這整個年齡層的人（書中許多例子是來自我個人心理學的臨床經驗，所有人名及相關資料，基於保護機密的理由，都已做了變更）。

行為偏差的孩子：愛生氣、不隨和、難理解

行為偏差的孩子會在各方面以不同方式表達反抗，但他們都會表現出一些共同特質——脾氣來得快，去得也快，過度戲劇化、對被要求的事抵死不從。我認為偏差孩子最大的問題，是在於不肯接受大人的權威。他們扭曲了公正的觀點，當父母回應的方式讓他們感到自己站不住腳時，他們的情緒就會失控，行為就產生偏差。這些孩子也會以各種方式表現出朋友看起來「很怪」或「錯誤」的行為，直到這些行為挑戰了他們與朋友之間的關係。

父母常聽到孩子的憤怒，如火山般地爆發：「你這麼做對我不公平」或「為什麼都是我被處罰」。當偏差的舉措不只出現在家裡，而開始發生在其他地方時，老師可能會聽到的是：「上課又蠢又無聊」或「所有的考試都很不公平」之類的話。當然，他們可會告訴朋友：「你真笨」，或質問朋友：「為什麼你從來都不找我一起玩」。

我這個計畫最重要之處，是在教你「如何透過全新方式了解偏差的孩子，並回應他們」。我知道你或許已試過很多方法想改善孩子難以相處的毛病，及他們的問題行為，其中可能包括故意忽視他們、規定睡覺時間、獎勵表及海報（最後可能被丟到垃圾桶），或用過度嚴格或過度放鬆的管教方式。不過這些策略卻通通不管用，因為孩子沒有足夠成熟的情緒控制自己的挫折感，更無法從錯誤中學習經驗。你需要使用不同的方法。如果你可以真正了解孩子，不把他說的話當作是針對你個人，那麼事情就會簡單多了。

行為偏差的孩子並不是隨時都很叛逆。這點可能會讓父母感到不解。孩子使用偏差的方式來反抗你，很可能是十分甜美而合作的——直到他們情緒爆發為止。在許多例子

中，偏差孩子可能會在一瞬間就變得十分難搞，而父母則因為孩子的問題而感到情緒緊繃，覺得自己筋疲力盡、無能為力。讓一些父母親最抓狂的通常是，這些行為偏差的孩子在學校的情緒表現甚至可以算是非常正常，對同學如此、在運動場上也一樣。學校老師、其他家長及教練對他們都讚賞有加，「這些孩子」在他們的眼裡真的很不錯。

了解孩子的「行為偏差」程度

若是你的孩子有用肢體攻擊他人或動物的傾向，或是有毀損東西、觸犯法律的問題，我建議，你最好找受過專業訓練的心理專家。因為這些行為失序症狀，已超過一般所可以控制的範圍了。孩子的失序行為，可能包括肢體暴力與殘忍行為，在一些極端的例子中，甚至還會出現使用武器的狀況。他們可能會放火毀損財物，或是做出逃跑、在外面過夜等嚴重違反規定的事。在我的計畫中所提到的各種策略，對於處理這類情況非常有用。但如果孩子做出這些問題行為的目的，是為了要得到更多的注意力，那就不是本書的策略所能夠解決的了。

若是孩子在精神方面顯示出某些比一般嚴重的徵兆（像是沮喪或焦慮），我也建議，你去找心理專家治療。有些例子顯示出孩子有相當嚴重的情緒壓力，而藥物在諮詢過程中是很重要的一環。然而在大多數的例子中，本書的策略對任何你所使用的方法均有補充作用，可以成功地解決孩子的問題。

在對付偏差孩子的戰爭中，你並不孤單

身為偏差孩子的父母或照顧者，你之所以選擇本書有一個理由——大多是因為你希望讓自己的生命恢復到平衡與健康的狀態。或許你發現自己已在思考下列事項：身為父母，是否應享有溫柔時光與美好記憶？我煮的三餐、摺的衣物、所有花錢買的衣服、玩具及活動，以及在城裡四處開車載著孩子與其他孩子，我所做的一切是否值得？為什麼其他家庭在經歷這些事情時似乎要容易得多？

我了解你內心深處受到的傷害、沮喪及迷惘。你經歷了很多事，試圖想理出頭緒，而且你有權這麼想。但是你要知道：在對付偏差孩子的戰爭中，你並不孤單。很多的父母，也跟你一樣正在經歷著同樣的事，即使他們表面上看起來像是「完美」的家庭。

改變你一生的十天，就在眼前

這個十天計畫對你及你的孩子來說，是個很好的開始。不過我要強調，**你必須使用本書的策略及原則，一直到第十天結束，才能永遠減少或終止孩子的偏差行為**。當然，你與孩子必須持續使用這套策略一天以上，習慣其中的每個新步驟及規矩，同時，你必須有很有耐性地持續往前邁進。**這個計畫共分為十個步驟，以每天一章的形式來呈現**。你將從每個步驟中，學到如何透過一個個彼此相關的策略，成功減少孩子的偏差行為。

在本書中，我將向你示範如何減少孩子的偏差行為，將他導向更健康的方向。若你能照著做，這個十天計畫會非常有效。當孩子表現出抗拒的訊息時，千萬不要放棄。你

一定會遇到抗拒，甚至是挫敗。但為了更遠大的目標，你必須努力保持積極的態度並集中注意力。持續使用書中提供的策略，讓它們成為你不斷努力的力量來源，如此，你將會得到你所想要的結果。

走出自己的舒適地帶

我知道本書中要求你所做的事，對你可能很不容易。在這個計畫中，我要求你每天對孩子行為所做出的反應，你可能會很不習慣。

我希望你能放棄老舊的思維，也不要過度反應。即使你可能覺得我的很多建議都是要你放棄權力與掌控力，但我可以向你保證，絕對沒這回事。當你完成這個計畫時，你將會發現自己對孩子有超乎想像、更多的掌控力。

如何從本書得到最大的益處

不論你是否會在十天內讀完本書，我仍然建議你持續閱讀這十天中的每天內容。**你最好每天早上讀一章，然後在當天就使用書中的策略**。或許你無法馬上使用每個策略，因為這裡面的策略太多了。在你最近使用過、並且很有把握的策略上持續加上新的策略。如果你決定在十天內讀完本書，並想更進一步增強學到的技巧，嘗試使用新的技巧的話，請盡可能多讀幾遍。如果你希望在進入第二天的內容之前，能花更長的時間重新閱讀當天內容，盡可能地運用書中的策略倒也無妨。你的主要目標是要完成整個計畫，所以輕輕鬆鬆地運用它吧，如果有必要的話，也可以再複習一下。

給你自己與孩子多一點時間，好習慣一下這個新方法。**堅持這些改變是很重要的**。大多數與我一起努力過的父母，都可以在十天之內看到孩子的偏差行為明顯地減少。家長經常跟我分享，甚至只要四天，孩子偏差的行為就能大幅減少！即使如此，我還是鼓勵你完成十天完整的計畫。盡可能多學些技巧、好好練習，這樣你收到的成效，將會是最深入、最持久的。綜合以上，你必須記住，這是個持續進行的計畫，所以你必須不間斷地使用這些策略很長一段時間。這十天對你來說只是個開始而已。你不妨這麼想吧：只要你使用我所提供的策略愈多，孩子就會愈乖。

最後，建議你**記錄下自己與孩子各種正面的改變**。這個記錄不用很正式、或是很詳細，只要能留下你與孩子正面的突破與成功，就會很有幫助了。但願你能在這趟寶貴的旅程上擁有絕佳的運氣。

增訂版介紹

以冷靜、堅定、非掌控為精髓，新增符合世代腳步的案例與教養方針

我寫了《10天內，孩子不再是小霸王》一書，來幫助跟你一樣，家中有愛還嘴、反抗心很強孩子的家長，希望你們能夠掙脫束縛，脫離這些破壞力強大、卻又毫無益處的激烈對抗。對於本書能維持不墜，我由衷感激。這套「十天計畫」居高不下的受歡迎程度，驅使我必須著手增訂本書，以符合新世代讀者的需求。

本書自出版十年來，孩子、十多歲的青少年，及家長們都面臨著比從前更複雜的挑戰，而所置身的世界步調則更快，且愈來愈受到網路、新的螢幕技術、電玩遊戲，及社交媒介的影響。我把初版全部的章節都整理了一次，並將這些部分加以修訂，增強十天計畫，以符合時代變遷，與家長、教養人員、孩子、青少年們的需要。

書中內容取材自於我執行諮詢輔導業務時，各種臨床情緒上的痛苦與勝利。我以二十多年來，身為兒童與家庭心理治療師，處理從單純頑固到極度行為偏差等各種不同程度難搞孩子的經驗，發展出這套計畫。從十年多前本書初版發行以來，來自世界各地

的讀者，將他們使用這十天計畫的成功故事轉達給我，我深以為傲、也心存感激的在此與各位分享。他們回應了一些認可的訊息，也極度肯定這套計畫的確有用！他們表示，這套計畫給了他們一個快速、具同理心、並極為有效率的方式，來降低、甚至消弭激烈的對抗，改善他們和行為偏差孩子間的關係。讀過本書的家長和教養人員得知了改變自身行為的方法，這也明顯地讓他們的孩子產生變化，不再那麼鴨霸，行為變好。

我在本書新版中分享更多變動之前，想先透漏一點私密的消息給大家：我之所以撰寫本書，不僅僅是因為受到來我這裡輔導的孩子以及他們家庭的激勵，也因為自己教養時遇上的麻煩。在寫《10天內，孩子不再是小霸王》之前，我自己就曾反應過度，對自己孩子又吼又叫的次數也很多。諷刺的是，即使很多來進行心理諮詢的孩子和家庭關係都有所好轉了，我卻陷入自身的咆哮陷阱裡，一直到我改變了自己的心態，以及對孩子的方式。轉捩點出現在當時我九歲大的大女兒愛麗莎對我說：「老爸，你有愛發脾氣的毛病，你甚至連自己的孩子都管不了。」

我發現愛麗莎說得對。我上了謙卑的一課，**學習管理自己的情緒和反應，對於自己是否能管理孩子的情緒息息相關**。我正經的改變自己，從一個過度反應的家長，變成冷靜、堅定、非掌控型的家長！這樣做雖然還沒能把我送上變身完美家長之道，卻讓我成為了「改善中的咆哮者」。這套計畫也能幫助你成為一個更好的家長。你將知道，在管理行為偏差孩子時所做的改變，也能幫助他管理自己的行為。

「冷靜、堅定、非掌控的方式」是這套十天計畫的精髓與靈魂所在，也是本書重要的主旨。在第二版中，我在冷靜、堅定、非掌控型的方式中加入了「教練」的教導元素。從初版發行以來，我就發現，當我引導家長：將自己視為行為偏差孩子的「情緒指導教練」時，他們可以變得更冷靜，且能不把事情認為都是針對自己（這是許多家長常犯的毛病）。出自於正念方式的良好練習與策略、認知行為治療、以及辯證式行為治療法都是我配合了實際生活中範例，所做的最新呈現。

從我執業案例中精心挑選出來的例子，提供了最新、最有效的方式讓你以冷靜、堅定、非掌控型的方式來指導自己和孩子，讓孩子不再是個「小霸王」。而這些例子是很容易學習的。我也在計畫中增加了幾則新的親子範例，說明因為網路媒介和螢幕裝置盛行引起的壓力及問題，畢竟，今日家長面對這類問題的機會將愈來愈多。十幾歲的青少年很容易沉迷於社交媒介中，引起暴力、自尊及其他壓力的問題。

我也把美國精神醫學會最近發行的新版診斷手冊DSM5中，關於對立性反抗疾患（Oppositional Defiant Disorder）的最新標準收錄。此版的《10天內，孩子不再是小霸王》將把相關部分的最新說明標準，做為書中的例子。還有新修訂的注意力不足過動症（ADHD）診斷標準，也一併呈現。我的目標是，當引用到貫穿全書的診斷標準及心理健康狀態考量時，還能持續保有本書在心理學行話上的輕巧，讓讀者讀起來覺得友善。

另外，在第二版中，每一天內容的都以一些行動步驟作為收尾，希望能強化讀者，讓他們為前到明天做好準備。這些行動步驟是專為讀者設計，希望他們在這十天計畫的推進中，能夠消化、並整合學習到的所有資訊與技巧。全部的章節都進行了更新，但修訂最多的章節描述如下：

第3天，連章節名稱都重新擬定。本章中增加了新的策略，幫助家長管理咆哮的衝動，改以其他方式代替。本章中也提到了文字訊息的溝通，以及透過這種媒體方式來「咆哮」的行為。和本章的新觀念，是當你孩子的情緒教練，在本章也會被提出說明。我還介紹了在最近興起、重要性日增的觀念「寬以待己」，告訴家長如何利用這項利器，來管教自己行為偏差的孩子。

第4天，「避免和孩子產生權力鬥爭」則更新為「超脫於權力鬥爭之上」，內容收羅並說明了家長與孩子之間，一些可能無可避免又不易解決的衝突。本章繼續說明貫穿本計畫的重要元素：冷靜、堅定及非控管方式。這種方法被運用到管理孩子使用螢幕裝置的時數問題上。修訂過後的本章章節，篇幅大幅增加，為的是能更深入幫助家長管理孩子的社交媒介與螢幕的使用問題。章節中也針對持續進化的科技給孩子們帶來的最新挑戰與壓力，進行了討論。

本章中也討論到，家長雖然可以限制孩子使用螢幕裝置，或把它拿走，但這種作法並非長久之計，要維持很困難。因為無論是兒童還是十幾歲的青少年，在學校和每天的生活之中都少不了使用電子媒介。我用輔導家長和孩子時觀察得來的結果，加上讀者給我的回饋，提出了新穎又有效的策略，希望能幫助降低衝突。我也在這修訂的章節中談到家長可以透過哪些方式，給孩子更多支持，讓孩子跟他們在一起時，情感上是安心的。當家長和孩子一起摸索該如何管理螢幕科技帶來的壓力與誘惑，如線上即時訊息、社交媒介，和電玩遊戲時，這一點是很重要的。

第6天，被加上了新的章節標題，改成了「不再絕望的管教方式」。章節內容被大幅修改，以反應並強調父母在試圖教導並鼓舞孩子減少偏差行為，讓行為變好時，管理自己想法和情緒的重要性。我還發現，家長把處罰（代表負面的處置）和管教（教導孩子如何做出較好的選擇）的觀念混淆了，所以才會掙扎受苦。話雖如此，在吵得面紅耳赤時，家長很難不去施加起不了作用的處罰，而且就算是處罰毫無效果家長也是不管不顧的。本章會說明，行為偏差孩子的家長，是如何發現強硬或嚴厲的處置方式，通常只會讓孩子的行為更糟糕的。我們在這裡提出來的是一些新的辦法，讓父母透過有效的管教方式來處理孩子的偏差行為，以及父母自己可能會礙事的強烈情緒。冷靜、堅定、非掌控的方式被繼續提出來，幫助父母發出具有影響力的聲音，穿透孩子的雙耳——甚至當他們被虛擬空間吸入，在其中浮沉浮沈時亦然。

附錄I（當孩子需要專業協助時，可行的做法與應抱持的態度），現在寫好了，家中如果有孩子心理健康問題，不在本計畫涵蓋範圍之內，家長立刻就能參考。

附錄II（如何針對不同年齡層的孩子，協助他們管理使用3C產品的時間與經驗），延續第四天討論內容，提供家長和孩子更多策略，進行3C產品使用時間的管理。

附錄III（對付行為偏差學生的指南及策略），則為第一版原來就有的附錄。此附錄是一套指南，寫給需要處理偏差行為學生的師長。

無論你是讀過本書的第一版，還是透過此全新修訂版才接觸到我這套計畫的，我都鼓勵你帶著一顆學習的心向前邁進。**如果你滿懷熱誠的跟著本計畫去做，身為家長的你，將更能控制得當，改善與孩子的關係，而孩子的偏差行為也會大幅減少。**

了解孩子為何會表現出偏差行為

——千萬要避免的11種「負面教養」方式

為了讓孩子不再表現出偏差行為，首先你必須先了解他為什麼會如此。所以，今天將帶你深入了解孩子偏差行為背後的動機。同時你也將發現，你的教養方式會影響孩子的行為——不論是變得更好或是更壞。教養方式不是與生俱來的技巧，而是需要學習的技術——它甚至需要更專業的技巧，來指引行為偏差的孩子往更好的方向發展。

比起強大、有效的教養技巧，更重要的是家長的心態。如果你一心只想著：與行為偏差孩子間的「戰爭」必須打贏，那麼全世界的技巧也幫不了你。健康、均衡的心態，可以讓家長變得更聰明，而不是更強硬。我就看過許多聰明的家長，因為採取的方法太過強硬，以致於與行為偏差孩子間的戰爭持續不斷。

你很可能已經被挑動起來了，因而情緒上產生絕望、倦怠無比的感受。一開始有效的辦法，逐漸失去了作用，甚至完全不管用，散發出徒勞無功的不幸結果。而你將會明白，本書所描述的冷靜、堅定及非掌控方式，將可以培養出對成功管教行為偏差孩子，極為重要的同理心與同情心。幫助你的孩子和你，避開會挑起偏差行為的情緒反應。

孩子的行為偏差，不只是個過渡階段

各式各樣的掙扎，總是伴隨著童年期、青春期、甚至是成人期而來。然而漫無目的地等待孩子長大成熟、不再不守規矩，只會讓情況益形惡化而難以解決。身為父母的職責，就是幫孩子表現出適當的言行舉止，而不是為他們失當的行為找各種藉口。我們要以循循善誘的方式，透過樹立典範、耐心教導、範例引導，告訴他們一些核心價值。必要時，你要在孩子做出偏差行為時，及時給予適當的懲罰，如此才會慢慢灌輸他一個觀念，那就是他必須對自己的行為負責。面對容易反彈及防禦心很強的孩子，你將會在第六天的內容中，學到如何以有效的處罰方式讓他們更有責任感。孩子將會了解自己做錯事的後果，不論是收拾善後、強迫休息（譯註："time-out"原意是「比賽暫停、休息」。這裡指「強迫孩子不能出門，以致他什麼都不能做，只能休息」）、或提早上床睡覺。後面到了第六天的內容中，我會告訴你必須慎用處罰來對付行為偏差的孩子。

孩子出現偏差行為的根源

當喬許在學校跟朋友在一起時，就像個普通的十歲男孩。可是他在家裡的時候卻是完全兩樣。他總是盡可能地挑戰家規。要他別再玩電玩，甚至只是稍微休息一下，就像對牛彈琴。他時常對父母罵髒話，或是騷擾他的兄弟姐妹，更別說要他做什麼家事了——除非父母堅持要他做，否則他會拒絕做最基本的家事。喬許與父母總是不斷爭吵，這讓雙方都感到十分疲累、氣憤且緊張。

雖然喬許父母多年來的婚姻很穩固，但近來他們已開始為了兒子的事而爭吵，而且彼此都認為喬許惱人的行為都是對方的錯。他們對朋友善意的勸導感到厭煩，而朋友們認為喬許所需要的，只是一雙更堅定「能帶領他走正路」的手。

「席琳娜看我的樣子，好像她非常恨我。」席琳娜很沮喪的單親媽媽說。當傑西卡十四歲時，還是個很單純的六年級學生。現在八年級的她卻讓媽媽十分苦惱。她總是再三逼媽媽帶她去看她的男友，她覺得男友是唯一一個能讓她覺得安心的人，跟他在一起可以逃避所有批評她的醜陋、汙穢等社交言論。席琳娜告訴媽媽說，除非媽媽照她的意思做，否則她的生命將會悲慘至極。

當席琳娜與媽媽來找我時，兩個人邊吵邊說，而且彼此對對方都有強烈的恨意。席琳娜的老師也注意到，她與日俱增的偏差行為已逐漸影響到她的個性。席琳娜開始翹課，而且拒絕做老師要她做的功課。

上述幾個故事，都是父母帶著孩子來找我的典型案例。當家裡爆發一次嚴重的爭執（通常只是多次激烈爭吵中的一次）後，父母便會決定該找人求救了。

沒有任何人可以確定到底是什麼原因讓孩子有偏差行為。它可能是來自遺傳。偏差的行為模式可能源自於大腦的化學變化。同時家人對孩子行為的反應，以及孩子是如何被管教，也在偏差行為的發展中扮演重要的角色。事實上，許多孩子會在特別疲倦、饑餓、沮喪時容易不聽話、爭吵與反抗權威。我一個十幾歲的諮詢對象，就很俏皮的把自己形容成「餓到生氣（hangry）」。「餓到生氣」這個詞彙，是我從她那裡學來的，流行語字典裡也真的查得到，意思是「當你非常飢餓時，『沒食物吃』這件事會讓你變得很生氣、挫敗，或兩者兼具。」

一般孩子在長大之後會透過「學習」做出社會接納的適當行為，以得到他們想要的東西。然而偏差的孩子卻會接受、使用不當方法，且變得要求過多、反抗性強、難應付。導致孩子產生反抗行為的潛在因素，可能是因為他們沒有得到足夠「關愛」，像是：

◆被朋友拒絕
◆學習障礙
◆親子關係有問題
◆嚴重的心理創傷，例如性侵害
◆有自身形象上的顧慮
◆兄弟姐妹之間的衝突
◆認為不守規矩「很酷」
◆事情排得太滿
◆上網及活動的時間，跟做功課的時間互相牴觸
◆朋友圈內愛話長短、互比較，令人不快，傷人自尊

不論是基於什麼原因，孩子有破壞性或是不合群是最嚴重的問題。偏差行為不只是個過渡階段，而且不會在一夕之間解決。你有偏差行為的孩子試圖對抗你。他之所以這

麼做並不是因為他很邪惡——雖然有時你還真覺得是如此。孩子之所以如此，是因為他不知道還有什麼方法可以處理困擾他的想法與感受。這是了解為何孩子會行為偏差的重要關鍵。當你在應付孩子時，這點請務必牢記在心。

現在你或許已經很了解，為什麼傳統的管教方法對偏差的孩子不管用。行為偏差的孩子在年紀小一點時可能會拒絕出去玩，聲稱自己不在乎失掉這個權利。如此將會為你們此後親子之間不斷增加的挫折與衝突給定了調。當父母決定要動手打人時，偏差的孩子總是能掌控情勢，並且把焦點轉移到父母身上。他們可能會說「我要告你虐待小孩」，來規避自己逾矩所應負起的責任。這聽起來可能很瘋狂，但是偏差孩子真的相信他們跟大人可以平起平坐。許多怒火中燒的父母告訴我說，他們把行為偏差的孩子關在臥房裡，結果只是讓孩子氣得亂砸東西，或是從窗戶逃出去。

你的孩子可能是「反抗性偏差障礙（ODD）」

每個孩子難免都表現出偏差行為，但你的孩子可能是患有反抗性偏差障礙（Oppositional Defiant Disorder，簡稱ODD）。千萬別被「反抗性偏差障礙」這名詞給嚇壞，對家長來說，這名詞聽起來就烏雲兆頂，也充滿了醫學意味。

ODD的症狀包括習慣性生氣、自己做錯卻責怪他人、敏感易怒、容易被激怒以及有報復心。若是你的孩子符合ODD的診斷結果，他會回嘴、拒做家事、說粗話、以及說些像是「你不能逼我」或是「你一向不公平」之類的話，而且這種情況每天都會發生、並且持續至少六個月。換句話說，ODD的孩子有較諸想像中超乎常軌的反抗態度及行為。美國精神醫學會的診斷及症狀手冊（精神疾病診斷準則手冊第五版DSM V）中就包含了以下這份，分成三群組的行為清單，用來診斷孩子是否有ODD。

◆**生氣／易怒的情緒：**

- 時常發脾氣
- 十分敏感，容易被惹毛
- 內心常存在不滿情緒

◆**愛爭執／反抗的行為：**

- 經常和權威人員爭執，或身為孩子或青少年，卻常跟大人爭執
- 經常激烈地公然反抗，或是拒做大人要求或規定他做的事
- 經常故意惹別人生氣
- 經常因為自己的錯誤或不當行為而怪罪他人

◆**惡意報復：**

- 過去六個月內，至少有兩次心懷惡意或報復心態

如你所見，反抗性偏差障礙這八項診斷症狀被分為三組：生氣／易怒的情緒、愛爭執／反抗的行為、以及惡意報復。這反應出這個疾病的情緒與行為症狀都兼具。孩子和青少年必須有四個或四個以上上述症狀，且時間至少六個月，才能符合被診斷為反抗性偏差障礙的標準。標準中強調了該行為對孩子發育年紀而言，屬於超出常規的行為，而

且在嚴重性上也有清楚的規範。

除此之外，被診斷有ＯＤＤ的孩子也可能被診出患有行為障礙（Conduct Disorder，是一種更極端的ＯＤＤ型式），這是一種合併症狀。為了能符合ＯＤＤ的正式診斷，這些症狀的出現次數必須高於一週一次，以便與人格發展中孩子和青少年一般的症狀產生區隔。精神疾病診斷準則手冊第五版也考慮對嚴重程度進行評比，以反應研究所顯示的，普及度在環境（即家中與學校）中的程度是嚴重性的重要指標。

重要的是你必須了解，若是孩子只表現出清單中的一、兩項行為，或是行為發生的頻率並不高，你要想辦法保持現狀，好讓問題不至於惡化。俗話說「預防勝於治療」，這句話對教導偏差的孩子來說，再貼切也不過了。我曾輔導過許多符合ＯＤＤ診斷標準的孩子，也曾與許多不符ＯＤＤ診斷標準、但卻非常偏差的孩子合作。一個孩子——不論偏差到什麼程度——都會為自己、為家庭、及為周遭製造出許多大麻煩。本書的策略適用於所有行為偏差的孩子，不論他們是否有ＯＤＤ。只要你按照書中的十天計畫——這個計畫是我根據來我辦公室求助的孩子及父母所提供的策略——不論你要對付的是行為多麼偏差的孩子，他們的偏差程度都會大幅改善。

從孩子的行為，可以判斷偏差的類型

下面這份清單，描述了偏差行為的八個面相。為了讓你能更精確地處理偏差孩子的實際情形，請你想想你的孩子會做出哪些行為？以及他們偏差的程度為何？

根據孩子偏差行為的程度，在□中寫下1（最嚴重）～5（最不嚴重）：

□我的孩子經常發脾氣。
□我的孩子經常生大人的氣。
□我的孩子喜歡反抗，或拒絕聽從大人的要求或規定。
□我的孩子非常喜歡激怒別人。
□我的孩子常因自己的錯誤而怪罪他人。
□我的孩子敏感易怒，而且很容易因為別人而生氣。
□我的孩子很愛生氣，也很會記仇。
□我的孩子懷有惡意，而且報復心很強。

仔細看看你是如何評斷自己孩子的偏差程度。如此一來，偏差行為所造成的嚴重性可說是一目了然。現在，請你捫心自問以下幾個問題：若是你還無法回答所有問題的話也無妨。此刻你的目標是思考孩子所面臨的挑戰，以及他該如何面對這些挑戰。

◆這些行為是從什麼時候開始的？
◆這些行為是在什麼樣的情形下產生的？
◆過去孩子是否曾發生過什麼不愉快，才導致了這些行為？
◆如果有的話，過去有什麼人或是什麼事，幫助你處理孩子的偏差行為？
◆我該對這些行為做出什麼反應？

其實，很多父母都會遇到孩子行為偏差的問題

許多家有偏差孩子的父母都感到很孤立，好像全世界只有他們得應付這個問題。我可以跟你保證，你並不孤單。遺憾的是，我們的社會仍充斥著「完美父母」及「完美家庭」的形象。更不幸的是，許多「完美父母」在我辦公室裡消失於無形，只因他們了解自己再也無法掌控「完美」的孩子。但這個世界上沒有完美的人。外表很容易騙人，更何況自己與別人的家庭並無法比較，否則你只會把你自己逼瘋了。

大部分人在生了偏差孩子之前，對這個問題都不太了解。我曾經輔導過一位兒子二十歲的母親，她告訴我以下的故事：

只不過幾年前，我看到一位母親與她的兒子在教堂外面爭吵。那個男孩子很明白地向母親表示，他不願意進去做禮拜。最後那個男孩坐在教堂外面的大廳，而他的父母輪流出來看他，這令我非常震驚。那時我看著自己四歲大的兒子，突然心感到一陣欣慰，心想他絕對不會像那個在大廳的男孩一樣。唉，你可以想像當我發現我的小天使到了十一歲，讓我自己經歷了同樣的情況，而家裡更不斷上演著無數爭吵的戲碼，我有多驚訝了。我從來沒有料到，我的孩子竟然會變得這麼難搞、這麼不聽話！

我見過來自完整家庭及破碎家庭的偏差孩子。他們有些是運動明星、音樂達人、甚至模範生。當然，我也見過許多偏差孩子不斷與學校成績、朋友、家庭關係而奮鬥。但重點是，沒有任何一種家庭模式或背景因素會造成行為偏差的孩子。不同的家庭條件，都可能會出現偏差的孩子。我們社會需要更多的工具與策略，來引導並幫助他們。

請先檢視：偏差的孩子如何影響了你？

孩子的問題，讓你及你的家人感到沮喪嗎？身為行為偏差孩子的父母，你或許已經歷了下面提到的情緒反應。

以下哪些是你在面對孩子時「感同身受」的項目，請在□中打✓。

□你在第一時間會懷疑「自己為什麼有小孩」。
□你恨你偏差的孩子，為何要把你和家人逼到如此地步。
□你對自己必須要應付生活中的各種需要，感到絕望、不知所措。
□你覺得沒有任何事情可以幫你解決目前的處境。
□你感到筋疲力盡。
□你覺得自己像是被人操縱。
□你對自己的婚姻或同居伴侶失去熱情而感到悲哀。
□你感到自責。
□對於身為父母，你深感挫折。

這份清單並不夠詳盡。我在下一章會談到父母應如何克服這些問題、以及如何克服對偏差孩子極端負面的想法（我稱之為「有毒的思想」）。至於現在，你必須停止對自己的苛責、停止與其他父母做比較。相信我，一個看似愈完美的家庭生活與孩子，在關起門來之後往往不是那麼回事。

每個家庭都有問題，你能夠為自己及家人所做的，就是接受自己目前的處境。我告訴我的親子客戶，通往不幸的高速公路，源自於強求自己沒有的生活，或過度的不想要自己當下的生活。你的孩子喜怒無常、反應過度、要求苛刻、很折磨人，這些會讓人非常難過。無論你是想歸咎於他的ＤＮＡ、過去發生的事、你的教養方式、或是家族歷史，他就是這樣。但是，現在你能做的，就是接受目前的處境，並對外尋求協助，如此可以讓你把整個家拉回幸福的常軌，並和平共存。

當你改變看待、對待孩子的方式時，巨大而正面的變化，就會開始出現在孩子身上。不要糾結於遺憾之事，接受自己以往錯誤、因為正盡力追求最佳結果而看重自己，這樣身為家長的你，就能夠改變並成長。卡爾・羅傑斯是心理學上最卓越的思想家之一，在教育、治療、人本心理學上都極有貢獻。引用他的話，「最稀奇的矛盾在於，當我接受了原本的自己時，我就能改變了。」

指導自己和孩子冷靜下來，才能解決問題

這套十天計畫，主要在強調兩項對行為偏差孩子很重要的技巧，這是你必須學習、效法，並加以指導的。這技巧就是：冷靜下來，解決問題。行為偏差的孩子，和其他的孩子相較，更缺乏這兩項技巧。你把冷靜和解決問題的技巧學得愈好，就愈有能力指導孩子，並讓他們跟著學習效法。本計畫中包含的練習是為了提高你的自我認知，改變你管教的心態、以及如何與行為偏差孩子對招而設計的。你愈能開始把自己當做孩子的情緒教練，那麼在他鬧情緒時，就比較不會認為他是在針對你。

面對孩子的行為偏差，父母要從自己開始改變

現在你已經更了解偏差行為是怎麼回事，以及它是如何在孩子身上產生影響了；你知道自己必須做些改變來掌控情勢。至於父母掌控情勢的第一步，就是列一份清單。

你跟所有的父母一樣都會犯錯。偏差孩子的行為應歸咎於父母這種想法，常因某些偏差孩子出自不正常家庭而被強化了。雖然不是全部，但有許多偏差孩子在學校的成績很好，跟球隊教練合作愉快，對朋友的父母也很有禮貌。甚至有些孩子還會說服治療師說，他的問題全都是父母的錯。在我輔導的過程中，當然也曾經從偏差孩子口中聽過看似公平卻全是編造出來、且經過修飾的故事。

①了解正面的教養方式

為了讓你不再責怪自己，並取回掌握孩子的能力，得從一些正面方法開始做起。

請閱讀以下清單，並在你已做到的事項□中打✓。

- □微笑 □眨眼睛 □四目相接 □載他們去上課
- □握手 □獎勵他們 □參加家長會 □拍拍孩子的背
- □擁抱 □稱讚孩子 □辦生日派對 □與孩子站同一陣線
- □點頭 □肯定孩子 □說「我愛你」 □載他去參加課外活動

若是你做了上面任何一件事，都請鼓勵自己一下吧！孩子會非常欣賞你這麼做的，即使他們嘴巴上不會承認。若是你覺得你並沒有充分表現出上述行為，那麼現在正是開始做的最好時機。這些行為中的某些項目可能與你本來的個性十分相符，有些則否。例如，或許你不是個善於流露感情的人，所以對擁抱這事會感到很不自在。在這種情況下，透過語言上的讚美來取代也是可以的。

練習這些正面的教養方式，可以幫助你與孩子建立溝通及理解的管道，這也是解決孩子偏差行為的主要關鍵。關於這點，我將在第二天的內容中談得更仔細。

②了解你的負面教養方式

要來談負面教養方式前，請閱讀以下清單，並在你已做的負面行為□中打✓。

- □咆哮　□揶揄　□挖苦　□說謊
- □訓話　□批評　□內疚　□激怒
- □嘮叨　□威脅　□沒耐性　□說其他父母的閒話
- □翻舊帳　□丟東西　□覺得丟臉　□不切實際的期待
- □打人　□忽視　□否定他們的感受　□打斷他們的話

若是你發現自己在上述項目中打了不少勾，也不必感到太難過。我們會犯一般人都會犯的錯，而且早就犯了一些（甚至不只一些）負面教養方式的錯誤。做出這些行為並不好，而且有些行為還會嚴重傷害到親子關係。

③父母常見的11種負面教養方式

❶**咆哮與打孩子**。再也沒有什麼比咆哮與打人更會導致孩子的偏差行為了。當你咆哮與打人時，只顯示出你已經失控了，所以才會發脾氣。如此當然會帶給孩子不良的示範作用。當然，絕大部分的人都會大吼大叫。過去我曾因為小事而抓著我的孩子，但我絕不引以為傲，而且我希望你能了解，過去像我這樣對著孩子吼叫或是打他，等於是在脅迫他們。當你這麼做的時候，似乎只是想讓孩子停止攻擊，然而這麼做的結果通常只有短效，而且就長期來看，只會增強孩子偏差及挑釁的程度。咆哮是比打人更常見的問題。在本書第三天的內容中，我將全力幫助父母了解自己為什麼會咆哮，以及如何阻止自己不再如此。

❷**隨意批評孩子**。請別再批評孩子了。批評意謂著對孩子的思考、感受、想法、以及他們本身做出負面評價。孩子會將對他們的批評，視為貶損的意思。貶損包括了咒罵、嘲笑、評斷及責怪。這麼做真的很傷孩子的心——而且就是這麼容易。貶損對親子之間的溝通十分有害，而且會深深傷害孩子的自尊。常被父母批評的孩子會覺得自己受到排拒、不被關愛、無法滿足。當然，你必須對孩子的行為做出建設性的回應，即使他們做錯了什麼，也不要批評他們本身。

❸**對孩子嘮叨**。嘮叨就是你不斷地告訴孩子同樣一件事。我在辦公室裡見過許多父母自顧自地對著孩子說話，完全不理會他們的反應；而那些孩子只是眼珠子不停地

轉呀轉的，根本就沒在聽。俗話說：「左耳進，右耳出。」當你對著行為偏差的孩子不斷地嘮叨，就是這個樣子。一旦你告訴過孩子一次，最多兩次，就不要再說了。嘮叨會讓孩子從此不想再聽你的話、變得更不聽話、更恨你。從今天開始，從十天計畫起步，我將告訴你許多的策略與案例，讓你不用嘮叨就可以讓孩子聽你的話。它可以讓你增進親子關係的品質，讓孩子更乖，也讓你成為更成功的父母。你將會看到孩子更樂意聽從你的意思，而且做他該做的事，就像是感覺與你很親近。

❹任意打斷孩子的話。這是一個十分常見的問題。當孩子在說話時，請你在開口之前先讓他有機會把話說完。這是一種基本禮貌。一旦孩子覺得自己在緊要關頭卻無法說話，就再也不會與父母溝通了。

❺不斷地翻舊帳。一旦麻煩或衝突解決後，就別再提了。你應該讓孩子在沒有前科的情況下展開全新的開始。常翻舊帳的父母會讓孩子心存怨恨很長一段時間。同時，孩子必須了解一旦問題解決了之後，一切就都過去了。

❻時常讓孩子產生內疚感。就是要孩子站在你的立場，設身處地想像你的感受或其他人的處境。父母常將這種情況推到極限，讓孩子因為父母的想法、感受或表現而感到內疚。利用罪惡感來控制孩子的父母，是在冒著與孩子疏遠的風險。我的客戶羅莉塔曾因為鄰居發現她十四歲的兒子哈洛抽大麻，而讓他全身上下充滿了罪惡感。羅莉塔連續十分鐘不斷用言語懲罰哈洛，說出像是「現在鄰居都知道你幹了什麼好事，想想看我現在有多丟臉？」或是「你知不知道你完全辜負了我對你的信任？」之類的話。但哈洛只是變得更激動，也更加生氣。我趁這個機會告訴羅莉塔，先把

她受傷的自我放在一邊，然後給兒子真正需要的——支持及理解。羅莉塔使用我在書中教她的冷靜、堅定、且非掌控的方式，讓哈洛對她敞開心房。哈洛說，他是因為同儕壓力才會去吸大麻。後來他們重新建立起良好的親子關係，而且哈洛很快就離開那些有吸毒問題的朋友了。

❼**對孩子使用尖銳的諷刺**。當你因為語調與口氣，而讓說出來的話影響了你真正的意思，甚至與你原本想說的意思相反時，就會變成諷刺了。舉例來說，當孩子做了錯誤的選擇，你卻說「咦，你不是很聰明嗎？」諷刺會傷孩子的心。若父母想與孩子建立有效的溝通方式，諷刺他是最要不得的毛病。

❽**時常對孩子訓話**。當父母急著給孩子上一堂演講課，告訴他們該如何做事，而不是讓孩子自行去嘗試解決問題，就是在訓話。我敢保證，如果你過度指導、或控制偏差的孩子，他絕對不會聽話；即使他做了什麼，也會故意逆著你的意思去做。父母告訴孩子該如何解決問題，可能會讓他們認為無法掌控自己的人生，最後會認為父母不信任他們，或是會恨你老是叫他們做什麼，結果還是會違抗父母的意思。

❾**動不動就威脅孩子**。威脅任何一個孩子，尤其是行為偏差的孩子，是最沒有效果的。因為威脅常會讓孩子感覺父母軟弱無力而憎恨他們：威脅行為偏差的孩子，只會讓情況變得更糟。

❿**對孩子說謊**。無論你是否覺得自己是不得已才會說謊，好避免提及像「性」之類的尷尬話題，請你千萬不要這麼做。你應該對孩子敞開心胸，而且要誠實一點。這會讓孩子對你更開放，也更坦誠。此外，孩子是非常敏銳的，他們非常擅於察覺父母

是否是百分之百的坦白，否則這會讓孩子認為父母不信任他們。

⓫否定孩子的感受。當孩子告訴你自己的感受時，重視這些感受是很重要的。舉例來說，若是你覺得孩子「不應該」為輸球而感到難過，最好也別直說。你可以說得更漂亮，更具鼓勵性的話，像是「我知道你真的很想贏，輸的感覺真不好。」對年紀更小、四到六歲的孩子，你可以使用更簡單、更具體的字眼，像「爸比跟我知道，你因為兔寶寶死了好難過」。孩子的感受需要得到父母認可。當孩子表達內心的感受時，身為父母的你能表現出理解的態度，對他來說是最珍貴的禮物。運用同理心來教養偏差的孩子，是非常重要的。我將在下一章中詳細討論這點。

上面提到所有的負面教養方式，都會增加孩子的偏差行為。你很輕鬆就可以說：「我再也不會那麼做了」，但結果卻仍會掉入負面教養的模式。人有失足，馬有失蹄。當我們重蹈覆轍時，請告訴孩子這並不是很好的教養方式。索爾是個曾向我求助的單親爸爸，他告訴我說，最近他與十三歲的兒子安東尼有很大的突破。

索爾自稱是個「正在改進之中的老頑固」，過去他曾在家裡及足球比賽時對著安東尼大吼大叫，也曾透過這種嚴厲的態度，讓兒子的表現有很大的進步。直到有一天晚上，在一個慶祝足球賽勝利的晚宴上，索爾批評安東尼接受獎盃時眼睛一直往下看。

我勸他不要再罵孩子，而且教養方法應該要少控制一點，多一點開放。於是索爾走向安東尼說：「安東尼，對不起，我不該對你這麼嚴厲。看到你站在那邊領獎，身為爸爸的我真的感到很驕傲。」後來安東尼告訴我說：「現在我爸好像真的很懂我。」

你愈是對自己的負面行為表現出負責的態度，就愈能影響孩子做出同樣的事來。

④把自己照顧好，才能讓自己幫助孩子

前面你已做了一份家長練習清單。你了解到自己曾做過哪些事、或說過哪些話很好，而且顯然你還可以做得更好。我知道身為三個孩子的爸爸，自己距離完美的父親還差得很遠。我曾經對這個身分感到「茫然」，還曾多次驚聲尖叫到自己都不敢承認。但是我也知道，透過改變教養態度及行為，現在我已經可以更有效地管教孩子了。現在，我對同樣的結果也會發生在你身上感到很有信心。至於如何改變自己的教養態度及行為的最好起步，就是從照顧好自己做起。

花點時間做些紓解壓力的事——運動、跟支持你的朋友共進午餐、看看喜劇電影——並視另一半為你的同盟。你們可以一起出去走走，隨意談天說地，但就是不要談到偏差孩子。不要讓自己過度擔心——偏差行為會讓孩子的未來處於困難重重的險境，但若是你能根據我書中的建議，在教養態度與行為上做出重大改變，問題均能迎刃而解。

你必須把興趣花在其他事情上面，而不是全都放在孩子身上，如此一來，管教孩子才不會耗掉你所有的時間與精力。當你在處理孩子的問題時，試著與另一半以外的大人（例如老師、教練等）共同合作，並尋求他們的支持。

⑤學會放鬆的方法

教養偏差的孩子常讓你處於焦慮的狀態。你永遠不知道下次的衝突或危機會在什麼時候爆發。很多時候你可能會覺得自己被孩子吃得死死的，而且在感情上被家庭綁架。當你感到憂心、焦慮、匆忙、煩擾、身體會感到緊繃。事實上，身體會有這種「打」或「逃」的反應是很正常的。身體本來就會因遭受威脅而反應出各種訊號。若是生理上出現嚴重危機，身體會透過攻擊或撤退來保護自己；當緊急情況結束後，則會發出危機解除的訊號，而這時身體會感到放鬆，回歸正常狀態。

在現代社會中，我們經常面臨許多壓力。持續不斷的精神壓力，會讓我們的身體一直保持在緊張狀態，使身體本身也成為一種壓力。你可以透過學習妥善地處理思想與事物來對付壓力，讓它們不再對你產生那麼大的壓力。你也可以學著如何放鬆。當你練習放鬆時，會感到危機全部解除的訊號。當你常收到這類訊號時，就表示你已經有能力控制自己的放鬆機制。如此一來，身體就能恢復到正常狀態了。

行為偏差的孩子常讓父母感受到沉重的壓力。當他們得不到想要的東西時，就覺得受到了威脅，這是經歷上述「打」或「逃」反應時，很典型的經驗。糟糕的是，對行為偏差的孩子來說，這個反應出現的現象似乎是「打」或「更猛力打」。

這種「打」或「逃」反應對於我們身為父母的每個人，影響並不相同。它可能會造成睡眠障礙、疲勞、食慾大增或食慾不振、頭痛、胃痛、注意力不集中、易怒或過度的情緒反應，像是咆哮。病由心生，這說法眾所皆知，長期性的壓力可能會造成某些疾病，或是讓病情加劇，也會讓免疫系統的功能減低，讓我們對感冒或其他感染更為敏感。以下是幾個經過證實的有效方法，可以讓自己放鬆及解除緊張。

❶**用深呼吸來舒緩情緒**。當你感到緊張時，呼吸會變得淺而急促。事實上，多數人無論是否緊張，都不會使用正確的呼吸法。不正確的呼吸會讓你缺氧，而氧氣在淨化身體的同時，能幫助身體產生能量。所幸學習如何正確的呼吸並不難。找一個舒服的地方躺下來，把雙手放在胸腔下方的腹部。剛開始時呼吸要緩慢而深沉。如果你呼吸的方法正確的話，在胸腔鼓起來之前，會先感覺腹部鼓脹起來。每天花五到十分鐘做幾次深呼吸的練習，你會發現自己變得愈來愈熟練，而且呼吸可以增強一天當中的正常活動。深呼吸技巧的美麗之處，在於不論你是在生氣，或是想咆哮，隨時都可以透過這個小方法來解決。做幾次深呼吸是讓自己平靜的好方法，同時配合呼吸，也可以為你隨後將要使用的各種有效策略做好準備。若是你與孩子正處於爭執之中，同樣也可以用這個方法讓自己冷靜下來。深呼吸可以用來防止、減緩並恢復過於沉重的情緒及衝突。

❷**重溫孩子令人喜愛的印象**。現在你已開始想到孩子的麻煩與問題了。細數孩子的優點，並回想過去他種種令人喜愛的印象是很重要的。我針對焦慮、有壓力的客戶，在進行諮詢輔導時，會採用一種稱之為「安全空間的視覺想像」方式，這是一種已經被認定的方式，是辯證式行為治療（Dialectical Behavioral Therapy，簡稱DBT）中的眾多技巧之一。這種方式通常要想像眼前有一個令人感到安慰、舒心的中性影像，例如森林或鄉村。我建議你這麼做，做的時候，也把孩子令你感到舒心的記憶

畫面包括進去，在你覺得有壓力時，幫助你控制情緒。為了讓你準備好開始進行這個練習，請放鬆肌肉並做幾次深呼吸，然後閉上眼睛，回想孩子過去種種令人欣喜的時刻。可能是一次家庭野餐、度假、或最喜歡的活動。讓自己全然沉浸在美好的記憶裡。看看風景，聽聽自然的聲音，感受一下空氣，聞聞四周的氣味，在那個時刻，你的感官會感覺孩子是安詳和樂、令人想讚美的。這個練習最好要持續進行十到十五分鐘。

❸**充滿感激而心平氣和**。之前我寫過，不幸來自於過度渴望擁有你沒有的東西，或不珍惜現在所有。身為行為偏差孩子的父母親或教養人員，感到自責並心力交瘁是家常便飯。轉變態度，心懷感激會讓你變得比較快樂。以這種正面態度來想像你的生活，也能讓你把專注力從孩子困擾你的事情上移轉，並看得見他的好處。感激之心可以幫助你在孩子表現得不可愛時，能夠將愛給他。轉換成感激之心能幫助你減少焦慮，讓你採取更寬容的健康觀點。

❹**持續想不斷發生在自己身上的好事**。我發現，當我要客戶想像讓他們心存感激的事情，讓感激之情遍布全身時，這時心神要非常集中。我鼓勵做這種感恩練習。只要閉上眼睛，想想生活中不斷發生在你身上的「好事」就行。舉例來說，你可以用眼睛去讀這本書，或是用耳朵去聽人念，並加以反應。或許你對家人、朋友、及同事心存感激，或者生活中也有讓你覺得頗有得的樂趣。當你注意到孩子開始無理取鬧時，把心神專注在讓你覺得感恩的事情上。

⑥對自己做出承諾來幫助孩子

孩子需要你的協助來克服偏差的問題。父母及家庭成員對孩子的行為、態度及面對生命的方式有絕對的影響力。簡言之，與孩子相處時間最多、以及他們最在乎的人，愈容易說服及影響他們，而這些人就是你及其他家人。

偏差的孩子不能再用自以為是、被衝動所驅使的方法來處理情緒。你能送給孩子最好的禮物，就是持續使用書中所提供的資訊與策略。許多父母的努力之所以失敗，是因為他們過早放棄。當你使用這這些策略時，請記錄下你們的進步，並為此慶祝一番。若是過程中出現一些小缺失——總是會有的——請提醒你自己，最後總是會進步的。從知識中擷取力量，能讓孩子變得更棒。

第1天的總結

今天你學到很多關於孩子偏差行為的問題，同時也已展開了一個很重要且值得的十天計畫，它將幫助你減少孩子的偏差行為。當你繼續前進時，請牢記幾個重點：

- 偏差不只是你家孩子才會經歷的階段。不論孩子是否符合ODD的診斷症狀，你都必須採取行動來減少他的偏差行為。
- 透過這個強力而有效的十天策略，可以幫助你解決孩子各種程度的偏差問題。
- 偏差行為並不是一種單一、能簡單辨識出來的原因所造成的。
- 無論你的教養方式是好是壞，都會對孩子的偏差行為產生深遠的影響。
- 你必須照顧好自己，才能達到減少孩子偏差行為的最終目標。

為第2天做好準備，並完成以下事情

- 不要再責備自己或其他任何人，甚至是孩子行為偏差這件事。
- 留心自己的負面思想，用正面的想法挑戰每一天。
- 將自己視為孩子的情緒教練，學習如何冷靜下來，解決問題。
- 進行上面討論過的放鬆和視覺想像等練習。

了解你家的行為偏差孩子

——預防相處時容易發生誤解的10大陷阱

表現出你對孩子的愛，是非常重要且有效的教養方法。可是你必須要了解他——因為這點是非常重要，也是許多親子關係中欠缺的部分，尤其是行為偏差孩子的親子關係更是如此。很悲哀的是，許多有著深愛自己父母的孩子，卻只因父母不夠了解他們，而讓他們感受不到這點。沒有建立在真正理解之上的教養方式，會影響我們對孩子的看法，讓我們誤以為孩子是某個樣子，而不是他們真正的模樣。我知道有極少數的父母不愛自己的孩子，但大多數父母只是不理解他們罷了。許多父母深信他們若是愛自己的孩子，就會發生孩子與他們「現在、永遠都會在一起」的奇蹟。但如果父母從來不理解偏差孩子的真正樣貌，就不可能改變孩子他一再重覆的偏差行為。

讓孩子知道：他是被了解的

有一件很殘酷的事實，那就是「**偏差孩子常覺得自己被誤解**」。你很快就會發現，偏差孩子比你想像得還要複雜。父母總是把注意力放在孩子的外在行為，卻很容易忽略

他們內在的憂慮。**理解是解決陷於艱困處境家庭最有效的方法之一，特別是在處理孩子的偏差行為時**。在上一章裡，你已經學到偏差行為是怎麼一回事了。現在我將告訴你一些更有效的方法，讓你能更深入、正確地了解行為偏差的孩子。

「了解你的孩子」是讓他變得更有安全感而健康的重要關鍵，因為這表示你愛他。請閱讀並回答下列幾個問題。這個練習將幫助你了解，感覺被了解對於自己的人生有多麼重要，如此你會更加能夠體會到，了解自己的孩子有多麼重要。

◆打從你長大以來，是誰最了解你的感受、需要及欲望？
◆你對最了解你的那個人的感覺是什麼？
◆打從你長大以來，是誰最不了解你的感受、需要及欲望？
◆你對最不了解你的那個人的感覺是什麼？
◆你認為別人對你的理解，會幫助你表現出適當的行為嗎？
◆你認為別人對你的誤解，會影響你做出錯誤的選擇、或表現出不當行為嗎？如果你的答案是「是」的話，請問你為什麼要這麼做？

當你了解自己回答上述問題的答案時，或許會發現感覺被了解能提供你情感上的力量，讓你可以在日常生活中盡力做出最好的選擇，做出正確的事。

展示給你行為偏差的孩子看，即使你並不同意他的作法，你還是了解他的，給他你有「確查」過的感覺（譯註：確查並不代表同意或贊成，而是在意見相左的情況下，表達支持，強化關係的一種溝通模式）。當孩子緒失控時，確查他，這樣你才能帶領他走出「打或更猛力打」的模式，減少他的偏差行為，協助他冷靜下來。

讓自己專心的確查孩子，不要將他的情緒反應認為是針對你個人。這將會讓你得以繼續在情緒教練這種有所助益的角色上，而不是個情感受創的家長。

你可能覺得自己已經很了解孩子，而且也已經表現出很了解他們的樣子了。可是接下來本章的內容，你將會發現，了解孩子的過程其實牽涉得很廣，特別是在了解行為偏差的孩子時。這表示你表現出理解孩子的方法，還有很大的進步空間。

「傾聽孩子」是親子互動的關鍵

M．史考特．派克（M.Scott Peck）在他的暢銷著作《人煙稀少的路》（The Road Less Travel）中曾提到傾聽的重要。他說，若是我們願意全心全意傾聽孩子的聲音，就是在傾聽一個偉大的演說家；而我們就是在給他一個極為珍貴的禮物。傾聽並珍視孩子的想法，能增加你與孩子有效溝通的能力。

令人遺憾的是，大多數的父母並不太願意聆聽，因為他們諸事纏身，或是太忙了——忙著工作、社區活動、宗教活動、及家庭責任。傾聽孩子的聲音，不是給他建議、或告訴他該如何改善他的處境。當然，孩子有時會接受你的建議，但前提是他要能聽得進去。在孩子把你的話聽進去之前，你必須學習如何傾聽他的意見。但是**傾聽本身並不等於理解，重點在於你傾聽的目的是為了理解他**。為了充分了解孩子，你必須把自己的行程表放在一邊，而將全部注意力都放在孩子身上。

真正傾聽的唯一法門，就是無私地傾聽，而不急著發表、或是阻止自己發表看法。

成為真正傾聽者的5個訣竅

傾聽是有效溝通的重要方法，但這是種需要學習和練習的技巧。當你傾聽孩子的聲音時，等於是向他表示你很有興趣、而且很關心他所說的話。

①和孩子四目相接

當你在傾聽時，你的眼睛幾乎就等於你的耳朵。你的眼睛對孩子來說具有很大的暗示，能表現出你對他所說的話很感興趣。如果你的眼光很少接觸到孩子，他會得到負面的訊息——你對他說的話一點興趣都沒有。

②不要分心

當孩子表現很濃的談興，或是正想打開話匣子時，你要全神貫注地表現出對他的支持。請把你正在做的事擱在一邊。舉例來說，當孩子正試著與你溝通時，你卻還在不斷的滑手機、看信箱、看訊息、聽語音留言、洗碗、看報紙或看電視的話，他會認為你對他所說的話不感興趣，或會把你的反應內化成一種觀念，誤以為自己說的一點都不重要。若孩子很想說話，你沒空聽他說的話時，請於稍後安排一段時間與他談談。

③傾聽時不發一語

當孩子說話時，若是你忍不住想發表一番父母的睿智名言的話，我建議你最好不要打斷他。你可以透過微笑、或是輕拍他的背來表達鼓勵，而不是打斷他。若是你插了話會打斷孩子的思緒，而且會讓他感覺很沮喪。

④讓孩子知道自己所說的話，你聽進去了

當孩子說完時，請重述他所說的內容，但是更換幾個不同的字眼，表示你剛才確實聽進去了。舉例來說，若是孩子抱怨數學課，你可以說：「聽起來，你在學校一整天都覺得挫折喔。」這不只表現出你傾聽了他所說的話，也讓孩子有機會弄清楚自己是否表達了正確的訊息。

⑤不隨意批評孩子

我們問孩子今天在學校怎麼樣，許多孩子之所以回答「還可以」、「不錯」的理由，我相信是因為他害怕被批評。讓我們看看一位父親與他十二歲女兒莎拉的對話：

『嗨，莎拉，今天在學校怎麼樣？』

「還好啦！」

『只是好啊？』

「嗯，我數學考得不太好。我真的很氣……。」

『（打斷）等一下，莎拉。我以為你會為這次考試做好準備。你難道沒有照我的建議，另外找人幫你複習嗎？你好好想想看，莎拉，我真的不覺得你花了很多時間準備考試。看啊，我沒說錯！我就知道根本不應該讓你和媽媽在跟我講話時還帶手機，因為你們顯然完全不知道什麼時候該放下！』

「（自言自語）他讓我覺得好沮喪。我再也不要告訴他任何事了！」

從上面的例子中你可以發現，莎拉的爸爸不只是打斷她的話，而且還批評她。可是當爸爸用這個方法來表達他的關心與愛時，莎拉卻只感到被爸爸威脅。爸爸對莎拉侵略式的傾聽及反應，讓他無法理解莎拉對自己考不好的感覺，更別說失去了一個去了解女兒的想法與感受的大好機會了。

你的傾聽技巧好不好？

你覺得自己有多常真正傾聽孩子的聲音？如果你像大多數我輔導過的父母一樣，你會發現以下的練習很有用。在回答這些問題之後，你會有更好的傾聽能力，而即使你邊聽孩子說話邊做事，也不會對孩子造成太大的影響。

◆當你在傾聽孩子說話時，做什麼事最能鼓勵他們？

◆當你在傾聽孩子說話時，做什麼事最會打擾他們？

◆對你而言，一天中什麼時間，或是在什麼情況下，是傾聽孩子的最好時機？

◆對你而言，一天中什麼時間，或是在什麼情況下，是傾聽孩子的不恰當時機？
◆從現在開始你能做些什麼，讓自己成為孩子更好的傾聽者？

①傾聽時要有耐心

你可能曾聽過這句話：「耐心是一種美德」。當你成為好的傾聽者時，這句話當然很對。但儘管你已盡了全力，使用了上述的基本傾聽技巧，還是可能會發現自己聽不下偏差孩子的話，更別說是了解他了。真正傾聽偏差孩子的聲音，意謂著你要矇上眼睛，摀住耳朵，不看也不聽他的哀鳴、粗話與摔門的聲音；同時也表示你要張開眼睛與耳朵，面對他的恐懼、挫折及情緒的限制。

令人難過的是，大多數偏差孩子的父母從來沒被別人鼓勵過；他們感到受傷、感到憤怒，正與他們偏差的孩子如出一轍。你可能也有同樣的感覺，甚至想舉起雙手投降大叫：「我就是搞不懂這個孩子，而且我永遠也不會懂！」

以最善意的態度傾聽，就是讓自己全心全意地傾聽孩子的話。請把你的注意力集中在孩子的想法與感受，別讓受傷的自我成為你傾聽的阻礙。在我輔導賽門與尼克的過程中，九歲大的賽門告訴爸爸尼克說，他很想在爸爸頭上開一槍。尼克雖然能夠理解賽門為什麼如此，但聽到兒子如此殘酷而又傷人的話，他仍深感震撼。可是尼克努力讓自己成為一個傾聽者，所以並沒有告訴自己說賽門已經無可救藥。他問賽門為什麼想這麼做。賽門提醒了尼克自己以前過於強勢的行為，而尼克只是聽著——無私地聽著。雖然這對父子的未來還有很長一段路要走，但是那天他們卻讓彼此的關係向前跨了一大步。

真正的傾聽會促成真正的了解。我常強調了解偏差孩子的確很難，及隨時隨地把心思放在他們身上，可有效減少他們的偏差行為。是的，你沒看錯——你的理解會減少他們的偏差行為。因為他們認為自己愈是被你理解，就愈不用做出偏差行為來得到注意。

現在來看看你可能做了些什麼事，成為阻礙自己理解孩子的絆腳石。

②了解孩子的絆腳石

你可能認為自己許多的語言或行為，能向孩子表現出你有多了解他，但事實上卻只會讓他捉狂，或是覺得被誤解。以下是許多父母認為會破壞自己理解孩子的實例：

❶未經孩子要求，便主動提供建議

・「你應該要怎麼做才可以……。」

・「如果你不要那麼怕的話，就不會有麻煩了。」

❷訴說自己的情緒與經驗，而忽略了孩子的情緒和經驗

・「我眞不懂你爲什麼要繼續這麼做。」

・「你看起來一點都不在乎的樣子，眞讓我生氣。」

・「我眞懷疑你是不是有學過！」

❸覺得即使孩子感到痛苦也無所謂

・「別人家也有他們的問題。」
・「你爲什麼不成熟一點？」
・「別再這麼做了。你簡直是不可理喻！」

這些都是你理解孩子的絆腳石。你的傾聽技巧可能很拙劣。當孩子不符合你的期待時，你的挫折感可能會跟孩子一樣深。不信任孩子，總是假設他做任何事的動機都只是為了反抗，也會造成你對孩子的誤解。許多父母都忘了孩子會犯錯，更忽略了自己的羞恥感及做錯事的責任感，也會深深傷害了孩子。

當你試著理解孩子時，請切記以下重點。當你想更了解孩子時，記住這些重點能幫你冷靜下來，以及集中注意力。

❶行為偏差的孩子缺乏成熟的情緒
❷行為偏差的孩子渴望你的愛與支持
❸不理解偏差的孩子，會導致他們的偏差行為
❹行為偏差的孩子深感自己被誤解

③你必須了解：行為偏差的孩子EQ通常較低

根據行為偏差孩子的研究顯示，他們多半都有一般稱之為缺乏情緒智商的問題。缺乏情緒智商，基本上就是缺乏成熟的情緒。丹尼爾・高曼（Daniel Goleman）曾鼓吹情緒

智商的觀念，他認為情緒智商包括了理解、使用、控制及管理情緒的能力，而這是決定我們成功或快樂與否的關鍵。情緒智商是孩子是否可以適應同儕關係、對人生發展出平衡的觀點及在學校發揮學習潛力的試金石。包括以下5個特點及能力：

❶**自我意識**——了解你的情緒，當某些感受出現時知道是怎麼回事，並得以區別情緒與感受兩者之間的差異。

❷**情緒管理**——解決與自己情緒相關的狀況，如此才能做出適當的反應。

❸**自我動機**——「振作」自己的感受，並指引自己導向最終目標；排除自我懷疑、慣性及衝動。

❹**同理心**——了解別人的感受，試著從言語及行為上扮演他人的角色。

❺**人際關係管理**——處理人與人之間的互動、解決衝突與妥協。

你孩子的情緒智商可能略低於一般人，而這可能是造成他很辛苦的原因。事實上，孩子之所以「選擇」不做很多事（例如比較自我、非常衝動），可能真的是因為他做不到。你愈是了解孩子不成熟的情緒及其限制，就愈能幫助他，而減少衝突。

④孩子渴望你的愛與認同

多年前，我看過一個電視紀錄片，內容是關於少女幫派。她們的入會儀式是：想成為幫派成員的人圍成一個圓圈，然後輪流站在圓圈中央。

站在中央的女孩要想辦法衝撞站在圓周的女孩，而圓周的女孩則會聯手打她，不讓她把圓圈撞破。儀式最後是每個站在中央的女孩得到眾人的擁抱與讚美。為什麼這些青少女會想站在圓圈中央，讓四周的女孩打呢？因為她們渴望幫派成員的愛與認同，這些人將成為她的代理家人。

信不信由你，孩子偏差行為的根源，跟這個幫派的入會儀式並沒有什麼兩樣。因為他的偏差行為讓自己覺得被誤解，而且被自己的家人排拒在外。事實上，孩子試圖想加入的幫派——就是你的家庭。他急切地想從你與其他家人身上得到歸屬感與認同。你愈是願意使用聆聽技巧試著理解孩子的想法，他就愈能感受到你的愛與認同，因為他的偏差行為，根本就只是虛張聲勢罷了。

孩子的偏差行為，可能會讓你對他或她之於你的價值產生疑問。然而根據我超過二十年輔導偏差孩子的經驗，我可以告訴你，只有極少數孩子會否認愛自己的父母。這些孩子包括那些會摔門、從店裡偷東西、對父母說粗話、拒絕上學、打破窗戶、用肢體攻擊父母的孩子。

請你記住，孩子極度渴望你的愛與認同，但卻被自己負面的行為所綑綁了，這可能會讓你想用各種方式來放棄他。無論他表現有多麼生氣或多麼抗拒，千萬都不要放棄讓孩子知道你有多珍惜他與愛他。你的每個舉動孩子都看在眼裡。無論他是否開口問你，都要盡可能讓他知道，他對你的意義有多麼重大。

⑤誤解孩子將會導致更多偏差行為

偏差行為是一種惡性循環。請把孩子的偏差行為視為他們表達自己感受的安全語言。當偏差的孩子感到被誤解時，就會愈不聽話。當他愈不聽話，你就會愈感到挫折，而這種挫折又會回過頭來影響你的反應，讓孩子覺得自己被誤解。孩子愈是感到被誤解，行為就會愈不乖，如此惡性循環不已（如下的偏差行為的示意圖）。

這是關於一個行為偏差的十四歲孩子與他母親的對話，是惡性循環的例子。

葛雷：「我說我等一下就會準備好出門了，可是你就是不讓我玩完遊戲，所以現在你只好繼續等下去了。否則我是不會去的。」

媽媽：『你早知道我們是去非去不可的。我受夠了。我要你現在就給我出門！』

葛雷：「你害我死掉了啦！想逼我？我才不去！」

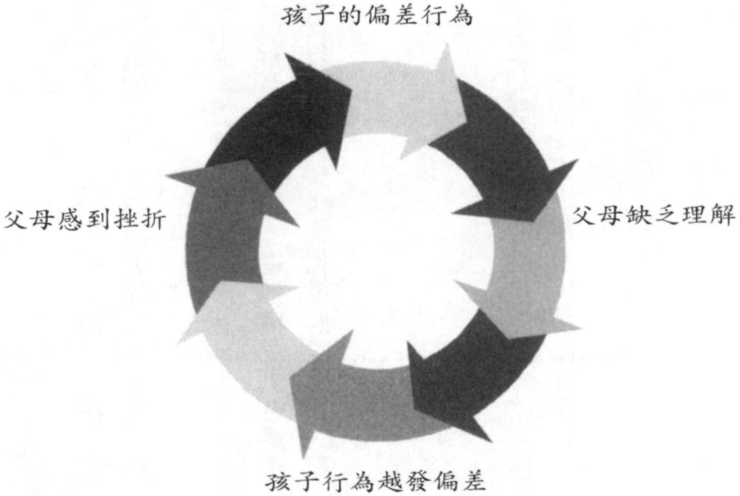

媽媽：『我真不懂你為什麼要這個樣子。我不是沒有好好跟你說，可是一點用都沒有。你一個禮拜都不能再玩你的電視遊樂器了。』

葛雷：「我恨你！」

這段爭執的對話與場景都非常典型。正如你所看到的，葛雷一點都不想負責任，而媽媽卻感到很挫折，雙方的裂痕逐漸擴大。這種活生生的、日益加劇的反抗，是我在許多父母與偏差孩子中常見的現象。

孩子深陷於偏差行為模式不可自拔，但父母卻完全無法理解。於是孩子的行為愈來愈壞，而父母則深感挫折，如此又影響了孩子讓自己行為益形惡化。這種情況更會讓孩子覺得自己被誤解，逼得他只好用更偏激的行為來表現自己，從而強化了偏差行為的惡性循環。

容易造成誤解的 10 大陷阱

會造成誤解偏差孩子絆腳石非常多，但如果你了解的話就可以避免。如果你發現自己常習慣性陷入其中一個或多個陷阱的話，也不必過於自責——因為不只是你會如此。你可以改變情勢，而這些知識會讓你更有力量。

① 期待孩子還沒準備好就能做某些事

當你想了解孩子時，過度期待反而會把情況弄得更複雜，像是要求三歲小孩立正站好，或是要求四歲小孩把房間弄乾淨。我們不該指望中年級學童不會忘東忘西，或是期待高年級學生知道該從生命中得到什麼。

我記得有一天晚上，我載著孩子回學校去拿他忘了帶回家的書——她過去從來沒有這樣過。一到學校，我便主動提供了一個很父親式的建議，告訴她記住東西擺在哪裡有多重要。結果第二天我自己就把車鑰匙給弄丟了！

我們在面對這些情況時都太不切實際。我們設了一個陷阱讓自己失望，也為了取悅自己而為孩子設下重蹈覆轍的陷阱。簡而言之，我們是在要求孩子做出不符他們年齡的行為。如果孩子無法達到要求，或是要求他們做得更多，就太不公平、也太不切實際了。如果你為此而生氣的話，只會讓事情變得更糟。五歲的孩子不可能表現得像十歲的孩子，而十歲的孩子不可能表現得像十四歲的孩子，至於十四歲的孩子更不可能表現得像個大人。對孩子有過度期待，是不切實際且毫無幫助的。

孩子能做的有限，如果你無法接受這點的話，會對孩子與你都造成無比的挫折。

② 過度論斷孩子偶發的不當行為

若是孩子辜負了你的期待，你可能會以為他是在反抗你，而不是從他的角度進一步探究他的處境，而這也會影響你所認為的事情真相。偏差孩子會傾向表現出偏差行為，但這並不表示他的行為舉止總是如此偏差。每個小孩偶而都會表現出偏差行為，但你必須要能區分一般負面行為與偏差行為的差別。偏差孩子的父母總是忽略了這種可能性，因為他們早已習慣把孩子的每個負面行為都視為是偏差行為了。

丹妮斯是六歲大的陶德的母親，她很得意地告訴我說，一旦她決心要找出證明陶德愈來愈符合她期望的例子，陶德就會真的愈來愈聽她的話。俗話說：「你認為是怎麼樣，事實就是怎麼樣」。相信我，一旦你開始尋找孩子不偏差的行為，就會發現其實他們有很多行為並不偏差。

③不要奢望孩子的行為像大人成熟

父母很容易忘記身為小孩是怎麼回事，總是期待他們會表現得像個成人，而不是符合他們年齡應有的樣子。一個健康的孩子也可能會不受管束、吵鬧、情緒化、注意力不集中。所有這些「毛病」都不是什麼大問題，因為這都是一般小孩會有的特徵。然而我們的社會與社會價值對完美行為的標準卻很畸型。在你假設孩子的表現是行為偏差前，請先審視一下他的行為與他年齡的關聯。

④期待孩子符合你的需要

你跟大多數父母一樣，總是期待——甚至是要求，孩子能符合你的需要——安靜、乖乖睡覺、聽話等。身為父母的職責不是別的，而是要能滿足孩子的需要。

當你發現自己因為孩子而讓你心煩、或是不讓你做某些重要事情而生氣時，請先深呼吸一口，記住你必須先滿足孩子的需要。你愈是了解孩子所面臨的挑戰（例如，他因過度自我而阻礙了察覺及滿足自己的需要），就愈不容易生氣。

我不是鼓勵你讓孩子用很壞的態度對你，或是爬到你的頭上去。我的意思是，**若是你放寬了對孩子的期待，他便有可能做出更符合你要求的事**。如果他無法符合你的要求，請先了解一下是什麼原因。

唐娜是個單親媽媽，她有個十一歲的女兒瑪麗莎。她發現瑪麗莎在她房間裡鬼鬼祟祟的，想要找她的日記。唐娜對此感到非常憤怒，她覺得自己的隱私被侵犯了。唐娜與瑪麗莎在我輔導她們的過程中討論到這件事。

唐娜根據我的建議，試著真正去了解瑪麗莎為何會這麼做。瑪麗莎涕泗縱橫地說，她很怕媽媽會偷偷去約會，而且擔心媽媽跟別人在一起，就會占據了與自己相處的時間及對她的注意力。唐娜聽了之後，終於了解瑪麗莎為何會如此，而瑪麗莎也答應，再也不會在媽媽房間裡偷偷摸摸了。

⑤把孩子的錯認為是針對自己

你的孩子缺乏人生經驗，所以無可避免會犯錯。不論在什麼年齡，犯錯都是學習中很自然的一部分。儘管如此，父母還是很容易因為孩子犯錯去責怪孩子，而不是試圖幫助或了解他。請不要掉入視孩子的錯誤是對你的負面反映這種陷阱。請你幫自己跟孩子一個忙，不要把孩子的錯視認為是針對自己而太在意。

我很了解被孩子用渾名罵自己，不要去想這傷害有多深，你要將心態從父母轉換成教練的地方，這樣才能提供你一些情緒上的客觀性，避免把孩子的問題行為，認為是針對自己而太在意。請盡可能不要犯同樣的錯誤、破壞規矩、令人意外或讓人失望地表現出錯誤舉動。你知道自己的孩子會犯錯，所以不要期待他二十四小時都不會犯錯。

⑥忘了孩子會因為被責怪或批評而受傷

大多數父母都知道體罰孩子是錯誤且有害的，但他們卻忘了憤怒的話語、侮辱與責怪，同樣也會讓孩子感到痛苦。當孩子受到言語攻擊，自然會認為是他做錯事。孩子虛張聲勢的偏差行為，很容易讓你誤以為任何事都無法改變他。但我可以告訴你，任何年齡的偏差孩子都曾告訴我，當他們受到父母言語傷害時，都會在我辦公室裡哭得聲嘶力竭。為了避免掉入這樣的陷阱，請思考在你做了或說了什麼後，孩子會作何感想。

⑦透過文字或電子形式溝通，而產生誤解或反應過度

珍妮絲把她和十五歲兒子凱西間令人沮喪的文字訊息拿給我看。就她來看，她寄的只是一個很溫和的提醒，她會去他女朋友家接他回來。凱西是這麼回她的，「我好了以後會讓妳知道」。凱西寫訊息時，顯然沒考慮到他媽媽，那時他忙著安慰女友。凱西的女友當時正哭得一把鼻涕一把眼淚，拚命想解決她和兩個網友間的誤會。凱西的時間被吞噬得很快，他忘了跟媽媽約好的接送時間有多近。

當珍妮絲收到凱西的訊息時，她很挫敗，自己就想，「我大老遠的開車接送你，現

在，你倒認為是由你來發號司令，告訴我你好了沒！我不但成了你的專屬司機，還要等你隨叫隨到！」想到這裡，一肚子火的她回覆道，「我來決定你什麼時候好。我現在要出發了，你十五分鐘內最好給我準備好離開。」收到這則訊息的凱西回覆，「停停！為什麼妳總要把我的生活搞得很悲慘？」

上述對話顯示凱西原本無意針對珍妮絲。他正力圖「處理」女友的事，而珍妮絲對此一無所知。凱西只是想多爭取些時間，而不是故意漠視媽媽珍妮絲的權威。在這個例子中，文字訊息在溝通上可能省了時間，卻添加了挫折感，或引起誤會。

⑧父母不該忽略「愛」的療癒力

當孩子做錯事時，我們很容易忘了擁抱他，以及用溫柔的語言給他關愛、安心、自尊、安全感，反而會陷入責怪他們做出不當行為的惡性循環。許多令人動容的突破性發展，都是從偏差孩子的父母在我辦公室裡擁抱孩子開始的。我從來沒聽過有哪個孩子會抱怨自己被愛得太多。

⑨別忘了孩子會學習父母的行為

孩子觀察你很長一段時間了。他記在心裡的不是你說了什麼，而是你做了什麼。為了打小孩而打小孩的父母，卻告訴孩子說打人是不對，事實上等於是在告訴他打人是對的，或至少是反映了自己有某種權力。在某次輔導過程中，艾莉告訴我她為三歲孩子樹立良好應對技巧的轉捩點。有一天她很生氣，還把一個盤子朝桌子摔了過去；一個星期後，三個孩子中最叛逆的那個孩子也摔了盤子——但卻砸破了妹妹的頭。艾莉很快得到一個很好的教訓，那就是孩子會從自己的行為中學習。

桃樂西．洛．諾特博士（DorathyKaw Nolte）有首很棒的詩，叫做〈孩子會從生活環境中學習〉，詩中強而有力地提到，父母對形塑孩子的行為與價值有多麼大的影響力。以下是其中一小段摘錄：「孩子若是在敵意中成長，他們會學到如何戰鬥；孩子若是在善意與關懷中成長，他們會學到如何尊重。」

若是父母能以平和的解決方式來面對問題，會教育孩子成為一個平和的成人。有些一般認為是問題的問題，反而能夠給你一個絕佳機會，讓你可以教導孩子良好的價值觀，因為如此，孩子可以得到絕佳的學習機會，從實際生活中學到真正的事物。

⑩別只看孩子表面行為，卻未懷著愛與善意體察他的內心

當孩子的行為讓你失望時，你必須持續保持樂觀。你必須假設他是心存善意，而且是在你能接受的範圍（明示與暗示的條件），及根據他自己的經驗才會做出這些事。正如你在上述珍妮絲和凱西的例中所見，凱西必須多注意一下和媽媽約好的時間，掌控式的威脅、加上隱藏的負面的思考，並不能解決衝突。如果你總是以樂觀的態度看待孩子，他將會不受制於你，而能夠竭盡所能地發揮自己的能力。你可以回憶一下「重溫孩子令人喜愛的印象」的內容，可幫你從正面角度看偏差孩子。好好利用一下吧！

父母要學習處理自己的負面想法

別陷溺在孩子偏差行為所導致的負面想法中，是很重要的。偏差孩子的父母常因負面自我對話而心力交瘁。所謂自我對話，是指你對孩子行為的無聲評價，像「我真不敢相信，他竟會對妹妹這樣話」，或「他為什麼總是不聽我的話」。當你情緒低落或感到憂鬱時，面對孩子的偏差行為，你可能會告訴自己：「這孩子無可救藥」。

偶而對孩子的偏差行為產生負面想法是很正常的。但過於頻繁而極度的負面思考，會讓你不知所措，自覺深陷絕境，或認為自己被孩子威脅。你心裡在想什麼，會讓你對偏差孩子做出強烈的反應。除非你真的很了解自己在想些什麼，否則你會無法控制自己從嘴巴裡冒出來的話。

在我為夫妻關係所寫的一本書《為什麼你不懂我的心？——對抗九個阻礙愛的關係的有毒思想模式》裡，提到所謂夫妻間的「有毒的思想」。這些有毒的思想既嚴苛又不公平，而且還會傷害了彼此之間的親密關係。有毒的思想是負面的思想，它們失去了現實感，讓人無法控制，而且會讓你失去洞察力。有毒的思想是負面思想的極致表現。負面的思想是「我現在不喜歡我孩子的行為」，有毒的思想是瘋狂、扭曲、極度負面的概念，而且不是建立在事實之上，像是：「我孩子的行為簡直是無可救藥。」

我發現行為偏差孩子的父母，特別容易對孩子產生有毒思想。例如：

◆「他會毀了這個家！」

◆「他的所作所為快把我逼瘋了！」

◆「再怎麼樣，這孩子也好不到哪裡去！」

這幾種類型的有毒思想，可能會妨礙你去發現孩子的優點。對你而言，透過正面思考並建立正面思考的習慣，來對付自己極度負面的想法是很重要的。有個十二歲偏差男孩的母親，經由提醒自己她兒子自從七歲後就自動放棄生日禮物後，覺得自己對兒子的看法更正面了。透過正面思考來對抗有毒思想的例子還包括了：

◆「當其他小孩欺負弟弟時，他真的很會保護弟弟。」

◆「上星期她同意把電視聲音關小一點，顯示了她對家裡每個人都很體貼。」

◆「上星期他在規定時間以前就回家了。」

你愈是覺得孩子的行為正面且適當，就愈有能力以正面心態看待他。你的正面心態會讓孩子以更正面的方式與你相處。我知道，要挑戰並改變負面思考模式需要點力氣與耐性。但請記住：你所有的付出，將會換來一個更美好的孩子。

對孩子不是只有「愛」，還要「理解」

今天我已經告訴你如何建立與孩子更好關係的絕佳工具，以減少孩子的偏差行為，而這個工具就是理解。你的理解與愛同等重要，如果你不夠理解孩子，會無法幫他打破偏差行為的惡性循環。歷經二十年的輔導經驗，有無數父母告訴過我說。

「可是我們這麼愛他，他爲什麼還是這樣呢？」

「我願意爲她做任何事，但就是無法讓她不生氣。」

「我愛他愛得要命，願意做任何事來幫他，可是他似乎不想幫自己一點忙。」

我相信這些父母真的都很關心自己的孩子。多數父母都是好意、真誠、充滿愛意地對待自己的孩子。但是當孩子表現出心痛、哀傷、憤怒、挫折、感到不滿足、以及其他情緒上的痛苦時，我也在同樣父母的臉上見到了震驚、有時則是恐懼的神情。**當你愈了解孩子，孩子就會愈不偏差。**

第2天的總結

了解你的孩子，就是你給他最有價值的禮物。全世界所有的愛，也不能幫你減少孩子的偏差行為，除非你了解他真正困難之處。當身為父母的你，繼續往前邁進時，請務必牢記以下幾個重點：

- 行為偏差的孩子通常會感覺到極度地被誤解。
- 行為偏差的孩子情緒不成熟，也欠缺方法去控制自己強烈的情緒，因此多半無法有效地解決問題。
- 你的孩子或許沒有說出口，但他非常重視你對他的理解程度。
- 你愈是理解孩子，他就會愈不偏差。

為第3天做好準備，並完成以下事情

- 準備一本日誌，把你傾聽孩子說話時，有效和沒效的情形都記錄下來。
- 對於會干擾你傾聽，與想了解孩子時的各種障礙，都要留心。
- 如果是透過電子媒介，像文字訊息進行溝通，要小心不要產生誤解。
- 留心與孩子進行了解或支持孩子努力時，產生的負面及有毒思想。

別再踏入「咆哮」的陷阱

——25個讓自己不再咆哮的方法

十歲的艾迪聽見媽媽珍叫他乖一點，可是他卻拒絕這麼做。她希望他不要再吵吵鬧鬧，但很不幸，她對艾迪就是會「按奈不住性子地發作」。艾迪和朋友正在玩耍，根本就沒把媽媽的話聽進去。當艾迪不小心碰到一個水晶花瓶時，珍一臉驚恐地看著那只搖搖欲墜、快要掉下來的花瓶。當珍眼睜睜地看著花瓶掉到地板上時，她試著讓自己冷靜下來。她甚至提醒自己說，是她忘了把花瓶擺在比較安全的地方。可是孩子就是有辦法挑戰最有耐性、最能體恤的父母的極限。於是珍開始對著艾迪大吼起來。「我告訴自己千萬不要吼，可是就是沒辦法。」在一次諮詢過程中，珍這麼告訴我。

在第二天的內容中，你學到了透過了解孩子來減少偏差行為有多麼重要。今天我們要討論的議題是，你很可能的確做了些會增加孩子偏差行為的事——對著他咆哮。

想想看，你有多常對著孩子咆哮？「你現在就給我過來，馬上把地板上亂七八糟的東西整理乾淨！」或者是曾經如此大吼道：「我受夠了、也厭倦了老是對你大叫！」這聽起來似乎很瘋狂，但是當你飽受壓力地養育偏差孩子時，即使你不想對著他咆哮，但

終究仍會以咆哮收場。別擔心，你不太可能是瘋了——你只是壓力太大罷了。

這好像是一首耳熟能詳的歌曲的歌詞。即使你明白應該如何了解偏差的孩子，然而當他不乖、不做功課、或是你必須把同一件事告訴他五次的時候，沮喪之感仍然很容易就會讓你對著他咆哮。當你第六次告訴他同一件事時，聲音通常會比消防車的汽笛還大。正如你今天所將學到的，許多原因會導致父母對著孩子尖叫與咆哮。但是，**當我們在處理偏差孩子的問題時，咆哮只會製造出更多的麻煩**。

幾年前，我曾在一家玩具店的走道上，正巧看到一位父親與他三個讀小學的孩子，當父親的，眼睛還瞄著手機。當時我聽到許多盒子從架子上掉下來的巨大聲響。那位父親很快開始對著其中一個孩子大吼。當那個孩子開始哭了起來時，那位父親卻很快停止了咆哮，他朝天花板看了一會兒，然後抱住了孩子。當他抱著那個孩子時，突然哭著向孩子道歉。看到這一幕，我自己幾乎都快流下淚來。顯然這位父親知道咆哮是不對的，而且他試著想做些什麼來彌補。我希望你在讀過這章後，也能學到如何控制、並確實減少自己咆哮的行為。

我今天的首要目標是要幫助你了解，為什麼咆哮是個嚴重的教養問題，特別是在教養偏差孩子時更是如此。我也會討論到，為何有那麼多父母會對著孩子咆哮，同時還會提供你許多方便、簡單的策略來避免咆哮。此外，我將特別指出某些很難應付的狀況（像是引發咆哮的導火線），並告訴你在這種狀況下該如何避免咆哮。現在就讓我們開始進一步討論，為何咆哮對教養偏差孩子來說十分有害。

「咆哮」是嚴重的教養問題

根據研究顯示，大多數父母——即使是最有耐性的父母——也會控制不住對孩子咆哮。不幸的是，大部分孩子會對父母的咆哮產生免疫，而且會咆哮回去。許多研究均顯示，常用咆哮來管教孩子的父母可能會對孩子造成肢體或語言上的傷害、並造成孩子人際關係的退縮、缺乏正面／公開的社交行為，像是樂意與別人分享，以及對別人產生同理心。證據也顯示，咆哮就和體罰一樣，會造成青少年情緒上的沮喪。對著偏差孩子咆哮會造成極為嚴重的結果，因為孩子不只會咆哮回來，還可能會強烈地攻擊父母。當你對偏差孩子咆哮時，反而會讓他更不聽話。記住，行為偏差的孩子會試探你的底線讓你生氣。如果你咆哮的話只是讓他知道，他成功地達到激怒你的目的了。

身為父母，你的職責是以冷靜的態度與孩子溝通自己的想法。正如本章一開頭珍所描述的例子，許多父母想想冷靜下來不要吼叫，但最後卻還是忍不住咆哮起來。有些父母一開始只是為了孩子不乖而咆哮。但不幸的是，不論是上述哪種情形，你都在孩子面前顯露了你無法控制自己。這顯然不是你想遺傳給孩子的特性。畢竟當你對著孩子咆哮，只會教他該如何咆哮。不過，無論你是以什麼樣的方式咆哮，都不要為此而自責。我們或多或少都曾對著孩子大吼。今天你會學到該如何避免踏入咆哮的陷阱。

咆哮之所以吸引人，在於它似乎總是很有用——至少在短期之內是如此。這是因為咆哮能讓孩子很單純地因為恐懼而順從——恐懼失去你的認可，甚至是失去與你的良好關係。你或許並不了解這點，但是被父母咆哮的孩子常不確定父母是否愛他。當孩子被咆哮時會感到自己被拒絕，而且此後會認為父母之所以愛他，是因為他表現良好。這對行為偏差的孩子來說真的很令人沮喪及害怕，因為他並無法控制自己的反應與行為。

讓你了解咆哮所造成傷害的最好方法，就是讓你親身體驗一下。以下的練習能幫助你了解，當別人對著你咆哮時的感受是什麼。

①父母要對「咆哮」感同身受

身為行為偏差孩子的父母，你可能已經咆哮過無數次了。如果你換個角度思考，想想若換作你被咆哮，你就會明白被咆哮的感受了。請試著回答以下問題：

- 當你被人咆哮後，你會溫柔且正面地回應對方，並滿足對方要求嗎？
- 當你被人咆哮後，你心裡是否會想要「以牙還牙」？
- 當你被人咆哮後，你心裡是否覺感到很不舒服？
- 當你被人咆哮後，是否很難擺脫負面的想法與感受？

透過這些問題，你可以深入理解咆哮所造成的負面影響。咆哮會傷害孩子對自己的感覺。重點是你必須想想自己有多常對孩子咆哮，及到底說了什麼，這些都將對孩子的人生造成影響。我把對偏差孩子咆哮會產生不良影響的理由，歸納如下：

- 咆哮無法有效地改變孩子的行為。
- 咆哮會阻礙了發現、並解決當下問題的時機。
- 咆哮會對孩子「該如何吸引別人的注意」造成錯誤示範，導致偏差的孩子會故意不乖，來吸引對方注意——即使別人是對著他咆哮。

- 偏差孩子會認為：「若他們對我咆哮沒問題，那我對別人咆哮也沒關係。」
- 通常咆哮會讓孩子對你充滿了恨意。
- 偏差的孩子會因為別人對他咆哮，反而做出偏差的行為。
- 你愈是對偏差的孩子咆哮，他愈會不聽你的話。
- 對著孩子咆哮，會讓他覺得你非常生他的氣。
- 對著孩子咆哮，只會讓他學到以咆哮來回擊。他不可能理性、冷靜地回應你。
- 咆哮有貶低對方的意思。這等於是說：「我有權力，但是你沒有。」
- 咆哮的同時也等於是傳遞了一個訊息：「你不值得人家冷靜地跟你說話，你只配讓人家對著你大吼大叫。」
- 咆哮會降低孩子對你的信任，認為你不是個可靠的、能坦誠相對的人。

你必須放棄把咆哮當成控制孩子的方法，並且正視咆哮真正的意義——表達憤怒。咆哮是成人發脾氣的方式。當然，有時候你很氣你的孩子，畢竟你是個有血有肉的人，面對這種處境當然會有所反應。但這時最重要的是你必須了解，你可以選擇自己該如何反應。若是你感到挫折或生氣，覺得自己快要有咆哮的衝動時，請告訴孩子說：「我現在真的很生氣。等我冷靜下來以後再說。」

你在本章後將會看到二十五個具體策略，幫你免於咆哮。在撰寫本書時，我曾問過幾個年輕的客戶，當父母對他們咆哮時，他們的感受是什麼。以下是他們的回應：

羅伯（7歲）：「我很不喜歡我媽對著我大吼，因爲我會哭。」

愛蜜莉（9歲）：「父母對著小孩吼，會對造成很大的壓力，讓他們想尖叫。」

路克（11歲）：「我不喜歡人家對我吼，這會讓我火冒三丈，感到很生氣。」

沒錯，當你對著孩子咆哮時，常會提高嗓門。舉例來說，你可能會咆哮著要孩子別站在馬路上。但是在多數情況下，對著孩子咆哮只會造成反效果。

② 務必了解：什麼原因會讓你「咆哮」

請思考下列敘述的問題，並盡可能誠實地作答。

	是	否
・我會咆哮，是因為我覺得非常挫折，沒有別的方法可以解決。	□	□
・我會咆哮，是因為我的父母也是如此，而且我從中學到。	□	□
・若是孩子做錯事，我多半會以咆哮來處理。	□	□
・我會咆哮，是因為我已經習慣如此了。	□	□
・我會咆哮，是因為我相信這是讓孩子聽話的唯一方法。	□	□

・你有多常對孩子咆哮？

・通常你會為了哪些事咆哮？

・當你咆哮時，孩子有何反應？

・在你要咆哮之前，你的腦海裡閃過什麼念頭？

・當你在咆哮時，你的腦海裡在想什麼？

・在你咆哮之後，你的腦海裡在想什麼？

請你為了發現自己為何咆哮而鼓掌吧——透過這個方式來審視自己，是需要一點勇氣的。蘇格拉底曾說：「未經審視的人生，是不值得活著。」我時常看到許多父母在了解自己為何咆哮後，學會了如何控制自己，並減少了孩子的偏差行為。所以，即使你找不出自己咆哮的原因，還是請你繼續跟我一起努力。

咆哮的諸多理由

現在你已經了解咆哮的殺傷力了，那麼我們可以討論關於造成父母咆哮的一般性理由。這份清單並不包括父母咆哮的所有原因，只是列出其中幾個主要的理由。

①面對極度挫折的反應

身為父母的你必須經常面對許多衝突性的壓力與要求，因此會感到挫折是很自然的。當偏差孩子不斷地挑戰你，你似乎很難不對他咆哮。不過請你記住，即使如此，咆哮只會在家裡造成緊張態勢的升高，製造更多與偏差行為有關的問題亟待解決。你所面對的挑戰是處理自己挫折的情緒，學習更新、更健康的方法來取代咆哮。在本章最後，我會提供許多策略來減少你的挫折，幫助你不要咆哮。

②我的父母曾對我咆哮，所以我也這麼做

許多人的父母常會提高嗓門對著孩子咆哮。有些父母可能相信「我必須克服這個問

題，否則我的孩子也會這麼做。」同樣的，也有許多父母認為孩子最近「太放蕩」，而對著他咆哮則是一記迎頭痛擊，好讓孩子收斂一點。閱讀古代史是件很有意思的事。從下面這段引述的文字當中，你可以看到人類雖然改變了許多，但保持原樣的部分更多：

> 現在的孩子喜歡奢侈品。他們不尊敬長輩，喜歡在運動時說八卦；孩子是家中的獨裁者，而不是奴僕；當長輩走進房間時，他們不會起身致意；他們否定自己的父母。他們在餐桌上狼吞虎嚥地吃著精緻美食，翹著二郎腿，還會欺負自己的老師。

蘇格拉底談到兩千年前「孩子有一段時間會被逼著做出合宜的舉止」。現在讓我們不妨來談談另一位擁有偉大心靈的智者，愛因斯坦，他為瘋狂所下的定義是：「一再重覆做同樣一件事，卻期待有不同的結果。」

顯然孩子會有令父母煩心的行為，已有很長的一段歷史，然而數千年來父母對著孩子咆哮，從來就不是個解決問題的好方法。

③咆哮成了吸引孩子注意的習慣

身為父母的我們希望傳遞給孩子的訊息是明確而有力的。我們希望孩子能注意我們，聽我們的話。許多偏差孩子的父母告訴我，咆哮可以讓孩子注意他們，這點常讓我十分驚訝。事實上，父母透過咆哮能得到孩子的注意力只是暫時的。咆哮是讓父母快速且有效得到孩子注意的方法——孩子或許並沒有真的聽進去，但至少聽到你說什麼。

反對咆哮的人認為，一旦你開始對孩子咆哮，就會習慣如此。這會變成我所謂的

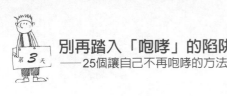

「制約型教養的反射動作」。說得白話一點，就是咆哮成了習慣。咆哮成性的問題是你會開始對孩子持有成見，而孩子則會預測你待會一定會咆哮。很可惜的是，這會變成一種很壞的習慣。多數父母都會對我所示範的、我稱之為集中式耳語（focused whispering）來取代咆哮的方法感到驚訝。耳語總是能獲到、捉住孩子的注意力，而且要比咆哮有用的多了。我將在25個避免咆哮方法的段落裡更詳盡地討論這個策略。

④大吼成為父母唯一的選擇

許多偏差孩子的父母這麼說時，他們是真的相信：「唯一讓孩子聽我話的方法，就是我高聲咆哮。」但從此以後，孩子就不會再有任何進步了。

正如裘蒂訴說自己的感受便是一例。她第一次來我這裡時，一面啜泣、一面告訴我說，她今天早上才在事情過後大吼了一頓。她告訴我那天早上發生的事情是：當她女兒坐在她面前呈現昏睡狀態之際，十歲的兒子卻躺在地上低聲嗚咽。一陣震耳欲聾的寂靜提醒了她，即將有可怕的事情發生了。很快的，當她行為偏差的兒子把書丟向牆壁並奔向自己的房間，便為寂靜畫上了句點。就跟許多父母一樣，裘蒂的「死穴」，就是平時兒子做功課的態度（**後面我會告訴你一些稱爲「回家功課問題」的解決策略**）。

身為單親媽媽的裘蒂，那天早上告訴我說，前天晚上她的兒子尚恩沒有做完回家功課。就讀五年級、有注意力不足過動症（ADHD）的尚恩，忘了把課本帶回家。裘蒂說：「我很氣自己老是要替尚恩收拾善後。我脾氣發作後，便大吼大叫了起來，並心想我最後一定會讓他改變的。」裘蒂就像許多父母一樣，總是認為咆哮是她唯一的選擇。

所幸她學到了取代咆哮的其他方法。

⑤我的孩子「應該」尊重我

當孩子對父母親不尊重時，家長產生強烈反應，並受到非常負面的影響是可以理解的。不過，我發現，行為偏差的孩子常常擁有非常在意孩子是否表現出尊重態度的家長。要求有行為偏差的孩子做到尊重，只是在偏差行為上加油添火而已。父母親強硬的思考方式會讓情緒反應過度，產生不實際的期望。諷刺的是，你愈沒對著孩子大吼大叫，要求他們尊重你，時間過去，他們就愈會尊重你。

做好正確的心理建設

在下一段裡，你會學到許多有用的技巧讓自己不再咆哮。多注意這三個重點在你整合減少咆哮的各種策略時，能幫你更深入核心，而且更有效率。

①別因孩子當下的反應而放棄

孩子得知道你對於堅持改變有多認真。當你使用這些替代咆哮的策略時，他一開始可能會轉轉眼珠子不以為然，或是會嘲笑你。但是請放心，就長程來看，你為了避免咆哮所做的努力會很值得的。改變不會在一夕之間發生，但只要你少一點咆哮，孩子的偏差行就會減少。前幾次你試著不咆哮時，可能什麼事也不會發生，不過請相信我，根據我大部分客戶的反應，他們在十天之內，就會看到孩子的偏差行為明顯減少。

②你的目標是跟孩子同一國，而不是成為他的對手

你愈是了解並記住自己所要解決——而不是「對抗」——的問題，是讓孩子減少偏差行為，最後的結果就會愈成功。

③在進行這個計畫時，把自己當做是孩子的情緒及行為教練

當孩子的教練是不會讓你身為父母的角色打折扣的。而且情形常常相反。當你切換到教練模式時，管教上的聯繫會增強。教練模式可以幫助你釋放你和你的自我，讓你從受傷、失望或感覺深陷泥沼的家長角色中解脫出來。換上教練心態意味著要保持冷靜，理性的加以指導並鼓勵孩子。

管教行為偏差的孩子時，家長保持冷靜是非常重要的。約翰•高特門博士的研究，提供了家長五個重要步驟來扮演情緒教練：

❶**了解孩子的情緒，也要了解你自己的**。

❷**把孩子的負面情緒，當做增進親密感與教導的機會**。他們不是對你權威的威脅。

❸**用心去體會孩子的感受**。以回應他對感受敘述的話來查證他。

❹**用同理心來幫助孩子，找出能點出他當下情緒的字眼**。跟他說，「我看得出你現在真的很沮喪，」幫忙他點出他強烈的情緒並和他談論，而不是讓他用偏差行為來發

洩。不要說「你不應該覺得沮喪的」這類樣的話。

❺訂定規矩，並一起去解決問題。我會在第六天，討論如何訂定規矩。最主要得擁有「學習之心」，就是發掘可能幫助孩子克服問題、並達成目標的各種方法。

25個讓自己不再咆哮的方法

①成為一個良好的傾聽者

若是你與孩子正處於衝突之中，試著聽聽孩子的意見，了解他真正的感受。避免過度的論斷，否則會讓孩子覺得自己被批評，也會變得更有攻擊性。我的客戶肯告訴我，他發現直接問他十二歲的兒子特洛伊：「可否請你告訴我，為什麼你這麼生氣」很管用。只是這麼一個簡單的問題，卻讓肯記住了傾聽比教訓更為有用。最後即使特洛伊並沒有即時回答他的問題，但肯已經感覺得到透過問問題，已為特洛伊將來願意分享自己的想法與感受開啟了一扇門。

②透過理解，讓自己的情緒緩和

正如前面所說的，傾聽能讓你更深入理解偏差的孩子。這可能是對抗咆哮最好的手段。還記得第二天我曾提過理解產生的力量嗎？儘管理解本身或許並無法阻止你咆哮，但卻會很有幫助。試著分析一下你希望孩子改變什麼，然後理性地解釋給他聽。舉例來說，若是孩子的房間很亂，反問你自己是否可以接受，以及你希望他別再做些什麼事。

凱拉是十三歲哥頓的母親，她了解自己可以接受滿地都是衣服，卻不能忍受一包洋芋片擺在角落兩個星期。還有些其他的例子，像是你兒子拒絕上學，是否只是因為他沒準備好去考試？你女兒是因為怕被新朋友拒絕，所以才把情緒發洩在你身上？正如我在第二天所提到的，了解孩子發生什麼事，有助於讓你的情緒緩和下來。你的情緒愈緩和，就愈不會產生情緒性的反應，也就愈不容易咆哮。

③捫心自問：這到底是誰的問題？

為了某些事而對孩子咆哮會影響自己，而且無助於解決問題。我曾輔導過一位叫柯琳的母親，讓她終於了解到自己從沒告訴過五歲大的兒子萊恩，說他老是拖著她的外套讓她有多苦惱。當萊恩剛開始這麼做時，柯琳覺得還挺可愛的，可是萊恩老是如此，卻惹惱了她。柯琳冷靜地告訴萊恩，要他不要再這麼做了，這也讓她免於對兒子咆哮。

父母必須說出自己的感受，孩子才能明白。你若是因為孩子對你送他的禮物只表現出一點點謝意，或是根本無動於衷，而氣得對孩子咆哮的話，他是不會明白你只是因為他不欣賞、或拒絕禮物而生氣。你必須要能解讀孩子的行為或反應。事實上，行為偏差的孩子並不了解自己說的話或做的事會影響父母。讓孩子知道你的期待與想望——因為孩子猜不透你的心。

④認清「生氣是一種警訊」

生氣沒什麼大不了——重要的是你如何處理這種情緒。生氣並不表示「必須咆哮」。記得前面我曾提到，咆哮是一種制約性教養的反射動作。把生氣當成「警訊」來解決問題，是比較有益的觀點。雖說每個人可能都不一樣，但生氣時一般會出現以下警訊：

- 全身緊繃／胃絞痛
- 盜汗
- 負面／有毒思想
- 緊握拳頭
- 呼吸急促
- 聲音顫抖

這時請你做一下我在第一章提到的深呼吸練習，可以幫助你減輕上述症狀。重新控制住咆哮衝動的警訊以解決問題，能讓你的精神保持在更健康、更理智的狀態，而且也會少咆哮一點。舉例來說，若是兒子把房間弄得亂七八糟，你不要等到發現以後才告訴他要把這一團亂給整理好。你是可以為此而生氣，而且你的左跟右腦都對著你叫道：

「現在我真是氣壞了，可是等我冷靜一點再來處理。」最重要的是，你必須在與孩子溝通之前，讓自己負荷過度的情緒平息下來。

⑤了解並非所有事情都是針對你個人

麥奎爾・魯茲（Miguel Ruiz）在他的著作《四個協定》（The Four Agreements）裡寫道：「不要覺得任何事情都是針對你個人而來。不是其他人做的所有的事，都是因為你的緣故……」這是值得銘記在心的實用智慧。如果你忘了這點，便會常常對著偏差孩子咆哮，因為你認為他這麼做是針對你。請你要了解，即使偏差孩子故意向你挑釁，但是他會這麼做是他的問題，不是你的問題。記住這點會讓你咆哮的風險降低許多。

⑥凡事往大處看

請記住，孩子此刻的行為不代表他這個人就是如此。就像電視裡有分格畫面一樣，把他讓你很火大的行為視為那個最小的畫面，而這個小畫面旁邊則圍繞著他很乖時的較大畫面。這跟第一天你所做的「重溫孩子令人喜愛的印象」的練習很類似。你愈是把孩子的偏差行為視為一個小畫面，同時營造、把重心放在他有如正常人般的各種優點的大畫面之上，就不會有那麼大的威脅感，也不會那麼想對他咆哮了。

⑦利用「幽默感」

我的客戶麗莎接受我的建議進行了一次實驗。麗莎就像許多父母一樣，對於她十歲的女兒貝琪抵死不願意整理房間而氣壞了。這件事成為她們母女多次爭執的焦點，而且兩人總是不斷地互相咆哮。我建議麗莎哪天可以開玩笑地對貝琪說，如果她願意把房間

整理乾淨的話，有人願意送一百萬給他們家。麗莎沒有用慣用的咆哮，而是讓貝琪在沒有提防的情形下，了解了她非常幽默的要求。很棒的是最後貝琪竟然答應了。任何形式的幽默都能減少緊張情勢，以及你咆哮的可能性。

⑧利用「集中式耳語」取代咆哮

我前面曾經提過，耳語是能吸引孩子注意的有效方法。這也是避免當眾吵架很好的方式。你家的青少年可能會覺得耳語是要他領你的情，或是覺得這樣很老套，所以對大一點的孩子要選擇性地運用。凱莉就像其他我輔導過的父母，她後來了解到當她需只要對孩子說重點時，隨時都可以利用集中式耳語（focused whispering）。

有一次凱莉和她八歲的女兒艾莉在鄰居家的派對上，她就運用了這個技巧。艾莉對派對上其他的父母跟小孩很沒禮貌。凱莉走到艾莉身邊停了一下，讓艾莉注意到她，然後冷靜且堅定地對女兒耳語道：「艾莉，可否請你更有禮貌一點。」艾莉同意了，而凱莉則避免了一次對女兒咆哮的難堪場面。在第五天的內容中，我會談到更多運用冷靜且堅定的教養方法。這也是一種避免權力鬥爭的策略。

建議你在使用集中式耳語時，可以透過以下幾個步驟：

❶首先，請你冷靜地走到孩子身邊，讓他注意到你。

❷在開口說話前，直視他的雙眼並停留一會兒（必要時，可跪在他身旁）。

❸如果你不希望造成肢體上的驚嚇，請將手溫柔地放在孩子肩頭。

❹以簡單堅定的態度，透過耳語向孩子表達你的要求，然後離開。

⑨利用「聳肩」取代咆哮

透過聳聳肩，你傳遞了一個很有力的無聲訊息，那就是：「我不會過度反應」。聳肩是一種冷靜的態度，可以與集中式耳語、或其他這裡提到的策略一併使用。

七歲的艾瑞斯告訴爸爸艾倫說，她要離家出走住到朋友家。當女兒第一次這麼說時，才剛離婚、對建立一個完整家庭十分敏感的艾倫忍不住對女兒咆哮。然而艾倫在我協助下，學會用聳肩來應付女兒的威脅，也讓艾瑞斯不曾再這麼說了。聳肩能讓你化解激動情緒，也能緩和偏差孩子戲劇化的舉動（或許也能緩和你戲劇化的舉動）。

⑩不要羞辱孩子或給予責罵

尤其要避免使用貶損的語氣罵孩子。你永遠都要記住，尊重孩子會讓孩子尊重你，而且用負面態度對孩子說教，會讓孩子很快不尊重你。責罵只會製造更多的咆哮，讓情況變得難以收拾。語言的殺傷力比什麼都大，因為咆哮的聲調就像是在情感的傷口上灑鹽。比較有效的說法應該是：「在你把其他東西拿出去之前，我希望你能整理一下這些玩具。」而不是說：「你這個被寵壞的小壞蛋，你現在就給我把玩具收拾乾淨！」

⑪過去的事就一筆勾銷

試問你自己，如果孩子的問題嚴重到非解決不可，你是否願意讓事情過了就算了？如果你需要點時間整理情緒的話，請向孩子解釋一下自己現在心情很不好，等你感覺好點兒了再跟他說。如果有家人的支持，當你覺得情緒需要宣洩時，讓某個家人替你照顧一下孩子。無論是否可能，不管時間有多短，讓自己休息一下喘口氣。做些能讓自己平靜下來的事，像是幾次緩慢而深長的呼吸、冥想、寫日記、打電話給支持你的朋友，或是禱告。一位和我一起工作的家長，把她學到的東西與我分享，把「只要閉上眼睛，想像自己在漂浮」當做讓自己冷靜下來的策略。

⑫有信仰者，可試著平靜地禱告

我發現這段有名的禱詞，對於應付各種壓力都很有用，多年來有許多父母都說，這段禱詞能幫助他們免於咆哮：「請上帝賜予我平靜，讓我能接受我無法改變的事；賜予我勇氣，讓我改變我能改變的事；並賜予我智慧，讓我知道這其間的差別。」

⑬父母要記住「是你在掌控一切」

不要陷入跟孩子相同的情緒之中。你要記住你是家長，是那個必須表現出無論什麼都難不倒你的良好典範。我看過許多父母讓偏差的孩子任意而為，變成習慣性的挑釁。如果你的舉止反映了孩子的行為，也就是當他表現良好時，你也表現得很好，當他表現惡劣時，你也表現得很壞，等於是在讓孩子在操縱你。

⑭懲罰要適可而止

若是你的孩子必須、或是在其他人介入（如警察、老師、教練）的情況下，準備為自己的行為負責，你可以問問自己是否有必要介入，還是你只是有一點想報復孩子。許多父母內心都有陰暗面，導致他們會被孩子激怒，但這會傷害孩子的自尊。我說的「陰暗面」並不是指這些父母很邪惡，或是他們希望孩子受到傷害。挫折會讓你希望「懲罰」孩子，這類例子包括因為孩子做了某件過分的事，而打算取消他所有的特權，或是給他一頓疲勞轟炸式的訓話。我將在第六天討論到「值得信賴的處罰」的方法時，談到更多如何、及何時給孩子適當懲罰的做法。

⑮試著對自己說「讓我想想看」，來冷靜情緒

如同前面曾提過的，教養偏差孩子的成功關鍵，就是讓自己的情緒緩和下來。偏差的孩子會提出各種可笑的要求，讓你無法冷靜，說「讓我想一下」，可以讓你整個人緩和一點。史黛西是葛瑞辰十五歲的偏差孩子，她會巧妙地使用計謀提出要求（例如，當葛瑞辰才從公司回到家，她便要求去朋友家玩）。有天，葛瑞辰很興奮地打電話說：「我發現對我來說，拒絕全盤接受史黛西去朋友家的要求，同時開口說『讓我想想看』居然有這麼簡單。」後來葛瑞辰在一次諮詢時又告訴我，雖然史黛西不喜歡讓媽媽有足

夠的時間與空間做決定，但通常那些經過深思熟慮後的決定都會比較恰當。

⑯想像自己上了「真人實境秀」

想像你與孩子被選上參加真人實境的電視秀，展現你們的日常生活及與家人的互動。這表示你們之間所有的互動，都會被擺在家裡各個角落，包括你的車子、及任何你們可能出現場所的隱藏式攝影機給拍下來。你希望大家都看到你鬼吼鬼叫的德性嗎？

⑰確定自己的需求有被滿足

當你很累或很餓的時候，是不是很想罵小孩？記住，如果身體的狀況不好，是很難有效地解決偏差孩子的問題。不要用不吃糖來減肥，這只會讓你的血糖忽高忽低。你是否有運動，並且睡眠充足？大多數人若是沒有足夠的運動，就不會有充分的睡眠。適當的營養、運動及充分的睡眠，能神奇地舒緩緊張，並延長下次咆哮發作的時間。

還有一點，請你務必牢記在心，那就是——衝突常會在晚餐前一觸即發。我會建議你把晚餐的時間提早，在晚餐前讓孩子吃點點心，或是等吃完晚餐後再繼續爭論或衝突。若是你的基本需求無法被滿足，可能會導致挫折感或情緒波動，那麼你便會急著對孩子咆哮。除非情況嚴重到必須讓孩子馬上注意到你，否則請你在開口罵孩子前先吃點東西，或是休息一下。

⑱跟自己對話

當你覺得自己快要咆哮時，請告訴自己：「我覺得自己快要大吼了，我真的很想吼出來，我不能控制自己！」我還記得威瑪——有兩個上小學偏差孩子的母親，在一次諮詢過程中開心地與我擊掌並說，她是如何透過跟自己說話來控制咆哮的衝動。留意自己想要咆哮的衝動，透過這種確認的方法讓情緒緩和，你會覺得冷靜及不那麼想咆哮。

⑲記錄自己的咆哮頻率

當你每次覺得很想咆哮時就記下來。在你壓抑住想大吼的衝動而感到高興，或是希望自己當時能大叫出來的幾天後，把它記錄下來。然後請你記住自己想要咆哮的頻率，直到下次又有咆哮的衝動為止。回顧來時路，你將會為自己的進步而感到驕傲。也請記得為你減少了咆哮次數而鼓勵自己一下。

⑳做一個沉靜而有力的典範

當你看到其他父母忍住不咆哮出來時，你會覺得從他們那裡得到了支持，從而幫助自己不再咆哮。華倫告訴我說，當他試著不向行為偏差的十歲女兒咆哮時，腦海裡想的是空手道教練在教他時，一副很有耐心、沉靜而莊嚴、優雅的畫面。記住，其他人避免咆哮的方法，或許能幫助你感受到，在對抗想尖叫衝動的這條路上，你一點都不孤單。

㉑對孩子的指示必須清楚且一致

沒錯，你要孩子把衣服撿起來不知道有多少次了，但那些衣服還是躺在地上。若是孩子還在念小學，請你幫他養成固定收拾衣物的基本習慣。確認孩子有能力自己完成這件工作，孩子不會是一直想承認自己不了解你的意思。如果孩子是在念中學，讓他了解這件工作的重要性。確定你用的字眼夠明確，避免使用「你」，而改用「我」會比較好。例如：「我注意到你沒把你的T恤撿起來」，而不是說「你老是把你的T恤丟在地上」。避免使用諸如「總是」、「從來不」、「一天到晚」之類的字眼。

正如你在第二天學到的有毒的思想，這些字眼都是非常嚴厲且不公平，而且孩子從這些字眼中，只會感受到你的負面情緒及攻擊性。你不想責備任何人，只希望解決眼前的困境。所以，讓孩子一開始就知道你的期待是什麼，以免日後會產生更多的問題。

㉒想像這是孩子在世的最後幾天

當你快要有咆哮的衝動時，不妨反問你自己：「如果今天是孩子活在世上的最後一天，你會怎麼辦？」這是一位叫做泰隆的客戶與我分享的方法。泰隆視自己為「改善中的咆哮者」，他對這種改變自己心態而成功地控制咆哮的方法，給予高度的評價。

㉓盡量事前擬定計畫

你必須了解什麼事關係重大，什麼事無關緊要，而什麼是事是沒得商量。許多父母在事前都沒花時間去分辨這其中的區別。你愈清楚自己在意的是什麼，最後你愈在意的情況就愈不會發生。跟孩子一起討論這些問題，告訴他你的期待——並預先設定結果是什麼。事前計畫也能幫你更有智慧地應付尋釁的爭端。

㉔問題發生的當下就要妥當處理

許多父母都向我坦承，他們之所以會咆哮，是因為他們在問題發生的當下延宕了解決的時機。莎莎很樂意與我分享她成為成功母親的經驗，那就是絕不壓抑自己的反應，並且在問題發生的當下就處理妥當。過去她曾讓九歲的兒子艾力玩電動玩具，但這點卻讓艾力每天早上都太晚從家裡出發，而讓她對此心懷怨懟。後來莎莎改變了做法，她不用表達關切或咆哮的方式，而是立刻使用「集中式耳語」的技巧，準備妥當能讓你避免情緒爆發出來。我會在第四天及附錄Ⅱ的內容中，進一步討論孩子過度沉迷於電腦遊戲或花「太多時間在電腦螢幕前」時，應該如何管教。

㉕想像「總統」站在你旁邊

如果你真的覺得很難、忍不住又想咆哮的話，那麼試試看這個方法。想想看，如果美國總統站在你旁邊，而你又忍不住想咆哮時，你會怎麼辦？如果讓總統看到這一招對你不管用的話，不妨問問自己，若是有歹徒對你揮舞著一把上膛的手槍，你會作何反應？面對一個威脅你的神經病，你會表現很粗魯嗎？我想應該不會。至少在面對某些特定的人或特殊狀況時，你可以振作起來控制情緒，那麼在其他時候你也做得到——特別是這對你與你的孩子來說都有好處。

如何避免引發咆哮的導火線

今天你學了許多不同方法來控制咆哮。這是非常令人興奮的事，因為你正踏入減少孩子偏差行為的路上。現在我要教你一些面臨特別難克服咆哮衝動時的輔助方法。遇到這些情況時，前面我所提過的策略仍然適用，但接下來我會告訴你一些更具體的計畫、工具及策略，以便處理更困難、更具挑戰性、可能會突然遇到的「咆哮導火線」。

①孩子的起床氣

「快點，走了啦，否則你要錯過公車了！」在上學日的早晨，父母的痛苦真是莫過於此！許多父母都告訴我，這種每天早上糟透的了例行公事，簡直讓他們忍不住要對孩子咆哮。正如有位客戶很貼切地形容說，經歷這件事時，像是腦袋都快要爆炸了。

讓我們想想以下的例子。想像某一天一大早在家裡，你那行為偏差的孩子賴著不想穿衣服上學。你愈是提醒他，他就表現得愈叛逆，發脾氣，抱怨衣服有問題，或是去做其他的事。你的火氣愈來愈大，嗓門也提高起來，逼著孩子要照你的話去做。你對他咆哮，要他立刻把衣服穿好，而他卻變得愈來愈不可理喻，激化了你們之間的激烈衝突。激烈的衝突會對親子雙方都造成挫折、憤怒及怨恨。

你可以回憶一下第二天我對偏差行為的惡性循環所提出的建議。如果你愈是感到挫折，孩子就會愈感到被誤解，而他的偏差行為也會愈來愈多。以下建議，或許能幫你在孩子生起床氣時不再咆哮：

❶**找出孩子早上總是懶洋洋的原因**。睡眠時間不足，要他起床似乎要了他的命（如果是這樣，那他必須早點睡覺）；他因為玩玩具或看電視而分心（如果是這樣，得限制他玩玩具與看電視的時間）；他本來動作就比較慢（如果是這樣，你可能要提早十五分鐘叫醒他）。

❷**擬定一個晨間策略**。晚上找個安靜一點的時間，告訴孩子你對他的期待。愛格妮斯是我輔導過的一位母親，她發現對女兒這麼說非常有用：「等你起床後，我希望你能盡快到樓下吃早餐」。愛格妮斯明白改變自己對孩子的要求，會讓她覺得自己能馬上控制住局勢。你也可以告訴孩子說，若是他不聽話的話，後果自行負責，像是待會不能看最愛的電視節目。為了幫孩子減少偏差行為，你不妨問問他該如何幫他在不聽話時仍能做出正確的抉擇。這會讓他覺得對自己更有掌控力。

❸**調整自己的期望**。請記住，即使是在最好的狀況下，每天早上你的壓力都會很大。每家小孩都有起床氣的問題，不只是你家而已。提醒自己這點，會讓你不再對這件事反應過度，當事情不按照計畫走時也不至於咆哮。

②孩子不想寫回家功課

每天晚上全國有成千上萬的家庭，都在上演著小孩與回家功課奮戰的老戲碼。或許戲裡的角色各有不同，但通常臺詞都十分類似。有偏差孩子的家庭總會為了回家功課的問題，而上演權力鬥爭與問題戲碼。父母很容易便捲入回家功課的權力鬥爭，因為他們擔心不做功課會影響孩子的成績。

簡言之，回家功課常會對親子雙方帶來嚴重的負面情緒。為了解決這個問題，父母可能會使用嘗試錯誤法、獎勵法、威脅法與說理法——任何想得到可能有用的方法。當孩子有不想做功課的問題時，可以試試以下幾個基本指導原則，它們能幫你與孩子在面對這個問題時，製造出更良好的互動關係。

❶**避免傳遞非語言的負面訊息**。不要用負面的語調傳遞非語言的負面訊息是很重要的。做鬼臉、肢體僵硬、歎氣、挑眉毛、以及做出其他負面的肢體語言，都是非常強烈的非語言訊息。行為偏差的孩子非常敏感，他們會感受得到這類訊息，而如此只會在處理問題的過程中，增加你們之間的緊張關係。

❷**幫助孩子設計並訂定功課表**。有些偏差孩子可能無法負起「何時該坐下來念書」的責任。當孩子愈是覺得無法負擔時，他所表現出來的行為就愈偏差。試著努力與孩子共同討論出一個做功課的時間表，而且要愈實際愈好。如此會讓你不必再透過「捉住」、或是「關起來」的方法才能讓孩子做功課。除非你們雙方都同意這個時間表，否則這段時間孩子不能受到外界任何的干擾。至於打電話、看電視、或其他事情，都得等功課做完後才能做。

❸**為功課排定優先順序**。對某些偏差的孩子來說，決定先做哪樣功課是造成他緊張的

主要原因。他可能花了很長的時間思考，卻始終決定不了該先做哪樣功課，最後變得焦慮、不知所措。其他小孩可能會覺得每樣功課都一樣重要。多數孩子則會先做最難的功課。但是對某些小孩來說，先做最簡單的功課，可以讓自己先習慣一下，然後再做挑戰性比較高的功課。看看哪種方法對你家的孩子最有用。

❹別在孩子做功課時碎碎念，或是一直盯著他看。很多父母都有嘮叨的毛病，這只會讓孩子更不聽話，並拒絕做功課。如果你很愛嘮叨的話，只會給自己帶來無比的挫折與憤怒。你會跟孩子一樣產生「學習無望」的心態，讓孩子過度依賴你。

❺引導孩子率先確認答案的正確性。不少父母習慣把孩子的功課訂正到完美無誤才算完成。孩子把功課拿給你檢查時，請先把重點放在孩子是否解決了問題，沒有拼錯字。把重點放在這些「小成功」上，能驚人地增加孩子處理更具挑戰性問題的動機。若是孩子的答案有錯，請你冷靜地鼓勵他說：「我敢打賭，如果你再檢查一次，答案會不一樣。」我必須強調，你的目標不只是要減少偏差孩子的負面感受，也要減少自己的負面情緒。若是你一開始就把注意力放在修正錯誤，並對此感到不悅，孩子在做功課時就會更依賴父母的意見，而無法自行把功課做完。

❻別讓寫功課的時間拖上一整晚。有時父母會讓孩子一連做幾小時的功課，或是做到全部做完為止。如果孩子的表現與所花的時間成正比，倒是沒什麼問題。若是孩子花了一、兩個小時做功課，卻與花了十分鐘的成績差不多，我建議你要先讓他停下來。讓孩子意識到時間的限制很重要，幾個小時都耗在功課上，會讓孩子更感到很不舒服。若是孩子老是陷在這種困境裡，你要保持積極樂觀的態度，找出能幫助他

的方法。如果必要，跟老師見個面，找出孩子學習困難或學習動機等問題。

❼不要替孩子做功課。有些父母會替孩子做所有的功課。這叫做越俎代庖，而且會讓孩子病態地依賴你。或許本來你只是想幫他做完成比較難的部分，但最後的結果卻極具破壞性。孩子必須學會依靠自己，而不是仰賴你做完功課。如果孩子做不完功課，而且他真的很認真試過了，那麼請你寫張字條給老師解釋一下。我想大部分老師都會諒解的。若是孩子有嚴重的學習問題，或是處於高度緊張狀態，他將會面臨極大的挫折、憤怒及失望等情緒。這時他可能需要學校以外輔導單位的協助。若需了解哪裡可以找到能評估孩子學習強項與弱點的建議，請參考附錄I。

③手足之間的競爭

「手足之間的競爭」指的是常發生於家庭之中孩子彼此的競爭感受及行為。讓我們看看以下發生在九歲的傑佛瑞和他七歲弟弟史考特的情形。

傑佛瑞：『他拿了我的電動玩具。』
史考特：「他踩到我的腳！」
傑佛瑞：『不要一直盯著我看！』
史考特：「你才不要一直盯著我看！」

當你面臨這樣的狀況，發現自己很想對著月亮嚎叫時，其實你並不孤單。所幸，有許多方法可以讓你減少孩子之間的競爭。

❶**視每個孩子為不同個體**。讓孩子了解，你對待他們的方式都不一樣；而且因為他們是不同的個體，所以擁有不同的特權及責任。

❷**尊重孩子想要獨處的希望**。當孩子希望獨處，或遠離兄弟姐妹時，尊重他擁有的空間、玩具及時間。

❸**避免在孩子身上貼標籤，或是在孩子之間做比較**。這會養成孩子的競爭性。

❹**當家裡出現新生兒時，讓大一點的孩子有充分的準備**。這樣可以讓孩子扮演好他的新角色，讓他感覺像是自己有了新寶寶。

❺**扮演觀察孩子互動狀況的偵探角色**。觀察並記錄兄弟姐妹處不來的情況（晚餐前、在車裡、上床前），並且在那段時間把他們隔離開，或安排一些靜態活動。

❻**保持「不偏心」的立場**。如果是你讓孩子彼此競爭，請審視自己是如何對待每個孩子。確認自己並沒有偏心。

❼**不要對孩子間的相處、合作、分享及對待彼此的方式，抱持不切實際的想法**。記住，一般認為手足之間次數合理的競爭與打鬥是正常的。

❽**當孩子在一起玩、或解決紛爭時，你要提供正面的支援**。這會讓他們不覺得「我們老是在吵架」。

❾**讓孩子都認為自己獨特且重要**。試著每天花點時間跟孩子們進行一對一的相處。

❿**讓自己休息一下，補充精力**。單純為了自己而做點事情吧！像是跟朋友見面、從事某種嗜好、或是看一本好書——只要是跟父母的角色無關的事都好！

⓫**手足之間的競爭終將日益減少，了解這點會讓你更為釋懷**。我很懷疑孩子到了青春

期的尾聲，還會為了是誰坐在爸爸旁邊、或誰吃的是葡萄口味的棒棒糖而鬧得不可開交。提醒你自己，手足之間的競爭會隨著歲月而減少。

④講電話講到抓狂

孩子似乎本能地知道你何時會分心。尤其是偏差的孩子特別了解這點。他也很會利用這段時間讓自己變得更難纏。當你在講電話時，偏差孩子眼裡所看到的是你把注意力擺在其他人或其他事情，而不是他身上。為了幫你處理這種講電話講到快抓狂的緊張情勢，以下幾個建議或許會有幫助：

❶**明白孩子可能不了解「你暫時沒空理他」**。因為他過度膨脹的自我，讓自己無法接受你正在與電話線上另一端的人說話。

❷**保持冷靜並避免咆哮**。當他干擾你講電話時，請向正在與你通話的人說「對不起」（這樣你可以向孩子做出良好示範），並告訴孩子：「我正在講電話。我會講個五分鐘，等我講完後，就會幫你忙」。若是孩子情緒容易失控的話，你就必須掛上電話。咆哮或威脅性的處罰，只會增加孩子的焦慮，讓他更不容易乖乖合作。

❸**事先演練狀況讓孩子明白應有的應對**。對付年紀小一點的孩子，你可以在打電話時為他安排些遊戲——畫圖、著色、玩他最喜歡的拼圖——或是把玩具電話及辦公室用具擺在電話旁，當你在講電話時，讓他也可以假裝在講電話。

⑤暴躁的發訊息：另一種咆哮的形式

家長與年紀較大、十幾歲的孩子間以電子方式進行溝通的愈來愈多。不過由於缺乏面對面的親自溝通，方便的文字訊息，可能會導致某些誤解。

必須知道透過電子形式，例如發文字訊息，傳發的咆哮感受度，很可能會損害與行為偏差孩子間對話的過程是很重要的。你從以下的例子中就能看到，冷靜、堅定、非掌控型的溝通風格，對這過程的管理的確有所幫助。

密特里發訊息：

『你的選擇眞笨啊，別再蠢下去了！放聰明一點！』

『我們談過你離開這群朋友一段時間的事，你將會比他們好啊！』

道格發訊息：

「你老是對我咆哮，告訴我要怎麼做。」

「你就想控制我的生活！」

密特里（以冷靜、堅定、非掌控的態度）發訊息：

『如果我看起來像在咆哮，那絕非我本意。我之所以如此，是怕你遇上麻煩。』

『我們等等再談。請你半個小時後發訊息告訴我「你沒事」。』

『我覺得我們得研究一下「如何在不必打架的情形下，討論這事」。』

『我們好好來處理一下吧……，好嗎？』

道格發訊息：

「好，先醬。」

道格（二十分鐘後）發訊息：

「老爸，你二十分鐘後可以來接我？」

「我必須回家寫功課……！」

在上面這對簡短的訊息對談中，道格一開始的感覺是密特里（父親）的沮喪像是在咆哮。這是我所謂「暴躁的發訊息」的一個例子。請注意，密特里後來使用的文字冷靜、堅定、不掌控，停止了衝突的繼續高漲。

再來看看第二個發訊息的例子，主角是十幾歲的佩蒂和她媽媽茱莉亞。

佩蒂：「OMG，媽！你在開什麼蠢玩笑啊？這事我根本不OK。我不想你去那。」

茱莉亞：『夠了，佩蒂。我對你的態度很感冒！』

佩蒂：「我的態度？你的態度又有多好？你太可笑了吧。我都國三了，媽。妳絕對不能去舞會裡當我的保鑣！妳什麼都要控制，毀滅我的生活！」

茱莉亞：『那麼，把我幫妳爲舞會買的衣服退回店裡去怎麼樣？我根本不必花那個錢，特別是當妳對我是這種狗屎態度！』

佩蒂：「妳看看妳，媽。妳什麼事情都和錢扯上關係，而且我每次跟妳講話，你就要讓我覺得有罪惡感。」

茱莉亞（冷靜、堅定、非掌控）：『佩蒂，這樣來來回回吵，對我們誰都沒幫助。我現在知道你感覺多驚訝了。我覺得妳在攻擊我，不過，我想我也攻擊了妳。如果妳不想我當妳保鑣，我就不去。』

佩蒂（五分鐘後）：「好，沒關係，媽。妳去不去我不管，不過拜託，別跟有時候一樣，拿照片來給我壓力，好嗎？」

茱莉亞：『我知道了，佩蒂。OK……！』

從茱莉亞和佩蒂這段文字對話中你可以看出，當茱莉亞把互動的態度放軟，不要反應那麼強烈，表達一些同理心，並稍微讓步，佩蒂就覺得威脅減輕、反應也不那麼強，對她媽當她舞會伴護的事情也比較寬容了。這些都只是很簡單的例子，我在針對十多歲青少年與他們家長進行諮詢輔導時，一次又一次的看到冷靜、堅定、及非掌控的方式也能避免、減少並消除電子形式溝通帶來的衝突。

⑥孩子不願意遵守該上床時間

如果你了解孩子為了睡覺而必須中斷自己非常愛做的事有多困難的話，要讓他上床睡覺就會簡單得多了。請你設身處地想想：有誰願意在電視節目正好看的時候關掉，或是為了刷牙而不玩電動玩具？

❶**用緩衝時間來溝通**。為了減少上床時間的緊張情勢，你應該放聰明點，給孩子半小時的緩衝，讓他先停止自己正在做的事，然後透過好玩——但平靜——的遊戲，引誘他走進臥室。

❷**事先做好心理建設**。在與孩子開始展開上床角力的例行公事之前，很快為自己做點健康且有建設性的事。如果你沒那麼累的話，這件事你會處理得更好。你甚至只要

花十到十五分鐘看本好書，就可以讓你在帶孩子上床之前先冷靜一點。

假如你像聖海倫火山一樣爆發的話……

如果你不小心咆哮出來的話，請你跟孩子共同討論一下這個小插曲。記住，咆哮對行為偏差的孩子有非常不良的影響，所以請你試著用道歉來減緩緊張關係。不妨問問孩子對你咆哮的看法，如果他願意的話，讓他有機會說出自己對這件事的想法。你想要不再咆哮，所以當你偶爾情緒失控時，最好能坦白這一點，如此才能為孩子在重要的生活教訓中樹立起負責任的典範。請你不斷地從經驗中學習，千萬不要因此而被擊垮。

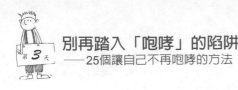

覺得自己就快忍不住要咆哮時，試試「寬以待己」

克莉絲汀・聶弗博士講到了寬以待己（self-compassion）。她根據在這重要觀念上的研究，寫出犯錯時應該如何以讓情緒健康的方式來應對。舉例來說，如果你對你小孩、或正值青少年期的孩子咆哮，寬以律己觀念可以幫助你不要苛責自己。

要做到寬以待己，你必須好好傾聽對自己的談話。你跟自己談話的方式——尤其是當你在某方面受到挫折時，你的健康、情緒、甚至與他人的人際關係都會產生影響。根據聶弗博士的看法，犯錯時，寬待自己的重點就在於提醒自己，你只是個平凡的人，就算做錯，下次更努力去嘗試就好。她也補充，犯錯、笨拙中摸索、並失去冷靜都是人類經驗中無法避免的一部分——不過，我們大部分人都把這疏忽變成責怪自己不完美的機會。但是，當我們把自己的失敗看成無藥可救時，就會把對自己、對別人的心關閉起來。寬以待己不是自憐自艾（我好可憐，我不應該感覺這麼糟的），不是不負責任（我搞砸了嗎？管他的呢）或甚至自大自負（只要我成功，我就會感覺良好），而是認清楚，會感到沮喪是人類共同經驗的一部分，要注意不要去評斷自己。

一個「不再咆哮」的成功故事

我有位叫辛蒂的客戶，她有兩個個性倔強的孩子，十二歲的史帝芬及七歲的珍妮佛。「他們想做什麼就做什麼，簡直是叛逆極了，」辛蒂抱怨道。辛蒂發現自己「總是在咆哮」，她向我解釋說：「我為了史帝芬穿衣服太慢而咆哮，我為了珍妮佛碰了放在藥局架子上的盒子而咆哮。當他們坐在車子後座吵個不停時，我會對他們兩個咆哮。而當我對著他們咆哮時，他們也會對著我大吼大叫。」

雖然，辛蒂有權利對孩子良好或惡劣的行為有所反應，但在接受我輔導後，她才了解到，是她自己把咆哮的這件事推在孩子身上。同時她也開始發現自己習慣把所有問題都歸咎於孩子。在辛蒂的例子中，她只是單純對孩子的期望過高。她透過審視自己有多喜歡發號施令，而謹慎地減少了這種行為，並做出了重大改變。她學到了慎選戰爭的意義。她不再拘泥於小事，而把重點放在更重要的事情上面。

然後，辛蒂向孩子解釋了聽她的話的重要性。她發現自己願意給孩子一個機會，讓孩子解釋為什麼不願聽話。如果他們提出的理由還算合理，辛蒂願意讓自己的態度軟化下來。同時她也了解到如果必要的話，她可以不用咆哮，而是改採其他適當的方法，來回應孩子的不當舉動。辛蒂很驚訝地發現，這些策略減少了孩子的偏差行為。今天你一旦學會了這招，同樣也能擁有這種絕妙的經驗。

第3天的總結

今天你學到了為何咆哮對教養偏差孩子是個很嚴重的問題。減少咆哮可以讓你在應付行為偏差的孩子時，覺得自己有更強的掌控力。當你在面對行為偏差的孩子時，請記住以下幾個要點：

- 對行為偏差的孩子咆哮，會產生不良後果，且會增加他的偏差行為。
- 情緒化的咆哮，會讓你與行為偏差的孩子以不健康的方式漸行漸遠。
- 了解自己咆哮的原因很重要，如此一來才能降低自己這種負面行為。
- 有許多簡易的策略，能夠有效地讓自己不再踏入咆哮陷阱。

為第4天做好準備，並完成以下事情

- 注意！咆哮對於孩子的自尊和整體情緒都有負面影響。
- 把自己想像成冷靜、會指導人的教練，而非一味掌控、只會咆哮的家長。
- 把會讓你咆哮的導火線列出來，並加以了解。
- 電子形式的溝通方式，缺乏面對面的表情提示，這點必須有所警覺。
- 練習「寬以待己」。

親子要超脫「權力鬥爭」之上

——18個避免權力鬥爭的好方法

當你採取某個立場，而孩子卻採取與你相左的立場，而且雙方都不打算改變時，一場想要「贏」的鬥爭（或者說得更精確一點，是想要獲取權力的鬥爭）於此展開。通常權力鬥爭是緊張、情緒與醜陋的，而且因為你有個行為偏差的孩子，所以你很可能常會讓他占上風。今天你將學到是什麼原因促使行為偏差孩子喜歡製造權力鬥爭，以及為何不該與他展開權力鬥爭和你在鬥爭中所應扮演的角色。

你可能認為權力鬥爭在所難免。畢竟過去以來，你已經歷多次緊張的局面，像是在孩子埋首打電腦或打電話、整理房間、做功課、上床睡覺、交朋友等個方面的角力。而且你似乎很難為了孩子做這些事而定下規矩。若是你覺得身陷這類鬥爭，既沒人贏、也沒人屈服的話，其實你並不孤單。避免並超脫於這種權力鬥爭的關鍵，就是克服自己想要贏的心態。避免與偏差孩子展開權力鬥爭，你將不再感到憤怒與傷心。

我曾幫助過許多父母與孩子停止權力鬥爭。權力鬥爭從來就不該是親子爭執的問題，它之所以會發生，是因為你的孩子（也很可能是你）覺得自己權力盡失，想要控制

親子要超脫「權力鬥爭」之上
——18個避免權力鬥爭的好方法

得更多。真正的權力鬥爭是因為偏差的孩子（**也很可能是你**）想彌補若有所失的感覺。

面對權力鬥爭的事實往往令人怯步。許多父母都告訴我說，他們非常害怕與行為偏差的孩子展開權力鬥爭的後果。只要一想到行為偏差的孩子會因自覺無可抵擋或沒有權力，而想透過報復來獲得權力，可能會讓你覺得很可怕。孩子可能會想盡辦法去傷害別人，而且常會以具體行動嚴重傷害別人。對一個兩、三歲的小孩來說，報復的方式可能是回嘴、把食物吐出來、或是把食物丟出去。五、六歲的小孩可能會拒絕收拾玩具，然後情況變得愈來愈嚴重。十歲或十一歲的小孩可能會用言語攻擊你、打你、或是打破東西。至於最嚴重的是十六、七歲的孩子，他們整個人可能會變得一塌糊塗，像濫用藥物與酒精、毀損財物、懷孕、中輟、整晚在外面鬼混、逃家、甚至企圖自殺。

當行為偏差的孩子表現出這些行為時，多半是因為覺得喪失了權力，以及自我價值未獲得別人肯定。防止這種情況發生的關鍵，就是要學習避免權力鬥爭。請想像下面這個可能會發生在任何一個有行為偏差的孩子家庭的情況：

- ◆「你不能逼我這麼做！」
- ◆「不要一直告訴我該怎麼做！」
- ◆「我才不要這麼做！」
- ◆「離我遠一點！我恨你！」

這些孩子所說的話，會讓父母陷入緊張的權力鬥爭。行為偏差的孩子常常看起來心情好像還不錯，可是一下子卻會突然挑起權力鬥爭的開端。就像是火山爆發一樣，這類權力鬥爭常伴隨著憤怒的指控、過多負面情緒等傾洩而出。你在第三天已經學到咆哮是很嚴重的問題，以及是什麼原因造成孩子的偏差行為。確保自己不再咆哮，表示你已在減少孩子偏差行為這方面向前邁進了一大步。這是件非常好的事，因為減少咆哮會減少緊張且頻繁的權力鬥爭。不幸的是，即使你沒有咆哮，權力鬥爭仍舊會發生。偏差孩子常會出人意外地說出挑釁、苛刻、質疑你的話，而且正如前面所提到的，他在說這些話時常是毫無意義、或一點都不在乎的樣子。

今天你會學到一些很有效的方法來避免權力鬥爭。**一旦你能夠避免權力鬥爭，就可以進一步減少孩子的偏差行為**。請記住，今天你學到的技巧，可以與第二天與第三天的策略一併使用。你每天所學到的技巧，都是奠基於前一天所學的內容之上。如此，你將會學到愈來愈多的技巧來減少孩子的偏差行為。

行為偏差的孩子常有不切實際的期待

對行為偏差的孩子而言，展開權力鬥爭背後的動力，是對自己權力有不切實際的期待。這是因為他們自以為與父母平等，同時也欠缺情緒智商。（詳見第一、二天）

除了權力鬥爭所造成的傷害、憤怒與怨懟外，在權力鬥爭告一段落後，偏差孩子可能會覺得父母不愛他。他或許沒說出口，但仍強烈希望感受到你對他的愛與支持。同時，他也十分渴望擁有成人一樣的自由與選擇。大多數我輔導過的孩子都很迷惘——他們在理智上知道父母很愛他們，但是卻感受不到。當你對著孩子咆哮、不贊同他的行為、陷入權力鬥爭時，他會覺得你不愛他，而且深信即使權力鬥爭煙消雲散之後，你還是不愛他。由於偏差孩子的情緒不成熟，所以會讓他做出錯誤的假設，而身為父母的你也感到很迷惘。克拉拉是十五歲奧迪莎的祖母，在奧迪莎父母突然因意外身亡後獨自撫養她長大。克拉拉告訴我說：「我可以看得到奧迪莎的轉變。她會對我反抗到底、要求過多、甚至做出非常過分的事。但是她私底下又很希望我能說她有多棒。」

大部分的孩子不會「直線思考」

這裡有個關於「拚命想展開權力鬥爭」孩子的案例。九歲的東尼在媽媽肚子上打了一拳後，被媽媽帶到我辦公室進行輔導。在一次輔導過程中，東尼告訴我一個「扭曲」的觀念，那就是：爸爸媽媽不愛他。以下是我們之間的對話：

『東尼，你是在告訴我說：你總是在惹麻煩嗎？』

「對啊，因爲我的爸媽總是對我咆哮。」

『東尼，我想我們都同意，來這裡後，他們已經不太對你咆哮了。』

「對啦，可是他們還是沒來由地不讓我做我想做的事。」

『你真的覺得他們從來都不讓你做你想做的事嗎？』

「嗯，也許不是從來都不，可是大部分的時候是這樣沒錯。」

『東尼，那麼你為什麼會這麼想呢？』

「因爲他們根本就不關心我。他們只希望我完美到不行。」

『東尼，這麼說很嚴重耶。你為什麼會這麼想呢？』

「因爲他們不愛我。」

『真的嗎？東尼，你覺得這是真的嗎？』

「嗯，也許他們是愛我啦。可是他們看起來似乎並不愛我，因爲他們訂定的那些很蠢的規矩，眞讓我很不爽。」

就像大多數行為偏差的孩子一樣，東尼心裡充斥著誇大與扭曲的想法。他覺得父母一點都不了解他，而且處心積慮不讓他享受樂趣。當我與東尼的父母面談時，建議他們應採取其他辦法。像東尼這樣扭曲的、不切實際的想法會造成權力鬥爭，並導致偏差行為。你要知道，若是沒有陷入權力鬥爭，孩子會更能感受你對他無條件的愛。身為父母的你所面臨的挑戰，就是當你不陷入權力鬥爭時，還要維持個人的正直與教養的價值。請跟我繼續學習下去，你會看到沒有權力鬥爭、令人興奮的教養新天地。

許多有效的教養方式之所以失敗，是因為父母太早放棄，所以要有耐心和決心。讓我們更仔細地看看，為了掌控孩子所發生的瘋狂爭戰中會發生些什麼事。

對你迎頭痛擊的權力鬥爭

我曾輔導過十二歲的西薇亞跟她媽媽羅蘋幾個月，大幅減少了她們母女之間的衝突。只要羅蘋咆哮得愈少，她們之間的進展自然也就愈大。有天出了個小意外：

「你這個賤貨！我恨你！我就是要穿我的牛仔褲！昨天你答應過我可以穿的。如果今天你不讓我穿的話，我就不去上學！」西薇亞為了這件事跟媽媽吵了四十分鐘。當時是早上七點五十五分，羅蘋已經遲到了。而西薇亞的牛仔褲髒兮兮的。

「喔，眞的嗎？嗯，可是你絕對不可以穿那條牛仔褲。」羅蘋努力讓自己不咆哮出來，反而是泰然自若地回答。

「好，我不去上學了，你別想逼我去！」西薇亞正如預期地升高戰火……。

當羅蘋告訴我這起小意外時，我向她解釋為何西薇亞會如此堅決製造出權力鬥爭——她只是太情緒化了。西薇亞下定決心要打敗羅蘋，而且毫不留情地這麼做了。過去羅蘋碰到這類狀況時總是會大吼大叫，但這只會增強西薇亞的好鬥性格與偏差行為。就像西薇亞所想的（正如第三天的內容），咆哮只是向行為偏差的孩子顯示出你無法控制自己的情緒。過去羅蘋情緒失控時，西薇亞的焦慮與挫折也會隨著她的偏差行為而升高。當西薇亞的行為愈偏差，她們的緊張態勢亦會隨之升高，並陷入惡性循環。

最後，西薇亞還是穿上了那條髒兮兮的牛仔褲。羅蘋自是感到十分沮喪而擔心，因為她認為自己在這場權力鬥爭中輸了。事實上，就像許多有偏差孩子的父母一樣，羅蘋希望西薇亞能為對自己的爆怒而付出代價。她來到我辦公室尋求協助，學習以不同方式來處理問題。在繼續討論羅蘋的例子前，希望你能透過下面的練習深度反省一下。

你是否助長了權力鬥爭？

請閱讀下列問題，以評估你在親子權力鬥爭中，扮演了什麼樣的角色。

◆若是我放棄控制孩子的話，我害怕會發生什麼事？
◆與孩子發生權力鬥爭時，我心裡在想什麼？
◆當我不讓孩子選擇時，通常我的思考與感受是什麼？
◆當孩子變得很叛逆時，我腦子裡接收到什麼樣的訊息，讓我無法保持冷靜？
◆為什麼有時候我會小題大作？

上述問題的答案，可能反映了當行為偏差的孩子試圖壓倒你，你倍感威脅時，會產生負面的反應。許多父母都跟你一樣，在權力鬥爭中深怕權力被剝奪，而且感到自己被威脅。請繼續閱讀下面的訣竅及工具，它們將幫你避免與孩子展開權力鬥爭。

親子間不出現權力鬥爭的教養方法

你能與孩子共同克服權力鬥爭的問題，而且有比你想像中還要多的方法可以幫助你達成目標。讓我們回到羅蘋與女兒西薇亞的例子。我教她使用以下的觀察與建議：

◆**首先，羅蘋必須了解情況是怎麼回事**。西薇亞為了穿髒牛仔褲，有目的地製造出一場權力鬥爭。她這麼做的原因，是因為不夠成熟到足以告訴媽媽真正是什麼事讓她很困擾（而且根本與穿不穿牛仔褲無關），而她表現出來的樣子卻是如此地挑釁。西薇亞迷失在自己的情緒與過度的自我裡，而她的目的卻升高了母女之間的衝突，直到媽媽再也忍不住情緒失控為止。

◆**羅蘋並沒有咆哮，而這麼做真的是棒極了**。若是羅蘋咆哮出來的話，西薇亞就會發現自己摸到了羅蘋的底線。若是如此的話，西薇亞就會覺得自己控制了羅蘋的情緒，也就是在這次的權力鬥爭中贏得勝利了。

羅蘋告訴我說，這次衝突發生時，她決定給西薇亞一點顏色瞧瞧，可是最後還是忍住了。她決定先跟我商量一下。我告訴她為什麼對西薇亞來說，不要在鬥爭中火上加油絕對是明智之舉。想要用處罰來管教及了解偏差孩子，恐怕會很困難。因為處罰無異是提供了另一次權力鬥爭的機會，而且會讓你喪失所有的權力。若是你在權力鬥爭的過程中處罰孩子，可能會對你們都造成更大的挫折。（我將在第六天「不再絕望的管教方法」中，進一步討論如何運用處罰這個策略）

我建議羅蘋要修正自己的心態。我的目標是讓她真誠地對西薇亞的行為作出回應，但也要避免兩人之間的權力鬥爭逐漸升高。我建議她未來在面對這種情況時，可以先深呼吸幾次，然後冷靜且堅定地對西薇亞說出類似下面的話來：

「西薇亞，請別用這種口氣跟我說話了。以前我對著你大吼大叫，可是現在我不會這麼做，因爲這對我們一點好處都沒有。我希望你別穿那條牛仔褲，可是若你非穿不可，我也不會阻止你。我只希望你知道，我覺得你穿那條牛仔褲有損你的魅力。」

當然，髒兮兮牛仔褲的問題，一個月後又再度浮上檯面，而羅蘋對西薇亞的回應則是如上所述。剛開始時，西薇亞只是茫然地看著羅蘋，然後在大吼一頓後便離開房間。

可是接下來情況有了重大的突破。有一次羅蘋走進客廳，卻發現西薇亞正在啜泣。西薇亞告訴媽媽說，她覺得自己除了穿這條牛仔褲以外，穿什麼看起來都「又胖又醜」。在表達了羞愧的感覺後，她也拿了一些熱門青少年網站上，模特兒穿著牛仔褲的照片給媽媽看。她告訴媽媽，她覺得自己跟她們真是沒得比。當時若不是羅蘋試著了解女兒，抗拒自己咆哮的衝動的話，西薇亞絕不會像這樣敞開自己的心房。

後來，西薇亞向媽媽道歉，還告訴媽媽有哪些事情讓她很心煩，包括父母的離婚、被昔日好友排拒在外等。那天晚上，羅蘋和西薇亞出去買了牛仔褲，還有一些西薇亞覺得穿起來更舒服的衣服。羅蘋聰明的把握這個時機跟西薇亞討論這些網站粉飾表面、又過度美化的負面影響，他們的看板照片還請了身材超瘦的模特兒來穿著牛仔褲。她跟西薇亞解釋，「這些對年輕女孩看起來『應該』如何如何的呈現方式」是扭曲又不公平，不實際又不健康的。西薇亞對媽媽這種冷靜的保證很是感激。

父母該如何才能抗拒權力鬥爭？

「我就是沒有辦法讓他贏我。」艾爾這麼告訴我。當艾爾聽到我建議他在面對九歲大的兒子班的無動於衷時，不要再像個傻瓜一樣，他的反應非常激烈：「當我聽到他對我說『不』的時候，我只想把他捉起來，然後用力搖他。」

艾爾很擔心班在做了那麼多偏差的事情後，只想逃避責任。我要艾爾列出一張他會直接指責班做的事情的清單，他列出以下幾個衝突點：

◆準備上學
◆做功課
◆上完打擊樂之後的課後練習
◆晚上上床睡覺
◆星期天上教堂

艾爾在面對上述班的狀況時，都是用咆哮來解決，而且他不是命令班回自己房間，就是取消班的特權。艾爾把焦點放在如何在鬥爭中獲勝。當他把焦點放在「贏」時，通常也意謂著自己想要壓倒班。問題是班愈是覺得自己被壓倒，就會覺得自己愈沒有權力；他愈沒有權力，行為就會愈偏差。有一天艾爾跑來找我，告訴我自己有了重大的覺悟。當艾爾告訴我這件事時，他太太路易絲對我笑得十分開懷：

「昨天晚上我試著用不同方法來處理班的問題，而它果眞奏效了。我告訴班說，我對他不想上床睡覺眞的很失望。我沒有咆哮，只是告訴他我很關心他，然後就走開了。傑夫，他就像變了一個孩子似的。大概在五分鐘後，他停下來不再玩電動玩具，然後跑過來抱了我一下，告訴我說他要上床睡覺了。過去我總是一再逼他，可是我所做的一切，只是讓情況變得更糟而已。」

所以，是誰在權力鬥爭中輸了呢？是父母！如果你一直感到很無助的話，你會更沮喪地認為無法控制孩子，而且還會持續陷溺在這樣的情緒裡。

艾爾與羅蘋兩人都必須放下防衛自己的衝動。在這兩個案例中，他們都了解到，偏差的孩子會透過各種稀奇古怪的動作來試探父母的底線，而後獲取自己的權力。這兩位家長也學到了不必防衛自己，或是試圖說服孩子自己才是對的。透過避免情緒化的權力鬥爭，他們沒有用情緒化的方式來解決偏差孩子的問題。我們從這兩位家長的故事中學到最重要的課題，就是他們經由放棄，反而得到了控制權。如此對孩子的行為及他們對父母的反應，都會產生截然不同且十分正面的結果。

父母請試著改變自己的心態

你的想法會影響你的言行，所以邁向終止權力鬥爭的第一步，就是改變自己的想法。為了幫助你改變自己的心態，請思考一下以下幾件事：

◆不要想著如何壓倒偏差的孩子，而要想如何給他權力，讓他覺得自己還不錯。
◆冷靜且堅定地傳達自己的觀點與信念，會比較容易讓孩子聽進去。
◆沒有一個大人會因為童年時父母太體貼而覺得很恐怖。

不幸的是，許多父母都不了解自己的反應才是造成、或延長權力鬥爭的原因。你將在下一段內容中看到，表現出堅定（但不是嚴厲）的態度時，保持冷靜是非常重要的。

學習保持冷靜與堅定的態度

艾爾與羅蘋發現可以成功面對困難處境的方式，就是保持冷靜與堅定。他們兩人都向孩子傳達了很重要的訊息，但是在做的同時又不失理性。在這裡我們學到一個教訓，那就是你在做出任何反應前，若是有足夠的耐性及意願，得以透過孩子的眼光來看待眼前的困境，就更能控制自己的情緒。即使你被孩子挑釁，也該盡力避免充滿恨意的字眼或舉動。你還是可以說出自己的想法，但是要冷靜且堅定地說，而不是用咆哮或威脅的口吻。艾拉農（Alanon）是個提供家有酗酒者的支持團體，他們有個口號是：「說出你想說的話，但不要充滿惡意地說出來」。我覺得這句話說得對極了，因為這句話完全適用於教養偏差的孩子。在前述的案例中，羅蘋很冷靜的原因，是因為她深呼吸了幾次，讓自己準備好面對西薇亞的反應。羅蘋很堅定的原因，是因為她讓西薇亞知道，她無法接受西薇亞說話的語氣跟字眼。艾爾也成功地運用保持持冷靜與堅定的策略。

①運用訣竅讓自己保持冷靜與堅定

保持冷靜的方法	保持堅定的方法
☑提醒自己保持冷靜，是你自己的選擇	☑四目接觸時，可以保持沉默
☑不要提高嗓門	☑目光堅定地看著孩子
☑在回應之前先深呼吸三次	☑用坦誠且認真的口吻說話
☑慢慢說話，不要像連珠炮似地說	☑使用「我」、而不用「你」的敘述方式
☑記住說出自己想說的話，比同意孩子的想法要來的重要	☑說出你想說的話，但不要充滿惡意地說
☑負面情緒沒關係，但以負面態度回應，會給孩子留下負面的示範	

許多父母因在權力鬥爭中深感威脅，所以無法保持冷靜與堅定的態度。通常這些父母會下決心贏得這場戰爭。如果你想在權力鬥爭中贏過偏差的孩子，我敢保證你絕對會輸。透過學習保持冷靜與堅定態度，使用待會我教給你的其他方法，你將擁有你所需要的全套工具，來避免與孩子展開權力鬥爭。

②保持冷靜與堅定，讓你覺得很不自在嗎？

我在前一章曾經提過，一開始使用我提供給你的技巧時，你可能會覺得很不自在，而且很不熟練。在使用保持冷靜與堅定這個方法時亦然。要艾爾不用剛強的老式態度來面對孩子，讓他覺得很尷尬。如果羅蘋沒有放棄老式做法來處理權力鬥爭的話，她永遠都不會知道西薇亞真正的問題是什麼。第二天我曾經提過，行為偏差的孩子缺乏情緒智商控制自己的情緒與問題。這種欠缺情緒智商的問題不只會製造權力鬥爭，也會跟著孩子一輩子。請你記住，情緒智商同時也包括了讓自己平靜下來、以及有效與人溝通的技巧。因為孩子欠缺這些技巧，所以會提出各種不可思議的要求、以及用挑釁的方法來得到想要的東西。沒錯，剛開始要保持冷靜與堅定的態度真的很不自然，而且看起來你好像是不參戰就放棄了身為父母的權力。但你只要提醒自己一個事實——你與生俱來好戰的天性，會讓你與孩子的關係陷入非常難堪的地步。

你在偏差孩子面前所展現的好戰天性，來自於第一天的打或逃心態。當你覺得被威脅時，腎上腺素會澎湃起伏，所以孩子不守規矩，自然會讓你有種不尋常強烈、挫敗的感受，覺得整個胸腔起伏不定，甚至還聽得見自己顫抖的聲音所發出的警訊。然後不令人意外地，更多的權力鬥爭不斷擴大，而你的肢體反應也更加緊張。以下是讓你保持冷靜與堅定態度的建議，讓你不致失去理智，或是對孩子說出讓你未來後悔莫及的話。

③經常提醒自己：我要有冷靜與堅定的態度

- 提醒自己，當你因陷入權力鬥爭而深感威脅時，覺得自己「快要爆發」是很正常的。這是你的身體在接收到威脅、或壓力時會自然產生的正常反應。
- 提醒自己，孩子總有一天會長大，這個問題不會持續下去。
- 請為自己能為個人的感受及情緒而承擔起責任鼓鼓掌。
- 每當你決定要抗拒權力鬥爭時，請理智地列出一份清單；當你懷疑自己是否有進步時，就拿出來看一看。
- 提醒自己，如果你釋出的權力愈多，就會讓偏差孩子想奪走的權力更少。老是想著要贏過孩子，只會讓親子之間的權力鬥爭益形惡化。

千萬不要想掌控孩子的一切

除了保持冷靜與堅定的態度之外，我也建議使用威廉·葛雷瑟的選擇理論（WilliamGlasser's Choice Theory）。葛雷瑟強調，我們唯一能控制的行為，就是我們自己。葛雷瑟的理論應用在孩子、特別是行為偏差的孩子身上，效果既簡單又清楚：不要控制你的孩子。愛用控制孩子這招一點都不管用，而且如果你一直這麼做的話，只會讓孩子跟你更疏遠，還會毀了你們之間的關係。好好想一想吧。當你發現有人想控制你時，你不會感到沮喪嗎？葛雷瑟選擇理論的核心觀念，就是強制性的方法只會遏止孩子負起應負的責任。如果孩子無法對自己的行為負責，就會把自己的錯誤與不快樂歸咎在別人身上。以下是以「掌控」或「非掌控」的方法，對孩子說話的例子：

以「掌控」方式對孩子說	以「非掌控」方式對孩子說
「我叫你把那些玩具撿起來，而且是現在就去撿起來！」	「這些玩具都沒有收拾好，讓我感覺好難過。請你把它們收起來。如果你願意，我可以和你一起收拾。」
「如果你不願意為了嘲笑你妹妹而向她道歉的話，一個月都不准玩電動。」	「我知道你很沮喪，可是你這麼對你妹妹，真的讓我很難過。我請你向她道歉。」
「你最好離那個新朋友遠一點。他可是個麻煩鬼。」	「你知道因為我是你媽，所以我會擔心。請你讓我更了解你的朋友，這會讓我在你跟他一起玩的時候更放心。」
「雖然你從來都不吃早餐，但你非得從現在開始吃早餐不可。」	「這是你的選擇，但是我請你考慮一下，能不能吃點早餐呢？如果你不正常吃早餐的話，會讓你整個人都虛脫喔！」

親子要超脫「權力鬥爭」之上
——18個避免權力鬥爭的好方法

「我不想聽到你說非得打到下一關不可，你現在最好立刻給我停手！」

「我們得找出一個雙方都可以接受的好方法，讓你的時間能均勻分配，既能把事情做完，又有時間玩你的電玩遊戲。幫個忙，先把你該做的事和功課做好，就有時間玩遊戲了。只要我們都能看到你會以某種方式安排時間，並完成功課和該做的雜事，我願意放寬彈性，讓你玩電玩遊戲。我真的很想讓你有時間可以玩遊戲，不過，我需要你一起努力，可以嗎？」

以上例子都說明了不該強烈地掌控孩子。請記住，冷靜、堅定及非掌控方式代表的是教養的一種心態，而不是一套寫好的劇本。以上的例子只是提供你一些指導上的參考。如果你一開始在言語上就犯了大錯，對自己多點耐心。別忘了，當你學習要對孩子保持冷靜、堅定與非掌控的態度時，對自己也要如此。當你將非掌控與保持冷靜與堅定的兩個策略結合使用，就是在為孩子令人振奮、正面積極的改變而鋪路。保持冷靜、堅定、及非掌控的態度，會奇蹟式地減少與孩子的權力鬥爭，以及孩子所有的偏差行為。

你是否還在懷疑這套理論與做法呢？讓我們來看看莎朗的例子。那天，莎朗正在廚房準備晚餐，而她的兒子、八歲的詹姆士走進來向她要餅乾吃。他們的對話如下：

『現在不要吃，詹姆士。再過四十五分鐘就要吃晚餐了。』

「為什麼不可以？我現在很餓！」詹姆士很堅持。

『你知道我們家在晚餐前是不可以吃餅乾的，詹姆士。』莎朗沮喪的說。

「是喔～可是我快要餓死了。別這樣啦，只吃一塊嘛。」

『我已經告訴過你，晚餐前不可以吃垃圾食物，就這樣了。』莎朗停下手邊正在做的事，生氣地看著詹姆士，拚命忍住不讓自己咆哮出來。

「可是我很餓耶。為什麼我餓的時候不可以吃點東西？」

『反正在晚餐前不可以吃餅乾。你知道這個家的規矩。現在你給我回房間去。』

當莎朗跟我提起這件事時，我問她在準備做晚餐時，嘴裡是否會津津有味地吃點什麼東西。莎朗低下頭笑了起來。她承認自己在做晚餐時，當然會吃點東西。然而她認為身為母親的自己應立下嚴格的規矩，不能讓孩子在晚餐前吃零食。但是她與我討論後才了解到，原來自己的「試吃」，等於是替兒子做了錯誤示範。更重要的是，莎朗發現詹姆士想吃餅乾，並不意謂他想「贏過」母親不准他吃餅乾這件事。後來我們想出一個法子，就是讓詹姆士在類似的情況下成為她的「試吃大隊」。當莎朗給詹姆士這個特權後，詹姆士覺得吃垃圾食物會妨礙他成為一個優秀的試吃專家。

如你所見，莎朗有效避免與詹姆士的權力鬥爭。她利用冷靜、堅決、非掌控的態度，重新引導詹姆士小嘗她為晚餐準備的食物，同時她也讓詹姆士吃了比餅乾更健康的食物。沒有面對面的衝突，或是試圖想壓倒對方，莎朗反而讓自己更有權力了。詹姆士能夠延緩第一時間想吃餅乾的需求，完全歸功於莎朗避開自己想贏得這場爭論的欲望。

現在你學到了冷靜、堅定、不掌控的教養哲學，而且這會大大減少權力鬥爭發生的機會。至於下一個重要的步驟，則是慎選你的戰爭。

慎選你的戰爭

另一個避免與產生權力鬥爭的重要方法，就是學習「慎選戰爭」。

偏差孩子很難控制及處理自己的挫折，所以請盡量控制孩子生活中可能會引發偏差行為的因素。如果你能保持冷靜、堅定且不掌控的態度，當你在面對孩子各種過分的要求、評論及互動時，會減少自己反應過度的機會。即使如此，我建議你只把重點放在你希望孩子改變的一、兩項行為就好——像是不說髒話、不打人——同時與孩子商量一下該如何達成這個目標。為了幫你更慎選戰爭，請試著從孩子的角度來思考以下狀況：

◆你的要求是否合情合理？

◆你是否激怒了孩子，才會讓他用命令式語氣提出嚴苛的要求？

◆你是否用了應該用在年紀比較小孩子身上的方法來掌控孩子？

貝絲是七歲的泰瑞莎的媽媽，她用下面幾個理智的方法讓自己保持冷靜、堅決以及不掌控，同時更明智地選擇了自己的戰爭。

當她決定是否要對某件事放手時，會問自己一個簡單的問題：「當孩子真的很想做某件事時，這件事對我或對她來說，真的有那麼重要嗎？」

貝絲告訴我：「這麼做會讓我把目光放在比較重要的問題上。我可以從不同角度看待，再決定這件事是否值得我去跟她爭。」舉例來說，當泰瑞莎堅持做功前要畫芭比娃娃時，貝絲了解泰瑞莎真的需要點時間放輕鬆，所以決定不再為此跟女兒爭執。

過去貝絲會習慣逼泰瑞莎不准再畫，如此卻只會挑起泰瑞莎反抗的心理。後來貝絲告訴自己別再管這件事了。她也告訴自己說：「我知道，當泰瑞莎很想畫畫時，或許也不是想畫一大堆芭比娃娃。」

當然貝絲並沒有變成一個懦弱無能的媽媽。她只是在面對重要問題時，做了明智的抉擇，並且把注意力放在問題上面。若是遇到沒有那麼嚴重的問題，貝絲會定出清楚的遊戲規則。舉例來說，她很清楚讓泰瑞莎知道，泰瑞莎應該坐在車子後座，而且要繫上安全帶。泰瑞莎也很明白，如果沒照著做的話，媽媽絕對會為了這件事堅持到底。

請看看以下幾個根據問題嚴重性，依照順序所列出來的與孩子相關的問題：

戰爭的優先順序	舉例說明
1. 對孩子身心造成危險的行為、活動或問題	在沒有人保護下，行走在危險地區
2. 對他人身心造成危險的行為、活動或問題	故意把具傷害性的東西扔向他人
3. 違反法律的行為、活動或問題	偷竊、威脅要傷害他人
4. 影響孩子課業的行為、活動或問題	拒絕做功課
5. 影響整個家運作的行為、活動或問題	在家裡破壞家具
6. 其他你需要面對的負面行為、活動或問題	摔門、拒絕出去倒垃圾

請你從表格第一列開始往下做。在思考下一個問題前，請先想想每個問題該如何解決。除非過了幾個月仍沒有任何進展，你才可以不按照這個優先順序解決問題。

你應該把焦點放在其他問題一段時間，在解決了新的問題後，再回過頭來解決原來的問題。重點是你不該在小事情上浪費力氣，但必須確認自己能掌握有關安全、健康及肢體行為（如打人）之類的重要問題。

18個避免權力鬥爭的方法

這些訣竅來自於我諸多的實戰經驗——過去二十年來輔導的父母與偏差孩子。我在第三天曾告訴過你調整心態的策略，在這裡也同樣適用。不要以為避免權力鬥爭的結果是一蹴可幾的，而且你要把焦點放在如何跟孩子同一國，而不是成為他的對手。

①先思考：如何預防發生權力鬥爭的情況？

請把焦點放在如何讓行為偏差、容易沮喪的孩子軟化下來。務必要避免擦槍走火，並試著辨認任何的警訊。現在你對哪一些狀況可能會導致權力鬥爭已經了然於心了。權力鬥爭的發生未必總是有規律或有理由的，你可能會發現孩子的偏差行為，會因為下列情況而益形嚴重：

- 你對他服裝的反應
- 你對他朋友的態度
- 你要他整理房間
- 你要他把功課做完

試著在冷靜的時候，與孩子一起討論這些麻煩的狀況，並請他幫助你解決問題。我有位客戶十四歲的兒子丹每天早上七點鐘時老是抱怨、並拒絕服用注意力不足過動症（ADHD）的藥物，而他的爸爸媽媽卻認為他應該要吃藥，於是緊張態勢逐漸升高。丹的爸媽知道預防權力鬥爭的重要性，於是來我這裡尋求諮詢。我了解丹抗拒藥物的情況後，問他覺得該怎麼做。丹說他希望能把吃藥時間從早上七點改成七點二十分，後來他的爸媽也同意了，一場權力鬥爭便結束了。

思考回應方式，而非反擊。佛教教義教導人「回應而不反擊」的智慧。我很喜歡這句話，因為這話和我經常引用的冷靜、堅定而不掌控非常一致。從佛家觀點來看，與行為偏差孩子進行權力鬥爭，當家長的人很容易陷入反射性的反擊心態而難以自拔。

進行反擊時，通常都是直覺反應，且多出自於恐懼感與缺乏安全感。之後，你可能就會發現這不是最理性的正確作法。而以回應代替反擊，則表示已經觀察到情況的真象，並帶著同情心與合作心態來制定最好的因應舉動。請看看下面回應與反擊的例子。九歲的布萊爾對第一次參加夏令營，心裡充滿焦慮，結果對媽媽雪莉就很不禮貌。

「我討厭這個！你老是要我做我不想做的事。你根本沒在乎過我想要什麼什麼。拜託一下，媽，讓我留在家裡放鬆就好！去那裡的人都是傻瓜！」布萊爾對雪莉說。

『你眞的難搞到令人難以置信欸。你爲什麼非得弄到這麼複雜呢？從一堆夏令營中選出這個營的人是你，而現在你還敢這種態度！你要遲到了，我上班也會被你搞到遲到！』雪莉很顯然是火大起來，進行反擊了。她對著布萊爾大吼大叫，這不只讓兩人都感到難過，也會讓親子的關係緊繃。

若以冷靜、堅定、非掌控的方式，雪莉可以這樣回應：『布萊爾，雖然說我知道你現在一定覺得很有壓力，但你對我這麼粗魯，我無法接受。要去見一群陌生的孩子和輔導人員一開始可能會令人不舒服，而且你說不想去夏令營，我也聽到了。布萊爾，我認爲你今天去了以後，一定會覺得不錯的。我們現在一起去檢查一下，看看今天該帶的東西是不是都帶了。做這件事可以讓我們兩個都保持冷靜。』

從上例中可以看出，當雪莉回應，而不是反擊時，她提供了布萊爾一個經過查證，並且有緩和作用的回應。當無法保證作法能「消除」布萊爾的焦慮時，雪莉的回應是將布萊爾引導去面對隱藏於心裡的焦慮，而不是讓他單獨處於焦慮之中，希望這樣能發揮作用。雪莉保持了冷靜、堅定、非掌控的態度，才能看出布萊爾的焦慮，沒有盲目的針對他的偏差行為加以反擊，陷入權力的鬥爭中。

②想像自己高高掛在天花板往下看（正觀察著自己與孩子的互動）

現在先等一分鐘！在你跳起來拿梯子往上爬前，讓我先說明把自己吊在天花板，這個充滿暗喻的圖像是什麼意思。如果你不太能理解孩子的問題，建議你先仔細看看自己和兒童／青少年期的孩子，是怎麼互動的。這麼做，會讓你多出一份心思來留意。許多家長跟我表示，他們最赤裸的情緒（通常是恐懼）及後續的反擊行為會阻礙他們去了

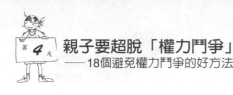

解，真正的去了解孩子。這裡有個策略可以讓你以很快的速度來停止咆哮。

我曾提過有個置身於玩具店的爸爸，舉頭仰望天花板，好讓自己再度變得專注。觀察他的行為後，我學到了寶貴的一課，也與我諮詢輔導課的客戶分享。自行監看和孩子的互動情況能讓你掌握度更高，做出更好的選擇。我從許多跟我合作的家長身上發現，讓他們看到自己與孩子間的互動，能幫助他們脫離破壞親子間相互了解的情緒爭鬥。幫父母親鋪路，給孩子他們迫切需要的確查與同理心。

我還記得幾年前，我一個孩子出了一些事。我憤怒又受傷，想要大吼大叫一番。不過，我記起了當初在玩具店中看過的父親，把自己想像成貼在天花板上。這麼做賦予了我能力，讓我得以看清女兒的角度（除了她表達時傷人感情的言語）及自己的反擊行為，而這本來是可能造成彼此間更大的沮喪與火氣的。

如果你覺得自己忍不住就要反擊了，當下也做不到去想像正貼在天花板上的情形，那麼請先深呼吸幾次，保持冷靜。冷靜下來後，才能好好想像自己正高高貼在天花板上往下觀察，超越與孩子間徒勞無功的權力鬥爭。這個方法請你務必試試，希望你咆哮的次數能大幅減少。

③預留警告時間，並事先告知可能的變化

在付諸計畫或行動前，請注意時間限制及還剩多少時間。許多孩子會因為被打擾、或是被要求穿上外套或穿鞋子，而表現出惡形惡狀的模樣。預留五分鐘的警告時間，可以產生驚人的效果。有些父母甚至會利用煮飯用的定時器，作為做好準備的提醒工具。如果你在工作或開會時把孩子帶在身邊，請事先告訴他你要花多少時間，讓他心裡有準備還有多久才可以離開。讓孩子對例行事情中的變化有心理準備。行為偏差的孩子適應力比較差。如果可能的話，讓他能在事前就知道計畫或活動有所變更。

④父母必須當個好榜樣

請記住，身為父母的你隨時隨地都在教育孩子，無論是好是壞。如果你高聲尖叫、亂丟鍋子、或是一拳打在門上，就是在教育孩子變成你不希望他變成的樣子。

- 尊重孩子，就會得到孩子的尊重
- 做人處事更有彈性，會更容易接受孩子所做的事
- 成為一個好的傾聽者
- 不要吵架，而是以討論的方式來解決問題
- 透過自己的人格特質來啟發孩子
- 在表達意見時保持冷靜、堅定及非掌控的態度

⑤注意你的步調

保持均衡、支持的心態，當一個給孩子支持與指導的情緒教練，注意你討論時的步調是很重要的。想像自己和孩子一起在賽車跑道上，就能讓權力鬥爭的加速度停下來。別讓孩子變成領頭的安全車。如果你把自己當成安全車，也就是決定互動強度與速度的角色，你對自己情緒的管控就會變好，而孩子可能就會追隨著前進。

在人類的關係中如果出現衝突，言語就從會從口中飛出，就像安全車在賽道上加速繞圈一樣。以比喻來形容，你的速度愈快，自己和孩子撞車焚毀的可能性就愈高。所以，要小心把情緒維持在一個還能被控管的步調。如果你感到自己的情緒已經在加速了，請多加注意，把腳從油門上鬆開，回應而不要反擊。

⑥訂定規矩要前後一致

我很得意自己辦公室擺了一張多年前在一次心理學會議上與史金納（B.F.Skinner，一九〇四～一九九〇）的合影。那時我還是個心理系的學生，而我非常驚訝這位大名鼎鼎的心理學大師在演講後，竟花了點時間回答我幾個問題。

史金納博士的增強理論建議我們對孩子的教養態度必須前後一致。如果你是說「不行！不行……！好啦，也許再一分鐘吧！就此一次下不為例」，或說「不行」並堅守立場，等到下一次你又說出「不行」時，孩子會對你有十分不同的期待。

想一想吧。你在拉斯維加斯玩吃角子老虎時，如果一直輸的話，你還會想繼續玩下去嗎？然而，若是你知道吃角子老虎贏的機率是隨機的，不確定下一次是贏或輸的話，你就會繼續拉桿子玩了。

⑦清楚說明自己的想法後再離開

在你用冷靜、堅決且不掌控的態度說完想法後，千萬別妄想孩子會立即承諾或正面回應你。播種之後，就讓它慢慢發芽成長吧。這是個讓你學習成果不是一蹴可幾的好機會。舉例來說，我的客戶萊斯里曾告訴我：「過去我們每次發生爭執的時候，我很習慣逼我的葛瑞斯（她十五歲的女兒）同意我的說法。可是這麼做只會惹得她更不高興。現在，當我不喜歡她說話的口氣或行為時，我會冷靜而堅定地說出自己的感覺，然後再慢慢走開。後來葛瑞斯多半都會聽我的話並向我道歉。她再也不會這麼做了！」

⑧提出要求時要有禮貌

我發現當父母說「請」、「謝謝」時，偏差孩子會更欣然接受父母的要求。你可能覺得在孩子面前用無禮的字眼只是小事一樁，但是，根據我的觀察，禮貌的態度真的會減少孩子的偏差行為。你愈是用不客氣的態度跟孩子說話，最後的差異愈是明顯。

⑨思考「妥協」，與孩子達成協議

當你發現權力鬥爭已然展開時，請告訴孩子：「我眞的很希望我們可以盡可能達成協議，讓大家都高興。」如此一來可以傳遞出一個訊息，那就是你希望可以跟孩子站在同一陣線，而不是成為他的對手。當孩子了解你很在意他的需要是否得到滿足時，會更樂意與你合作，也會更尊重你的需要。

建議你腦力激盪一下，想些解決權力鬥爭的更好方法，而且永遠不要低估別人的意見。請你把所有建議都寫下來，然後先把這份清單拿給孩子過目。他可能會跳過幾個建議，或是刪掉幾個不喜歡的建議；然後輪到你拿著清單，刪掉幾個不喜歡的建議。通常你們兩個在達成協議後，會剩下兩個或三個建議。這是個解決問題的絕佳方法，而且經過充分的練習後，你們再也不用把建議寫在紙上了。

⑩避免為孩子貼上負面的標籤

不論你是心裡這麼想，還是嘴上這麼說，負面標籤只會破壞你解決問題的效果，所以請把你對孩子的負面標籤，換成更正面的標籤吧。舉例來說，行為偏差的孩子常會被貼上「**固執**」的標籤，但是你可以用「有決心」來取代。請注意別把「固執」這個字眼加在孩子身上，如果你已經這麼做的話，請別再繼續這麼做了。另一個很重要得避免的標籤，就是「**撒謊**」。你可以換個角度想，覺得孩子只是沒有安全感，或是不夠有自信，以至於無法承擔事實的真相。除此之外，我也發現「**懶惰**」的標籤也傷了許多孩子的心。以下清單列出更多有關負面標籤的取代性說法：

負面的標籤	重新定義的標籤
☒ 固執	☑ 有決心
☒ 自私	☑ 看重自己的價值
☒ 嫉妒	☑ 有愛心且懂得保護自己
☒ 控制欲	☑ 有自信
☒ 小氣	☑ 謹慎小心
☒ 愛計較	☑ 深思熟慮
☒ 龜毛	☑ 仔細周到
☒ 堅持己見	☑ 熱情
☒ 神經質或瘋狂	☑ 獨特
☒ 很煩人	☑ 專注

⑪ 加強自己的信心與自尊心

你覺得自己愈好，就愈有能力阻止權力鬥爭的發生。請提醒自己，教養孩子不是件容易的事，而且你已經盡力了。想想你人生中遭遇過的挑戰吧。重要的是，不要被自己的錯誤擊倒。每個人都會犯錯。找有過類似經驗的父母，或與你有相似年齡的孩子、看起來很好相處的父母。他們可以提供你一些不錯的主意。

達樂妮是一位單親媽媽，因為自尊問題來找我上過幾堂諮詢課。她很得意地跟我分享了一句數字箴言。她說，「要成為自己的教練，並以身做則，當孩子的自尊榜樣，我經常在新裡想、或是用嘴巴說，「了解自己的價值。」」，當生活遇見挫折，我會這麼說，這是因為提醒自己去了解自己的價值會令人感到安慰，也能鼓勵孩子有自己的自尊，特別是當我認為自己所做的決定是為了他們好，就算他們並不太喜歡。

請別忘記第三天的討論中，提過「待己寬容」也是很有價值的，可以在你達不到目標，或甚至無助又絕望時，帶給你支持的力量。請記住，努力培養自己的自尊，寬待自己都會讓你在與孩子的權力鬥爭中，提高保持冷靜、堅定、非掌控的的能力。

⑫保持「幽默感」，減緩緊張氣氛

當我孩子告訴我說：「爸，你真的很無趣耶」，我發現可以用偶一為之的幽默，減少親子間的緊張氣氛。許多父母都察覺，當他們不使用嘲笑或諷刺的語氣，改以較好的態度或乾脆以幽默的方式說話，可以彼此間的權力鬥爭。

⑬適時地讓孩子感覺到「他也有權力」

我們都希望自己有權力，如果孩子沒有機會適時擁有權力，便會以不恰當的方式來獲得——像是權力鬥爭，或是找兄弟姐妹的碴。在與孩子展開鬥爭的過程中，請你先停下來問問自己：「在這種特殊狀況之下，我能否給孩子多一點權力？」你可以乾脆一點，直接問孩子的意見並向他求助，或是給他一份讓他可以完全掌控的特別差事。

⑭減少「嘮叨」的毛病

注意自己是否有嘮叨的毛病，說話時請盡量少用點字。有個愛嘮叨的例子：「為什麼我老是得提醒你把外套掛好？你以為我是誰啊？管家婆嗎？」在這種情況下，你可以把要求說得更簡短而甜美，反而會更有效果：「請你把外套拿開，我很高興你能了解這件事對我來說有多重要。」同時，確定你在說的時候是用友善的語氣，並微笑。

⑮給孩子選擇的機會，並要求他全心投入

若是孩子過度負面、或過度要求的話，請以冷靜、堅定、非掌控的態度告訴他說，他有兩個選擇：如果他想繼續待在這裡的話，就得改變話題不准再抱怨；或者他也可以選擇去家裡其他地方抱怨。提供孩子選擇，會讓他自認有某種權力。

在同樣的脈絡下，讓孩子知道他對你來說有多珍貴。告訴他你希望他留在你身邊。若是孩子愈能感受到自己對你的價值，就愈不會表現出踰矩的行為。「和孩子合而為一」的主要精神與心態，就是在買衣服時問他的意見，或是問他該如何布置房子。你也可以問他對慶祝節日有些什麼新點子。

⑯請說：「我知道，不過……。」

如果孩子選擇擴大鬥爭的話，就是你使用五個最有力的字眼來中止爭端的時候了。這五個字就是「我知道，不過……。」舉例來說，「我知道你的意思，不過我不准你單獨去他家。」重覆使用這幾個字（像一張壞掉的唱片），並且以冷靜、堅定、非掌控的態度說出來，有助於減緩緊張情勢，而且也不會讓你被孩子拖進權力鬥爭裡。

如果「我知道，不過……」，還是遇到孩子的反抗，可試著說，「我們對這件事的看法不同，所以靜下心來談談，彼此多加了解吧」。這兩種回應都能把你送入指導及教

練的模式，脫離親子權力鬥爭的壕溝。

⑰賦予孩子權力，並教他用尊重態度發表他的觀點

不要害怕教孩子用尊重的口吻對你說「不」。孩子有權力發表跟你不同的觀點及選擇。關鍵在於你要告訴他，這麼做不會影響最後你們妥協的結果。我曾經輔導過許多從小就被父母規定不准說「不」的父母，但他們多數仍發現自己有許多說「不」的方法，像是一面做怪時一面說，或是做事做到一半時說。教孩子尊重地說：「不，我不想洗碗，但我願意拖地或吸地毯」，會營造出合作且互相扶持的氣氛。

⑱別把每件事都視為權力鬥爭

請你仔細想想，並不是每件事都是權力鬥爭。儘管孩子不乖，但他有時真的並不想激怒你。他只是很單純想滿足自己的需要，並希望從你那裡得到一點空間。不要把孩子的每個動作都解釋成是在對抗你的權威。

過度使用或沉迷於3C產品的特殊考量

以下案例都是我執行業務時，孩子對3C產品使用表達的看法，都很具代表性。

「利用科技來娛樂，及跟其他孩子溝通太密切之間，好像有一條細細的線分隔著。不過，上線還是很酷的，因為即使你不是真在朋友身邊，利用上網和他們在一起混還是

比較容易的。不過，有時候我朋友真的發太多訊息來敲我了，敲得我都忘了自己本來要做什麼。」（愛迪森，16歲）

「在我的電腦上算數學好玩多了啊！我和我媽找到一個很棒的數學網站。裡面比光聽我老師講有趣多了。」（凱拉，8歲）

「我寧可上網和從沒見過面的人玩遊戲，也比和住在附近、我又不喜歡的傻瓜出去晃來的好太多了。」（羅根，14歲）

「我看到很多和我差不多年齡的人，基本上都在發訊散播朋友圈裡其人的謠言。這種壞事傳千里的速度，真的會讓人感到很難過耶！」（愛比，15歲）

「我媽—她根本不懂！我被人恥笑—真的笑得很過分，天天笑，事實上，是每個小時都笑！那些按讚的女生刻薄得很，不斷地講、不斷的散播我的壞話。他們是不會停止散播那些卑鄙謠言的。我痛恨我的生活，我對我媽的態度像是個不要臉的人，因為她永遠不會了解我被羞辱得有多厲害！」（秀碧，13歲）

「在網路上能獲得的注目實在多到令人吃驚，尤其是我這年齡左右的女孩。她們把照片傳到Instagram後就會讚聲不絕。跟我同年齡層的女孩對於網路的注目就會因此上癮。」（寇迪，16歲）寇迪和我進行諮詢的主要目的，是寇迪試圖「解救」一位有自殘行為的女網友，所引起的焦慮和壓力。這種事情，在我執業時，經常可見。

「你會因為按讚而和你看不到本人、無法親自見面相處，但卻很酷的人產生連結。」（奧黛莉，15歲）當我問奧黛莉，不能親自見面相處有什麼缺點，她說，「糟透了，因為他們並不是真正存在於你的生活中，這跟和你一起上學的人不同，所以對他們

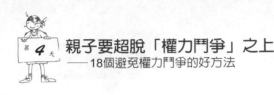

真正的感覺，你知道得不多。」

「我這一輩子身邊都是一直在不斷成長進化的科技，我爸媽教我自己學。在限制的範圍裡，有種心理學可以驅使人，甚至，是青少年和孩子從控制之中解脫出來。這是一種擁有自己之類的心態，告訴我們不要讓自己被占據。如果我們放縱的話，科技也能成為控制我們的方式，所以這正是我們、我們自己為何必須學習適度調整自己對科技的使用，才不會讓它變成我們生活中太龐大、太強勢的一個點。」（愛莎，17歲）

「孩子有手機、平板和筆電，我是無所謂的。但若他們讓這些東西控制了生活，我就真的很擔心了。科技是一個工具，不應該成為禍害。」（九年級英語老師）

在第九天時，我討論了我稱之為「難以應付的障礙」來打敗孩子的偏差行為。我在第九天提及的問題之一，就是「成癮」，及成癮對孩子偏差行為的影響。各種3C產品裝置無所不在，挾著持續不墜的吸引力，及孩子可能成癮的影響，成為了父母的心頭大患。因此，當我們在這裡討論權力鬥爭的內容時，將這個課題特別提出來，加以關注是非常重要的。對孩子來說，現在的線上與3C產品形式五花八門又迷人，遠非昔日可比，所以親子之間對於花多少時間在螢幕前常常發生衝突。這個問題對一向愛挑戰限度，違反規則的行為偏差孩子來說特別嚴重。而這已成常態性存在的3C產品帶來的影響，也讓子女的教養問題出現了前所未有的全新挑戰。

①每個新世代，都在面對大量推陳出新的3C

最近這幾個世代見證了社會溝通方式的重大變革。每個新世代出生時，數位科技的改變以及進步都飛速進行著。孩子們在投入時從未面對如此令人眼花撩亂的眾多選擇。從這方面來說，科技也讓孩子們嚴重分心。過去以來，父母親領先在孩子之前經歷了社會的變化。但在最近數個世代，孩子們卻與父母同時接受持續進化中數位革命的洗禮，甚至走在父母之前。關於這一點，我最近聽到一些家長開玩笑說，他們得找剛好有空的國二、國三孩子來幫助他們設定新買的「智慧型手機（平板）」。

世代	出生年份	說明
X世代	1960年中期到1980年早期	並非出生在數位時代，採用電腦的年齡不同
Y世代	1980年早期到1990年晚期	熟悉數位科技與媒介
Z世代	2000年早期到2010年晚期	數位科技及社交媒介是自然而然的溝通形式
Alpha世代	2011年及之後出生者	極可能是主動積極或被迫。處於變革速度更加飛快世界

上方圖表改編自羅博・魏斯與珍妮佛・史奈得所著的《近聚遠分》（Closer Together, Farther Apart）一書。表格將各個世代依照科技興盛之前或之後出生加以區分。在科技尚

未大量傳播使用之前出生並受教的族群稱之為「數位移民」。反之，則被稱為「數位原生族」——在數位科技被廣泛介紹之間或之後出生。在了解這些名詞代表的意義後，在過去數個世代中，見面互動，也就是我們從前最基本的人際溝通與社交聯繫關係被大幅重新塑形也就清楚可見了。

❶**X世代：**通常是基於便利因素而使用科技。這個世代雖然不像一些數位原生世代是手握智慧手機出生的一族，卻是第一代迎接使用網際網路的世代。

❷**Y世代：**也被稱為「千禧」世代，他們比之前的世代更熟悉互動式溝通、媒介與數位科技。雖然沒有確切的日期表示Y世代從何時開始、結束於何時，但許多文章卻公認為Y世代的出生年份交疊落在1980早期到2000年代早期。Y世代最明顯的唯一特質就是該世代的成員把數位科技當做最主要的溝通、互動與資訊的來源。

❸**Z世代：**也被稱為「永遠開機」世代。這個族群的出生年份從2001年到現在。這些年份裡出生的孩子從不知道沒有高速網路的世界是何模樣。仔細觀察孩子，傾聽他們如何溝通的故事，你就知道Z世代透過社交媒介彼此往來是最自然不過的事，有如呼吸空氣。這些孩子生於多工的世界。很多人會拿自己在手機上打字的速度來向我誇耀，而手機就放在他們口袋深處！當然了，這科技對於從出生到以後，在神經、發育、社交、以及教育上的影響還是個未知數。

❹**Alpha世代：**這是下一個可見的世代。這個名稱是為2011年及之後出生的孩子所取的。這個世代將要面對一個變革更迅速的科技大躍進。

②「嶄新」的生活方式或「科技過多」的生活？

孩子每天要花多少時間在科技上，各種研究的結果並不相同。有些研究指出，十多歲的青少年每天用掉的時間超過十個鐘頭，而另外一些研究則指出，八到十八歲的孩子每天花在使用科技上的時間約在較為「適度」的7.5個鐘頭左右。這裡的科技一詞涵蓋了電腦、電視、手機以及電玩電玩。孩子通常會同時使用兩種或兩種以上的科技。

正如羅博特・魏斯與珍妮佛・史奈得在他們的書《近聚遠分（Closer Together, Further Apart）》中所言，現在孩子每天約有71～76％與數位科技相關，或由數位科技輔助。雪莉・特爾寇博士（Shirley Turkle）是一位研究科技對社交影響的傑出學者，著有《獨自一人相聚：為什麼要我們要期待多取自於科技，少來自於彼此》（Alone Together：Why We Expect More from Technology and Less from Each Other）一書。她說人們有必要限制流行科技裝置的使用，因為這些裝置對親自見面溝通有負面效果。

「網路成癮」、「科技成癮」、以及「螢幕成癮」這些名詞，用字雖不同，意思卻大同小異，被用來形容孩子過度使用科技的威脅。使用螢幕時，正常使用、過度使用、或是已經到達成癮程度之間的界線是模糊的。你的孩子受到３C產品負面影響的程度如何，你可能是最好的裁判。本章節最大的目的是要點出這個問題，並提出具指導性的意見，幫助你做決定。此外，我會在附錄II中，進一步討論相關的建議。

心理健康專家們對於何謂「成癮」普遍的共識是，任何會干擾到日常健康功能發揮的行為模式。也就是說，專家們並不同意行為模式上有任何一個點是一旦超越，就會變成問題，或不超越則代表仍屬正常。相同的標準套用在科技成癮上似乎也合理。

務必留意3C產品帶來的好處

務必記住，今日的資訊年代的確給我們的孩子帶來無數的好處。各式各樣的知識都垂手可得。舉例來說，在我執業時有個七歲的孩子，在他媽媽的手機上敲了幾下，充滿熱情的把他家新出生狗狗的有趣資訊與我分享。一個九歲大的女孩子，把之前她因為「好玩」，所研究的有趣世界軼聞教了我。一個十幾歲的客戶和我討論他在線上學來的人體知識，他告訴我，這讓他對當醫師產生了興趣。我很多客人都在他們的諮詢輔導時間裡，利用他們的移動裝置或我的電腦，和我建立聯繫，分享他們的音樂和運動嗜好。在我們的虛擬世界裡，浩瀚無垠的資訊是隨手、立即可得的。

除了擁有無數知識論壇之外，網際網路也是一個超大的娛樂介體。孩子們和我分享並把他們與全球各地玩家玩的網路遊戲秀給我看。這些刺激又充滿挑戰性的遊戲裡面有著令人興奮的細節。十幾歲的孩子們告訴我，與同儕之間透過數位螢幕的聯繫提高了他們的自信。而這之中包括了與同儕間的正面互動，方式則是透過手機的Apps、電話簡訊或其他即時通訊或視訊聊天的方式。在很多例子裡，他們從未與這些人親自見過面，但卻覺得他們之間有私人的聯繫，也感覺受到了重視。

情緒脆弱的孩子，容易受到網路帶來的負面影響

網際網路對孩子來說，雖然是個有高度互動度、有益經驗的出口，卻也可能成為逃避日常生活的問題出口。對於有自尊問題的人來說，尤其如此，這其中包括了偏差行為

的孩子，他們更容易脆弱的在螢幕世界中失去了自我。

網際網路可能導致過度刺激，對每天日復一日的生活需求產生干擾。只要輕輕敲一個鍵、滑一下畫面，孩子就能進入一個完全不同的世界，在那裡現實生活裡的種種問題是不復存在的。孩子過度使用科技並上了癮已經變成一個問題，而且愈來愈嚴重。

在我執業的過程裡，我見過孩子因為虛擬空間裡的網路霸凌、色情圖文、性騷擾以及變態偷窺而承受了新的壓力。對於許多和我一起合作過的家長來說，讓他們特別拉起警報的莫過於孩子曝露於色情之中，他們害怕孩子會受到網路上性變態的傷害。和毒品與酒精成癮類似的是，網路上也提供管道給孩童和青少年去逃避痛苦的情感或令他們困擾的狀況。我就看過孩子犧牲了必要的睡眠時間去上網，他們避開了家人和朋友，遁入了自己一手打造的安逸線上世界。

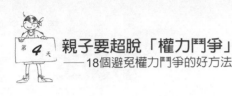

金伯莉・楊（Kimberly Young）博士是網路成癮復原中心的總監，也是國際螢幕成癮課題的專家，她表示缺乏有益或溫暖人際關係、或者缺乏社交能力與應對技巧的孩子養成不當、或過度依賴網路的習慣，可能性更高。也有推測認為，被診斷患有注意力不足過動症（ADHD）的孩子過度使用網路並成癮的風險也較高。我看過很多過動症孩子苦苦掙扎，很想從張牙舞爪、似乎要把人吸入的螢幕中掙脫。這種情況在患有自閉症系列障礙（Autistic Spectrum Disorder，可參見附錄I）及焦慮問題的孩子身上也特別容易見到。有這類問題的孩子覺得孤單、不易交到新朋友，所以會轉而尋求與見不到面、距離又遙遠的陌生人玩線上遊戲，在社交媒介裡找尋真實生活中欠缺的關注與陪伴。

我輔導的一個青少年有抑鬱的情形，他花了很多時間上網，因為用他的話來說，他的網路朋友「不和我瘋狂的家人那樣有毛病」。他跟我解釋，當他使用社交聊天論壇時，會有被撫慰的感覺，可以讓他從哥哥的毒癮與家中因此產生的騷動中分神出來。與此例對比的是，我輔導過一個類似家庭狀況的孩子，他就能以運動來作情緒的抒發口，他曾數次跟我補充，「我以前花了太多時間上網，卻讓自己變成了社交群裡的廢人。」

正如雪莉・特爾寇指出，透過即時訊息開始及結束的關係是被編輯過的，避免了親自見面時的脆弱元素，而這正是人之所以具有人性的元素。我不斷看到來我診所進行輔導的青少年，有人在要求對方出去後，又以電子文字訊息絕交，這讓我感到驚奇。這種作法，挑戰著孩子們是否能以具有情緒智慧的方式與同儕往來。甚至有個成年女性諮詢客戶，她的丈夫透過通訊軟體宣布與她離婚，並詢問她希望以何種方式收到離婚文件！

我愈來愈常聽到更多、更多的家長拚命想讓他們的孩子離開家裡的電腦、電視遊樂器，及各式各樣的移動科技裝置。以下是我提到過度使用螢幕與螢幕成癮時，參考的一些資訊。即使在讀完以下資訊後，你還是覺得你家孩子沒有過度使用3C產品，或根本沒有成癮情形，這一段內容對於「預防」孩子將科技使用度提升到不健康程度，多少還是有價值的。你也可以在附錄II找到進一步應付螢幕過度使用的策略。

我家孩子過度使用3C產品，或上癮了嗎？

大多數的兒童和青少年都使用科技移動裝置來發訊息給同儕、上社交媒介、或玩電玩，對這一點有所認知是很重要的，而且也要學會不讓這些活動占據他們在家庭、學校及社區內正常作息的能力。事實上，他們要學習的是去管理這本就會讓人分心的事，並「快速處理」伴隨科技而來的一切。他們要上學、參加活動、打工，並繼續上大學。

這同時，很多孩子也陷入3C產品的泥沼，因此對他們造成不良影響。在第一天中，我提過精神疾病診斷準則手冊第五版DSM V，裡面有心理疾病的說明、症狀、及診斷疾病時採取的其他標準。美國最新版的精神疾病診斷準則手冊就是第五版，裡面的第三節列出了網路遊戲疾病，而手冊的這個章節被認為是「有待研究的狀況」。這個章節是這樣形容網路遊戲疾病的，「持續並反覆使用網際網路來玩遊戲，通常和其他玩家一起玩，以致於臨床上發生明顯的損害或苦痛。」

除了使用有問題的網路遊戲外，我還看到青少年過度使用手機，並花太多時間在社交網站上。這種情形在兒童身上也很明顯，他們沒能獲得適當睡眠、逃避並拒絕寫作業或做家事、拒絕加入和家人一起用餐，甚至忽視個人衛生。金博利・楊博士指出了幾項孩子在不正常使用，甚至是病態使用網路時，可能出現的潛在警訊。警訊如下：

- ◆上網時，就會沒了時間觀念
- ◆寧可上網，也不愛跟家人或朋友在一起
- ◆犧牲了睡眠時間來上網
- ◆不遵守訂好的上網時間限制
- ◆上網時間被干擾就會發脾氣
- ◆和網路上認識的人建立新關係
- ◆每天多次查看通訊軟體訊息
- ◆離開電腦前似乎心有所絆，急著回去上網
- ◆不能上網就變得暴躁易怒
- ◆對養成上網習慣前就喜歡的活動失去興致
- ◆把寫功課或做家事的時間拿去上網
- ◆不上網就變得暴躁、情緒不佳或抑鬱
- ◆對「花了多少時間上網」說謊，或沒人看著就「溜」上網

其他警訊還包括：

- ◆想減少上網的時間，卻失敗了
- ◆把使用網路作為逃避問題、悲傷或焦慮的手段
- ◆因為上網時間太多，而錯失了重要的人際關係、教育或社交活動

對上述的紅色警戒多加留意，你就能了解科技在你孩子有限的專注力及正常作息運行能力上，產生的多嚴重的影響。被科技魅力深深吸引的十歲以下兒童與十多歲的青少年，把空閒的時間全部都用來上社交網、發文、發即時訊息、閱讀部落格文章、下載並觀看娛樂節目，或其他令人分神的線上活動。以下是我引用在執行業務時，兒童和青少年在敘述他們使用、或過度使用３Ｃ裝置時的經驗。

鼓勵孩子取回「生活控制權」的策略

以下十四種能鼓勵孩子從線上世界與螢幕前，重新取回對生活控制權的策略。這些年來，一起和孩子們在這問題上努力的我，可以告訴你第一手資料，能夠帶領並指導孩子好好管理螢幕使用的家長比較容易取得孩子的配合，而反之，以單方面要求、強硬態度強諸於孩子身上的家長，通常會導致孩子以偏差的行為反抗。這裡面有些策略可能比較符合你的情況，但未必很適合別人。請挑選最有幫助的來用。你會看到，這些策略的基礎都是冷靜、堅定、非掌控的方式。

◆冷靜的告訴你的孩子，你很關切在他行為上看到的某些變化，點出這些變化時，使用清楚的名詞來描述，像是：疲倦、留級、放棄嗜好或在社交上退縮。

◆和孩子講，你可以理解他過度使用螢幕的狀況，也知道，他只要想到要被限制使用時間就覺得受到威脅的心情。確查他看這件事的角度也能幫助他轉而理解你。

◆如果你有配偶或親密伴侶，請注意孩子會去找出他與你態度之間的差異。孩子會學習如何取得持較懷疑態度一方家長的歡心，並製造出派系。如果你是單親家長，思考一下必須怎麼說，並為孩子可能引起的情緒反應做好準備。我會在第七天再深入討論給單親家長的祕訣。

◆如果你對訂定孩子的上網時間存有罪惡感，請想想是否是因你怕把自己焦慮一事加諸孩子而感到難過。別忘了，行為偏差的孩子遇事很容易情緒爆發，言語充滿控訴，讓父母親因此感到罪惡，或是管教不當。

◆你的態度和舉動要保持冷靜、堅定、非掌控。用這類的語氣：「我希望你幫助我，把一些花在電腦上的時間還給我。要做到這一點，請你和我一起進行，而不是在制定我們兩個都能接受的界線時跟我對抗。」

◆要確定自己能保持冷靜、堅定、非掌控的態度，請讓自己專注在回應上，不要反擊。冥想練習對此也有幫助。如果你對孩子的情緒產生了反擊態度，或甚至更糟，被引到了叉路，單方面對孩子念著他有多不尊重人，都只會提高產生權力鬥爭的可能。所以底線是：了解孩子感受，但是專注在管理螢幕使用時間一事。

◆對孩子抱持支持的態度，不忘記告訴孩子你愛他，你希望他快樂幸福安好。家長經常跟我報告說，他們的孩子一講到螢幕使用的時間問題，就常把問題說成父母只會責怪他們、批評他們而已。把對話拉到你在網路上做的有趣事，而不要一味強硬的計算他每天花了多少時間上網，在網路上又做了什麼事。

◆提醒孩子，如果是電視，你還可以看到他的觀賞習慣，幫助他監控，但到了互動的線上世界，你就需要他配合才能適當的介入。如果孩子上了不當網站，以不避羞的態度表達你的關切。鼓勵孩子建立榮譽制度，把一週或兩週中的網路使用情形記錄起來，建立與你之間的信任。如果你的孩子拒絕或阻礙你監管他網路使用的想法，那麼你很可能就得處理他們拒絕誤用網路或甚至網路成癮的問題了。

◆要多練就一些對付網路世界的本領。如果孩子遇到不當的線上行為，無論是暴力的電玩遊戲、網路暴力，或是線上性變態，都不要忽視。直接對這不當行為採取行動，把問題攤開和孩子談，以開放的心態，技巧的跟其他孩子的父母提起這話題，或向適當的權威人士或機關報告。

◆主動對孩子的線上活動表示興趣。冷靜的告訴孩子，你會檢查他上網的歷史。學習使用監控軟體，並安裝過濾軟體，這些都需要某些程度的電腦本事。跟孩子討論時要說你會做這件事，不然會把你努力嘗試建立或提高的信任感摧毀。

◆當你看到孩子有網路成癮的跡象，不要以一種覺得丟臉、想控制的方式來反擊。我看過太多父母一時衝動，匆促之間就把電腦拿走作為懲罰。這種行為通常只會讓孩子產生反彈──狠狠的反彈！而這類強硬作法最麻煩的是孩子內心會覺得自己很壞。如果你採取合力解決的態度，還可能在網路的權力鬥爭中取得孩子的合作。但如果你以反擊、控制的方式來對付孩子，他將會視你為敵，而不是盟友。

◆如果孩子繼續過度使用網路，把電腦擺到看得到的地方。你可以把孩子的電腦從他個人的房間移出來，放到公共區域，像是家人一起活動的區域。

◆請孩子把他對於網路的興趣、感受和經驗與你分享。保持溝通的暢通。

◆如果你的孩子真的網路成癮，就會出現真正的精神戒斷症症狀，緊張、憤怒、暴躁。這時，請找合格的心理健康照護人員幫助。擁有這方面經驗的專業人員會和你以及你的孩子一起努力，鼓勵他並讓他訂下一個清楚的界線，管束他對網路的使用。我曾看過不少孩子被約束做完功課後，每晚可以使用一個鐘頭的網路，週末則多幾個鐘頭。堅守規矩，和孩子的治療師同心力合作。請別忘記你不僅只是在嘗試控制他脫序的行為—你是在努力，希望讓他脫離心理層次的依賴。

第4天的總結

今天你學到許多有效的策略，可避免與偏差的孩子展開權力鬥爭。在你繼續往前邁進時，請牢記以下幾個重點：

- 行為偏差的孩子情緒不成熟，而且會刻意製造權力鬥爭。如果身為家長的你也一直想贏的話，只會火上加油。
- 當你發現自己陷入權力鬥爭時，拋棄固執的想法是很重要的。當你覺得已經深陷其中時，請試著從不同角度來看待這個狀況。
- 在慎選戰爭之際，表現出冷靜、堅定、非掌控的態度，是避免權力鬥爭的祕訣。你也要注意孩子的言行，避免他挑釁行為所造成的緊張態勢。
- 你可以避免權力鬥爭。在關鍵時刻，務必使用提到的策略，切勿過早放棄。
- 數位科技大量而持續的介入，可能對孩子的專注力及日常活動產生負面影響。

為第5天做好準備，並完成以下事情

- 要注意，跟自己行為偏差的孩子進行權力鬥爭只是徒勞無功之舉。
- 請記住，一個銅板敲不響，權力鬥爭必須兩人出手。如果你不讓自己墜入毫無重點的辯論與爭執，那麼辯論與爭執就不會再出現。
- 和孩子練習如何以冷靜、堅定、非掌控的方式說話並回應，要他給你意見。如果你的孩子太小，還無法充分的利用言語給你意見上的回饋，那就自行在鏡子前和你伴侶或信任的友人練習。
- 找出隱藏的問題癥結所在，這癥結通常會被焦慮所驅使，並影響孩子，讓他執意對於某些東西要或不要，態度特別強硬。
- 多加留意瞬息萬變的科技產生的種種誘惑，這種誘惑會讓孩子投入時間、吸引他們的注意。
- 以主動、支持的角色和孩子討論並監管他受到的上網及科技的影響。

用讚美增強孩子的「正面改變」

——給予獎勵6步驟＋6個言語讚美的方法

現在你已進行10天計畫的一半了，而且可能也看到孩子偏差的行為減少。若是如此的話，我知道你一定覺得這個計畫很棒。如果你孩子的偏差行為並沒有減少的話，也不要輕言放棄，因為你的孩子可能比其他孩子需要更長的時間來減少他的偏差行為。你的期待必須更務實一點，所以千萬不要放棄。為了了解你目前了解到什麼程度，讓我們花點時間快速回顧一下目前你已經學了哪些策略。

◆面對你的孩子行為偏差的事實。

◆利用理解的強大力量，包容孩子的挫折與限制。

◆學習控制想要咆哮的衝動，徹底減少自己咆哮的機會。

◆意識到自己是孩子的情緒教練，避免把孩子負面行為認為是針對自己。

◆以冷靜、堅定、非掌控及慎選戰爭等方法，來避免權力鬥爭。

目前我們所學的內容，都是把焦點放在如何阻止及預防孩子的偏差行為。今天我們要採取比較不同的步驟，同時是把焦點放在如何鼓勵孩子表現出更好的正面行為。

立即見效的「正增強」力量

你可能很難相信這點，但孩子真的希望自己能快樂一點。儘管他很多時候看起來好像很生氣，甚至幾近瘋狂。身為偏差孩子的父母，你很容易誤以為孩子在某種程度上不只是覺得不好受，而且好像還蠻享受這種感覺，否則他為什麼老是要表現出那付德性？

正如達賴喇嘛所說的：「生命真正的目的就是尋求快樂……，我們生命中的每一步都是在邁向快樂。」不論我們稱它是快樂還是愉悅，所有的人，即使是行為偏差的孩子，都希望能讓自己的感覺更好。所以我希望你能接受這個跳躍式的想法，相信我正在告訴你的事實：你家那個拒絕做任何你所要求的事的五歲小孩，或是敢光溜溜站在你面前的那個十五歲小孩，真的很希望自己能夠快樂，而且感覺美好。

然而，行為偏差的孩子固然希望自己能感覺很好，但卻可能不知道該怎麼做。他們有很多感覺很差的經驗。大多數行為偏差的孩子都有自尊方面的問題，因為他們不知該如何與別人相處。因此你的任務就是要提醒他們如何感覺好一點。獎勵是一個簡單的方法，它能讓五歲小孩早上自己穿衣服，十五歲的孩子願意遵守門禁。

獎勵對成人或小孩來說都很有用。只要一想到獎勵，你在任何時候都會很想做某件事，因為一旦你做了這件事，就會為你帶來愉悅的感受。不論是年輕人或是年紀大的人，我們都是愉悅的追尋者。當孩子為了什麼事情而感到愉快時，無論是一個微笑，一句讚美的話，或是一個擁抱，都會讓他做出正面行為，因為這個獎勵讓他的感覺很好。**透過獎勵來增強日後的行為，稱之為「正增強」**（Positive reinforcement）。這對於進一步鼓勵偏差孩子表現得更好或更願意合作，是非常有用、而且幾乎立即見效的工具。雖然對所有的孩子來說，透過獎勵讓他們表現出正面行為很重要，然而偏差孩子更是特別需要獎勵。他們需要更多額外正面的鼓勵，來填補對自己的負面感受。

小心！別讓獎勵變成賄賂

正增強是伴隨著獎勵——無論是言語上或非言語上——而來，有時父母會混淆「**獎勵**」、「**賄賂**」或「**寵壞**」。珍娜是七歲的班的媽媽，她問我：「是否會讓班只是為了得到獎勵，而去做平常就該做的事？他會不會被寵壞？他會不會希望我一天到晚給他獎勵？」這是個很好的問題，而且我常從家有偏差孩子的父母口中聽到這個問題。我請珍娜花點時間想想自己（有時行爲偏差孩子的父母需要提醒自己這麼做）。

「我看到你拿著去健身房的袋子。你要去健身房嗎？」（我）

『對，這是我發洩的方法。我希望自己至少一個星期能去四次。』（珍娜）

「所以你去健身房努力運動，是因為這樣可以幫你解除壓力？」（我）

『沒錯，我想是這樣。』（珍娜）

「我記得你曾說，體重對你很重要，那跟你去健身房有沒有關係？」（我）

『嗯，當然啦，這也是我運動的一個很重要的原因。』（珍娜）

「所以去健身房對你很重要，可以幫你解除壓力，也可以減肥。」（我）

『答對了。運動的結果是很值得的。』（珍娜）

「所以說，你是因努力而得到獎勵，而不是被人賄賂才去健身房。」（我）

『我想你的意思是，我壓力減少了，而且體重也減輕了，而這些都是我的正增強。我得到了獎勵，只不過這是大人版本的獎勵就是了。』（珍娜）

珍娜完全掌握了重點。在這個工作的世界裡，大部分的人每天都得上班，準時進辦公室，努力工作，透過薪水得到獎勵，而不是被薪水賄賂或寵壞。他們因努力工作而得到應有的薪水。此外，無論你在哪裡，只要你對人家好，人家也會友善地對你回報，作為你的獎勵。我想說的是，這裡提到所有的「獎勵」，會讓你感覺很棒，還會增加你做出良好行為的機會，這都是正增強發揮作用的例子。

另外，待會我將會談到獎勵不是絕對需要、也不見得非得是某種非言語或物質的東西。事實上父母能給孩子最棒的獎勵很簡單，完全不用花一毛錢，而且是隨手可得——那就是言語上的讚美。也想一想，獎勵能承受時間考驗的力量與價值——我還沒看過哪個成了年的孩子會抱怨父母在他孩童期，給過他太多鼓勵與讚美的！

不要把焦點放在負面行為上

父母常將孩子的正面行為視為理所當然，就連行為偏差孩子的父母也是。「吉娜本來就應該把盤子放好，為什麼我得注意這種事，還得在她做完這點家事後，跟她說『謝謝』？」凱瑟琳，一個沮喪的媽媽這麼問我。教養偏差孩子時，父母常過度把焦點放在他的負面行為——無法合作、無法做回家功課、無法準時回家。過度聚焦會讓你對孩子的要求太完美，所以孩子的負面行為總會讓你捉狂！你已習慣孩子表現出偏差行為了，所以你很容易就會覺得：「為什麼傑森不把食物丟到地上？反正他每次都這樣。」或「為什麼今天艾莉絲這麼不一樣？她向來總是表現出很恨我的樣子。」

與此同時，偏差孩子早就知道當自己把食物丟到地上、或用力甩門時，你會更注意他。全世界的父母都無法接受這個事實，但孩子是真的相信，只有當他們做錯事時，你才會注意他。孩子可能並不是有意識地知道，當他不乖的時候會讓你更注意他。但你猜怎麼著？他仍然明瞭這點。孩子並不總是理智的，但卻非常擅於找出各種方法來得到自己想要的——你的注意。大部分的父母很難接受是因為自己把焦點放在孩子的不當行為上，才會造成孩子不乖的事實。因為這聽起來實在很不合邏輯。為什麼艾莉絲寧可被吼，也不願意放學回家說聲哈囉、或是被人忽視呢？

令人遺憾的是，人類的行為不總是理性的，而小孩子做事從來也不需要任何理由。孩子想用負面行為得到你的注意，是因為這麼做可以有效、且很快地得到你的回應。同樣的，父母也很難接受這點，因為這表示他們做錯了——是他們不讓孩子繼續表現出正面行為，反而是鼓勵孩子做出負面行為造成了這個結果。照理說，父母應該比較成熟，懂得也比較多，因此，這些父母並不是好父母。可是重點並不在此。孩子情緒不成熟，適應力又差，所以會讓他透過很多方式製造麻煩。你不需要有任何罪惡感，而該為自己能積極嘗試解決問題，並透過閱讀本書，讓孩子的生命更美好而感到高興才對。

你已經歷了許多偏差孩子會發生的狀況。你覺得這些經歷是在測試你的耐性且受到

了傷害，而你一直幻想自己是個既有耐心、又善解人意的成功父母。有時你可能會覺得筋疲力盡，或像個失敗者，並覺得孩子什麼都不對。

今天我提供的技巧與策略都很重要。透過以下步驟，同時使用讚美或其他獎勵的方式，你會很驚訝地發現，你和孩子都會因為他的正面行為而感到欣喜不已。在第三天的內容裡，我曾提過想像一個有多子母視窗實境秀功能的電視。孩子的問題行為出現在中間的小視窗裡，四周包覆的則是內含正面行為的大視窗。今天，你將可以實際看到自己是如何能改變其中的視窗畫面，終結行為偏差孩子以負面行為尋求你注意力的破壞性模式。你真的可以不必讓孩子用毫無建設性的負面行為來吸引你的注意。你可以不再產生罪惡感，不再憂心忡忡。我的革命性方法對父母來說，等於是卸下心中的重擔；而且更棒的是，它使用起來十分簡單，馬上就可以開始使用。

使用「正增強」的時候到了！

你必須學習正增強有一個理由。我在第二天或第三天裡曾建議你使用正增強的方法，但那時你可能因為太沮喪而把本書丟到一邊。因為在兩、三天以前，你可能真的很難找到時機獎勵你那偏差的孩子。不過此刻，我敢說你已看到孩子的偏差變少了。一旦偏差行為減少，你便可以站在更新且更有利的位置，「捕捉」孩子的正面行為。當你「捕捉」及獎勵孩子的正面行為，就等於是在增加他表現正面行為的機會。

今天的課程有一個很重要的地方，就是你愈是鼓勵孩子表現出正面行為，就等於是愈不鼓勵他表現出負面行為。這種說法十分正確，因為：

◆孩子不可能同時既聽話又叛逆。所以只要他愈順從你，就會愈不叛逆。
◆你與孩子愈注重正面行為，你們就會準備好接受、並支持這些正面行為。

在你開始進行這個計畫之前，可能會希望自己孩子每天都會「做錯事」。你覺得他一定會表現出負面行為。我常想到一句話，當我第一次聽到這句話時，是一位已過世、我很尊敬的同事告訴我的：「你愈注意人家在做什麼，他真的就會一直做這件事。」

孩子的偏差行為始終留在你的雷達螢幕上，因為這件事始終困擾著你，也讓你感到很沮喪，所以你會更注意這點。相信我，這種把孩子負面行為放大的習慣很普遍，且不只出現在教養孩子上。我在老板v.s員工、丈夫v.s妻子、兄弟v.s姐妹等關係上，見過許多過度聚焦於對方負面行為的例子。想想看，當你上司把你叫進辦公室時，你的第一個反應通常不是：「我要被誇獎了」，而是「我是不是做錯了什麼？」

在我的第一本著作《為什麼你不懂我的心？》（Why Can't You Read My Mind？）裡，曾說明為何夫妻總是慣於指責或注意對方的缺點，並指出他們可以透過其他方式學習讓自己更注意對方的優點。同樣的說法也適用於教養孩子。你必須有意識地讓自己能在孩子的負面行為中，看到他的優點。

獎勵「正確行為」真的很有效

根據我多年來的經驗，我見過許多父母只因持續獎勵孩子的正面行為，便簡單地將他的負面行為導正為正面行為。但許多父母仍堅稱：「獎勵對我們來說沒有用。」

當父母堅持獎勵無法鼓勵偏差孩子表現出正面行為時，我會問他們，他們到底是用獎勵來阻止孩子不好的行為，還是把獎勵當作鼓勵孩子正當行為的方法？我記得我女兒念小學以前，我看到有位母親想透過以下的話，來哄騙那個既愛哭又愛黏著她的孩子：

「如果你不哭的話，等一下我就帶你去吃冰淇淋。」

雖然我完全明白為什麼父母會這麼做——因為在公共場所帶著一個無法控制的小孩，真的是既不自在又很尷尬——這種獎勵是賄賂，而且完全沒用。用這種正增強的問題，在於孩子會了解到如果他在學校哭了的話，只要他一不哭，就會有冰淇淋可吃。你家的青少年很快就會了解到，如果他的房間一直很亂，只要他一整理乾淨，最後就會得到獎勵——無論這個獎勵是去購物中心，或是可以玩電動玩具。

父母以正面獎勵來制止孩子的不當行為，往往會造成與預期相反的結果。因為當孩子做出負面行為時，父母從來都不用言語讚美孩子，而總是用些非語言、物質的獎勵，像是玩具或糖果來挽救殘局。這樣無異是在賄賂、鼓勵孩子繼續做出不當的行為。

若你在孩子表現出正面行為之後獎勵他，則會產生極為相反且有力的結果。有位家長是這麼說的：「今天早上我真以妳為榮。妳沒有哭，也沒有一直黏著媽媽就直接去上學了。妳真是個勇敢的女孩。」而有位家長是這麼評論她十一歲的兒子：「你妹讓你那麼生氣，可是你竟然可以置之不理，真的讓我非常欣賞。」如此會讓孩子表現更好。

透過獎勵讓孩子做出你希望他做的行為，跟賄賂不同，因此這麼做是很正確的。我遇過有些人確信因孩子表現良好而獎勵他仍然算是種賄賂，但我並不同意。偏差孩子因自己的不當行為，正經歷著生命中諸多的失望與被拒絕。你必須用一些方法來幫助他變得更好。因為孩子聽話而獎勵他，是在教養過程中正面且必要的做法。

父母得注意自己的情緒

有些父母需要更多力量來獎勵孩子。你可能曾經從自己父母的獎勵中得到某些負面訊息，像是：「我們是絕不會說那種讚美的話……。」或者你可能來自那種成天到晚充滿咆哮的家庭。有件事你必須牢記：用言語讚美孩子，或因孩子的不良行為而對他咆哮，是不可能同時發生的。對孩子咆哮，只會破壞讚美所產生的好結果。

「讚美」比咆哮來的更有力量

法蘭克來找我時，對於這種他稱之為「懦弱、溫情、曖昧」的教養方式十分存疑。幾年前他娶了第二任妻子茱迪絲。他和他十一歲的女兒海蒂曾有過數次衝突，而且通常都是為了海蒂亂七八糟的房間。茱迪絲是這個再婚小家庭穩定的力量，但是正如你很快將看到的，她同樣也造成了家庭的緊張與壓力。

在第一次的輔導課程中，我再度建議他們可以使用減少偏差行為的方法。但法蘭克的反駁，卻讓我不認為他從中得到了什麼啟示。他說：「是這樣啦，博士，我可以告訴你我很愛大吼大叫，而且這點大概是不會改了。在我還是小孩的時候，我爸媽也不會讚美我，可是我也不覺得怎麼樣。所以你別指望我會為了我女兒而說出那些花言巧語。」我以冷靜、堅定、非掌控的聲音（沒錯，就是本書所提到的策略，它甚至也可以幫我應付客戶）向法蘭克解釋說，如果他繼續咆哮下去的話，我不認為我幫得了他。而且我告訴他說，父母親的讚美對所有孩子來說，都是最重要的教養方式，即使對偏差的孩子也一樣。我們同意這個輔導課將持續上下去。三個星期之後，法蘭克以非常情緒化的聲音打電話給我，問我可不可以來找我。因為他對女兒有增無減的偏差行為十分惱火。他試著讓自己不要咆哮，並依照本書提供的各種策略。但明理的繼母茱迪絲，卻相對地成了家庭紛爭中那個被動順從的角色。她告訴我說，當海蒂不聽話、或是露出挑釁的模樣時，她對付她的主要方法就是咬緊牙根，因此，茱迪絲卻覺得自己快要承受不住了。我讓茱迪絲用冷靜、堅定、非掌控的方法，在面對海蒂時明白地表達出她的感受。結果他們家的緊張情勢，果然比剛開始來找我減少了許多。

就在法蘭克透過讚美與不再咆哮，成為更好的爸爸後又過了幾個星期，有一天他走進海蒂房間，看到房間裡面的樣子，簡直是不敢置信：因為原本亂七八糟的東西，卻收拾得一乾二淨。法蘭克的第一個直覺，以為是茱迪絲把房間整理好的。但當他把這件事告訴茱迪絲時，茱迪絲同樣也感到萬分驚訝。沒想到，結果竟然是海蒂「意外」決定要整理自己的房間。海蒂私下向我解釋說，因為爸爸在家時不再那麼常咆哮及吵架，所以她認為「是做點好事來改變一下的時候了。」

接下來的輔導課程中，法蘭克告訴我，他對自己打破了既定的教養模式，而改用讚美女兒的方法覺得十分自豪。「哇，海蒂，你的房間看起來真棒。你把地板上所有衣服都收拾好了，而且還清理了書桌，整理了床鋪。我帶你去買你想要的那件新衣服，你說怎麼樣？」但法蘭克非常驚訝女兒的反應：「謝謝你這麼說，爸，可是我今天不想買任何新衣服。也許下星期再說吧。真高興聽到你喜歡我的房間。我原以為你認定我是個邋遢的人，且永遠不會改變。」法蘭克與海蒂兩個人，還有茱迪絲，他們真正改變了彼此的關係。當你用讚美取代咆哮時，這種情況是有可能發生的。

別對孩子的期望過高

有些父母會克制住想獎勵孩子的欲望，因為他們對孩子的期望過高。

我第一次見到十三歲的麥可時，很明顯地，他覺得自己是因沒達到父母的期望而沒有權力。麥可「不小心」打破了一個月前才剛裝的彩色玻璃門，讓他爸爸媽媽很生氣。麥可的爸爸威廉是個成功又帥氣的房地產開發商，麥可的媽媽艾芙琳也非等閒之輩，她的樣子很威風，外表很吸引人，是個大型藥品供應公司的負責人。威廉和艾芙琳跟我抱怨麥可「很懶惰」，而且「每天只會擺臉色，上星期他打破了玻璃門，連句對不起也沒說。」麥可在學校的成績逐漸下滑，而威廉和艾芙琳覺得麥可根本不在乎任何事。

當我與麥可獨處時，麥可說姐姐艾琳是個訓練有素的足球選手，也是個模範生，是家裡的「明星」。他覺得對爸媽來說，自己什麼事都不夠好。剛開始的時候，麥可並不願告訴爸媽自己的感受，但我非常支持他要說出來。威廉和艾芙琳開始看到兒子試圖想要趕上其他家人的能力與成就。當我問他們對第三天所提到的策略：「如果今天是麥可生命的最後一天，你們會怎麼辦？你們希望他對自己的感覺是這樣嗎」時，他們開始哭起來。這時他們才了解到自己在麥可的偏差行為中，扮演了極為關鍵的角色。

我鼓勵威廉和艾芙琳調整自己對麥可的期望。當爸媽告訴麥可說，他們對他最近數學考試得了個C+感到非常驕傲時，讓麥可很驚訝。數學向來是麥可最差的學科，沒想到竟然得到爸媽的誇獎，讓他感到如釋重負，也更有動機想學好數學了。之後，麥可的數學持續進步，成績變成扎扎實實的B。他跟我承認，當他感受到父母的支持時，對父母產生的抗拒大大降低了，他很訝異，自己竟然超越自己的期望！

為什麼「言語讚美」是最好的獎勵？

上面我所舉的兩個例子，都顯示出獎勵本質的重要性：你不需要給孩子任何物質上的獎勵。事實上，海蒂甚至婉拒了爸爸答應送她的新衣服。為什麼呢？因為她已經得到了最想要的獎勵：爸爸的讚美。言語的讚美是最好的獎勵，因為這種獎勵不是店裡買得到的。它不用花半毛錢。而且最重要的是，這對孩子來說比拿到玩具、糖果、或是去體育用品店血拼更有意義。當然，給孩子其他的鼓勵，像是玩更久電動玩具，或給他新玩具、糖果、冰淇淋來鼓勵樂於合作的孩子，並非不恰當或錯誤的。在某些狀況下，這些鼓勵對行為偏差的孩子來說，對於鼓勵他日後能做出正面行為是適當且有效的方法。（見後「如何有效利用其他的獎勵方法」，有著給孩子實質獎勵更多建議）

我從來沒見過，有任何小孩或大人不希望自己的爸媽會說：「我們真以你為榮」，或是「我真的很欣賞你願意花這麼多時間做這件事」。不論大人或小孩都很渴望父母的認同。所以你對你的孩子是具有重大影響力的人。你一直都是如此，而且未來也是如此。你的讚美是很有力的。這表示了某些意義。而且你的孩子是八個月、八歲、還是二十八歲，他永遠都會希望你能以他為傲。

⑴6個用言語讚美孩子的方法

現在你已經了解讚美對孩子的正面行為有多麼大的力量了，而且很重要的是，你必須確定自己的讚美是有意義的。當你讚美孩子時，請務必將以下幾點謹記於心：

❶**誠心誠意的態度和具體的說法最重要**。即使偏差孩子自認與你平等，但還是會有自慚形穢之感。大多數我輔導過的偏差孩子都不相信父母是真心讚美他們，因為他們認為這些讚美都不是發自真心。透過第二天學到的使用理解力量的策略，現在你更能表現出你的誠意了，因為你已經可以用更正面的角度來看待孩子。你知道他不成熟的情緒及偏差行為，並不是他自己要這麼做。為了讓自己能誠心誠意，你必須更誠實地讚美孩子，而且是發自內心地說出來，像是「你能準時回家，我真是以你為傲。」你讚美的更具體，會讓孩子覺得更真誠，也更有效力。用具體的話語讚美孩

子，可以增加對他評價的誠意，也能幫他正確地了解自己做了什麼正確事的。你可以告訴孩子說：「謝謝你說了『請』和『謝謝你』」，能讓孩子了解自己正在做的是種正面行為。你這麼說的話，會比說：「你今天表現得很好」更有效。你說：「你幫我把東西搬上搬下卻一點怨言也沒有，真的讓我好高興」，會比你說：「我們一起去買東西時，我很喜歡你的表現」要來得好。

❷**相信「少即是多」，千萬別一再重述**。為了避免孩子覺得你不夠真誠，請你用正面的方式來評價他，然後就別再說了。請你說得簡單點，像是：「你今天在店裡面真的好有耐性」。不斷重述只會降低讚美的影響力。如果他聳聳肩，表現出一付不在乎的模樣，你也別被他騙了。你不用為了說服孩子而告訴他說：「孩子，如果我是你的話，絕不可能像你一樣能應付得那麼好。」孩子聽到你的讚美會覺得很開心。相信你使用正面字眼讚美孩子的力量，而且說過之後就別再一直重覆了。

❸**話語中表達出「孩子的前後差別」**。讓孩子知道他做了什麼跟以前不同，以及這麼做為何對他有幫助，是很重要的。例如：「謝謝你沒經過我的要求，就自己把桌上的書收拾乾淨了。你這麼做，真的能讓我專心清理廚房。」、「當我在講電話的時候，你願意走過來餵狗狗吃東西，真的讓我很感激。」

❹**愈及時的讚美，效果愈好**。在你看到孩子做出正面行為時，請盡快讚美他。你拖得愈久才讚美他，能影響孩子日後做出這種行為的欲望及動機就愈小。當然，有時你會錯過了讚美孩子的黃金時間，特別是在一開始時。不過你還是可以告訴他說：「我很認真告訴你，我注意到今天你願意跟弟弟一起玩玩具了。你真是體貼。」

❺讚美的字眼要多樣化並隨機。當你讚美孩子時，請避免每次都使用同樣的話。讚美的字眼愈多樣化，就愈能打動孩子的心。請你花一分鐘想想以下情形：如果有人每天經過你面前用同樣的語調和行動跟你說：「嗨！」你的注意力很容易就會被其他事給岔開了。如果那個人表現得更活潑，或是問你一些問題，你可能會更注意到他。如果孩子做了什麼不錯的事，而你每次都說：「做得好」，這句讚美會逐漸失去了意義。孩子會覺得你只是不經大腦就脫口而出，而且他還真是沒說錯。使用不同讚美的字眼，會讓孩子認為你的讚美誠心誠意，並且會樂於接受。

❻不要怕稱讚過度而有所隱瞞。有些父母害怕萬一太常讚美孩子，反而會遭致反感。其實只要你是發自真心誠意，而且沒有過度讚美孩子，我不認為任何讚美孩子的正面行為的話語可稱之為過度讚美。（詳見以下提到何時該讚美孩子的建議）

②讚美能迅速產生奇妙的效果

瑪麗蓮與艾利克斯是七歲的偏差孩子巴比的父母。我輔導過這個家庭幾次，而他們有了長足的進步。他們第一次來找我時，巴比透過打家裡養的貓及發了好大一頓脾氣，來發洩自己的挫折感。可是瑪麗蓮與艾利克斯按照我的計畫去做之後，巴比的挑釁行為減少了許多。在一次輔導過程中，我問這對父母是否曾經讚美過巴比，他們兩人都低下了頭，怯懦地表示自己「並沒有盡可能讚美他」。當我問他們為什麼時，他們提出的理由是擔心會「自找麻煩」。我讓他們了解到，讚美巴比的正面行為，反而能讓巴比更堅強，而且更經得起風浪。

幾個星期之後，巴比和父母一起來繼續接受輔導。他看起來容光煥發，一付很開心的樣子。我問巴比為什麼這麼高興，他說媽媽為了希望有些改變，而讓他做了一些很棒的事。當瑪麗蓮說：「你這個臭小子，還挺會說話的嘛！」時，我們都笑了起來。

❶值得你去讚美的孩子正面行為

以下是一份值得你讚美孩子正面行為的表格。請你任意影印這份表格，並放在隨手可得的地方。這對你來說會是個很好的提醒，讓你可以辨別並獎勵孩子的正面行為。

孩子值得被讚美與獎勵的行為範例

誠實	有耐心	自動自發	做完功課	培養新嗜好
獨立	有彈性	輕聲走路	會鼓勵人	向人尋求幫助
遛狗	有自覺	利他主義	接受差異	忍住不發脾氣
振奮	有創意	表達情感	有直覺力	與人四目相接
洗澡	整理床鋪	講話小聲	態度良好	被人激發鬥志
有刷牙	整理房間	對人友善	冷靜／放鬆	跟別人一起玩玩具
會道歉	準時起床	有幽默感	開始做功課	不求成為注意力焦點
倒垃圾	按時回家	利用幽默	不打擾別人	遵守使用電腦的時間約定

❷利用正面行為「記錄簿」，持續讚美

我發現孩子對於父母能持續關注他值得讚許的行為，心存感念，並加以回應。很多父母接受了我的建議，開始用正面行為記錄簿來記錄小孩子的正面行為，並和他們檢討。你也可以略施小惠，讓孩子幫忙美化並設計記錄簿，讓他對「被注意到正在做事」的過程有所感受，提高他的價值感。

獎勵時，把孩子未盡理想的正面行為也包括進去很重要，不過，即使讚美，還是得引導他往正面方向發展。舉例來說，當兒子揶揄他的弟弟，不過後來停止並向弟弟道歉時，又或是開始「給你擺臉色」，但接著又退縮時，要讓他知道，你嘉許他之錯立改的迅速反應，這比火力全開、以大欺小或是和你大吼大叫值得嘉許。

❸透過手機（文字）訊息，給予正面的鼓勵

如果你年齡大一點的孩子有手機，你可以送個訊息去強調他的正面行為和成就。短訊文字已變成十多歲孩子間最主要的溝通形式。十幾歲的孩子常會覺得父母的短訊很煩人，特別是當父母親問他們「是不是平安」、「是否已在回家路上」時。隨機送點鼓勵的話，很可能會改變孩子對你短訊的最初印象，請從「要他們幹什麼」或「他們正在做什麼」之類的，轉變為「聽起來挺酷的」。

必須特別注意的，就是期望能收到孩子立即回應。這樣可能會讓你希望表現出鼓勵與支持的初衷被破壞。如果你傳短訊，強烈希望孩子給你立即的回應，你可能很快就會感到挫敗。這樣一來可能會牽動你進入「回應v.s反擊模式」（如第四天中所討論）。

請看看以下我教一些父母親，傳送給孩子的短訊範例。從孩子們與我分享的談話中，我可以告訴你，他們是真心喜歡這種正面、又充滿鼓勵性的溝通文字：

「我們能好好談話，我真的很高興，我喜歡我們傾聽對方心聲的方式。」

「你對弟弟有同情心，讓我印象深刻。」

「即使你已知足球賽求勝無望，你還是那麼努力，我真的很高興。」

「挺住啊！我知道你們英語老師要求很嚴格的。我相信你可以的。」

「KTV（Know Your Value，了解你的價值）！」

③讚美能穿透表面的障礙

十六歲的卡爾是我見過最叛逆的孩子。卡爾喜歡與眾不同，而他黑色的指甲油與眼線像是在抗議世界什麼。卡爾在學校的成績很差，總是跟一群經常惹事生非的暴力學生鬼混，而且堅稱自己有抽煙的權利。卡爾的媽媽迪蘿絲最擔心的是當他們發生爭執時，卡爾老是威脅要自殺。而他們之間的爭執，多半是為了迪蘿絲要卡爾做功課。

有一次卡爾惹了麻煩，然後說了許多次他要自殺之類的話之後，迪蘿絲帶他來找我。附近一家店家的警衛，抓到卡爾偷東西。當卡爾與我單獨在一起時，對我吹噓過去曾在其他店也偷過東西，可是從來都沒被逮到。經過一陣長長的沉默後，卡爾說：「我知道我不該這麼做，我只是太難過了，才會做出這麼愚蠢的事。」

卡爾跟我保證，他無意嚴重傷害自己。他也告訴我：「當我把媽媽惹毛時，我也很氣自己。可是她總是認為我有罪，然後就開始對我發神經又大吼大叫。她老說我不負責任，拚命嘮叨要我打電話給她，可是又把我的手機拿走，只因為有一次我忘了打給她。老兄，她甚至讀我的短訊，這真把我給惹火了。」我向卡爾保證他一點都不愚蠢，並讚美他有勇氣向我敞開胸懷說出一切。

幾天後的一次輔導，迪蘿絲說：「或許是因為身為單親媽媽，我太想補償孩子了。可是我老是習慣對卡爾碎碎念，無法理智地對待他。」我向迪蘿絲保證，她不是世界上唯一會碎碎念的媽媽。然後我向她解釋了本書的基本原則，並問迪蘿絲是否願意停止咆哮，而改以冷靜、堅定、非掌控的方法跟卡爾相處。

我記得後來幾次的輔導中，卡爾和媽媽是如何從分別來見我，變成一起來找我。顯然他們之間有了很好的進展。只要迪蘿絲說了什麼，卡爾就會附和，那是因為迪蘿絲改掉了嘮叨的習慣，也更明智地面對爭執。迪蘿絲也不再突然隨便沒收卡爾的手機，讀他的短訊。卡爾說，當媽媽給他一些合理的約束和界線，而不是吹毛求疵的去計較細節時，他就比較不會跟媽媽爭執了，對媽媽的心態也較開放，迪蘿絲也肯定了這一點。

迪蘿絲跟我都認為，卡爾應該遵守晚上回家時間的規定。卡爾也很有信心地答應媽媽，只要他跟朋友在外面玩，就一定會打電話給她。幾天後迪蘿絲打電話給我說了些好消息。有一天卡爾在購物中心打電話跟她報平安，她讚美了卡爾一番，卡爾告訴她說，他很高興自己能得到媽媽的認可。接下來幾個月，迪蘿絲非常開心又驚訝地發現母子間的衝突變少了，而且卡爾遠離了那群狐群狗黨，而改與一些社會適應良好的朋友在一起。而法院因偷竊而判他做的社區服務工作，他也毫無怨言地做完了。

給孩子獎勵的6個步驟

如何有效利用其他的獎勵方法？雖然我認為讚美是父母能給於孩子的最好基本獎勵，但有時其他獎勵配合讚美，可以更進一步鼓勵孩子表現良好。一個新的玩偶、一瓶指甲油、一臺電動玩具、或是一件衣服，都能讓孩子對表現良好更感興趣，而他所表現出來的良好行為，往往也會出乎你意料之外。

請回憶一下第四天提過的，二十多年前我有幸見到知名心理學家史金納，他的正增強理論相當複雜，可是他有兩個主要結論十分適用於你的情況。第一，史金納博士認為透過獎勵能控制行為；第二，當我們不知道獎勵是什麼時會有更強的動機。這也是為何孩子喜歡驚奇箱、大人喜歡賭博的原因。以下是給孩子獎勵的6個步驟：

①獎勵應符合孩子的喜好

給孩子糖果或冰淇淋作為獎勵當然很容易，但這可能會讓孩子吃太多糖，讓有些小孩變胖。若是知道孩子除了糖果以外還喜歡什麼的話，會很有幫助。額外的看電視、玩電腦時間、更多講電話的特權、跟朋友在外面過夜、周末上購物中心——大多數孩子都會喜歡這些獎勵，而且會視之為很大的獎勵。

②參與孩子的活動

最好的獎勵就是滿足孩子最真誠的欲望。請孩子坐在你旁邊，讓你們共同檢視以下表格。並一起針對問題想出答案，並同意使用它。這會讓孩子有目標可以前進。

③不要用非言語獎勵來代替言語獎勵

當孩子表現出強而有力的正面改變或是成就，像是登上學校優等生名單，在一次很難的考試中得到B（甚至是C+），或是兩星期不跟弟弟吵架，你都可以透過其他獎勵來代替口頭讚美。很多小孩都很喜歡拿到糖果作為獎勵。可是我要再次提醒你，使用糖果時請適情適量。以下是獎勵學齡前／念小學孩子及青少年的一些建議。

❶建議給學齡前／念小學孩子的獎勵

玩泥巴或玩彩色塑泥	跟著爸媽去某地	幫忙計畫白天的活動
幫忙爸媽做事	多點時間在澡盆玩	跟爸媽一起騎腳踏車
出去吃冰淇淋	跟朋友一起玩	餵寵物吃東西
去公園玩	在沙盒子裡面玩	玩撥浪鼓或鈴鼓
跟爸媽一起玩跳棋	去圖書館	用蠟筆畫圖
租電動玩具	去外面吃東西	玩手機或平板電腦上的遊戲
在床上跳上跳下	去外面玩	跟爸媽一起探索有趣網站
晚點睡覺	去動物園	看電影

跟朋友一起玩	騎在爸爸肩上	

❷建議給前青春期/青少年的獎勵

買新手機或換新型手機	增加玩電腦的時間	跟朋友去外面吃東西
參加夏令營	看錄影帶（DVD）	獲得演唱會的票
全家一起出去吃飯	裝飾自己房間	玩電動玩具
可以自己一個人坐	改變房間的布置	聽歌
有自己的銀行戶頭	可以留或剪特別髮型	跟朋友一起參加活動
周末可以晚點睡覺	去遊樂園	可獨自進行安全無虞的旅行
買一片新的遊戲光碟	跟朋友一起逛街	留在外面晚一點回家

④獎勵應根據良好行為而來

為避免有賄賂之嫌，請在孩子完成任務後再獎勵。

⑤讓孩子無法預期獎勵會是什麼

給孩子的獎勵愈無法預期，所能產生的效果就愈大。當你看到孩子很早開始做功課，或是某些天下午用功讀書，主動送他一張音樂的下載點數卡，或是送他一輛他想要很久的腳踏車，更能夠激勵他。

⑥父母要說到做到

最後，也可能是最基本的。若是你已經告訴孩子要獎勵他的話，確定自己一定要說到做到。你恐怕很難相信，有那麼多父母會在答應孩子之後卻食言而肥，而當孩子不遵守諾言時，他們卻氣得要死。

別忘了注意孩子的努力

雖然我們常討論到孩子的行為與成就，然而孩子的努力也同樣重要。讚美和其他獎勵方式是正增強的有力工具，能幫助孩子增加他的正面行為。同時，我也要強調鼓勵的重要性。鼓勵的重點在於孩子的努力。讚美的重點則在於結果。這兩者對增加孩子的正面行為都很有助益。為了讓你更穩固地協助孩子，請試試以下的方法：

①務必表現出無條件的接納

在前面麥可的例子中，有時父母傲人的成就會有意或無意地傳遞出一個訊息，那就是他們認為孩子應表現出與父母相同的水準。所有的孩子都有歸屬感的基本需求，感覺自己被接納及被需要——特別是被自己的父母——有條件的接納孩子，或是因有成就才接納孩子，會傷害孩子的自尊心。

②即使孩子失敗了，依舊要給予支持

如我之前所提及，自尊心通常是行為偏差孩子一個重要的問題。自尊心是擁有成就時的正面反映。在這同時，寬以待己（第三天中曾經討論過），這是我們在面對自己的失敗時，自處的支持之道，這點對於孩子情緒的健康來說，非常重要。請繼續教導你的孩子，把他的缺點和失敗當成長的機會來看待。

③對孩子要抱持信心

任何孩子都有學習能力，即使有些孩子可能需要比其他孩子更多的時間，才能掌控某些概念或技巧。當孩子遭到挫折或打擊時，如果你對他的能力有信心，可以讓他繼續往前進；你對他未來會成功很有信心；你對他做了什麼對自己人生有益的事有信心——這些對孩子而言都是鼓勵。對孩子是否有信心，會造成他成功或失敗天差地別的結果。對孩子有信心，必須是真的相信孩子有能力成功。如果對孩子沒信心，那麼他便會證實你對他的懷疑，正如他也懷疑自己沒有能力一樣。

④尋找過去成功例子，鼓勵孩子邁出下一步

每個人都會因其昔日成功經驗的提醒而做得更好。讓自己立足於過去的成功，可為

自己在面對新的挑戰時提供幹勁。行為偏差的孩子慣於忽略自己曾做過什麼很好的事。你可以透過冷靜、堅定、非掌控的方式，提醒孩子過去曾做過什麼很棒的事來鼓勵他。例如：「你上次林肯的報告寫得很不錯。我相信你這次一定也可以寫得很好。」

⑤把困難的工作切割成小部分

行為偏差的孩子缺乏彈性，所以當他們有更多功課要做時，很容易就會被擊垮。這裡有個例子教你當孩子面對困難的挑戰時，可以透過怎麼樣鼓勵性的話語，來減少他的需求及壓力。例如：「我知道這份作業比你平常寫的要多一點。可是我敢說，如果你把它分成好幾個部分來寫的話，真的就會簡單多了。」

不吝於表達對孩子的愛

我想現在你應該很了解我教養哲學的第一信條：沒有任何事比得上你對孩子的愛。盡你所能地透過言語和行動，讓孩子知道你很愛他，而且很重視他，這點是很重要的。現在你已經學了不少技巧來約束、並減少孩子的偏差行為了，那麼請你盡可能讓自己更開放、更不設限地接受各種方法。以下這些表達方式，一定能深深打動孩子的心。

◆「跟你在一起，我真的覺得好享受。」

◆「我好喜歡聽你大笑。」

◆「我知道你沒選上球隊很失望，可是你已經盡力了，這才是最重要的。」

◆「我很慶幸有你這個兒子。」

請自由不受拘束地表現出你的體貼與愛。試著對孩子犯的錯及任何暫時的挫折更有耐性，也願意表示你對他的理解。不要在別人面前批評他。每天花點時間聽他說話，也跟他說點話，表示你對他參與活動的興趣。改變你和孩子互動的方式，給他肯定的訊息。如稍早所提，短訊文字對孩子的影響很大，他們常把短訊文字看得很重要，不會錯過。請使用短訊文字來進行上列各點的溝通。

這同時，也別疏漏了直接面對面、即時、不打草稿聯繫的重要性。又沒法律規定什麼都得透過電子方式來溝通。即使青少年似乎偏好這種媒介方式，而你也能輕易透過「螢幕世界」加入孩子的世界，我還是建議你「保持真實」，實實在在的相處。讚美孩子時，千萬不要小覷了見面、分享實體空間時的力量。當然了，更不要害怕與孩子有肢體上的接觸、擁抱或親吻。讓他知道無論發生什麼事，你都會永遠愛著他。

正增強也能助你一臂之力

本書重點雖在使用在孩子身上的技巧，不過讚美自己及增強自己，也很重要。我想要向你道賀，因為你已經進行到這個計畫的一半了。想想看你在教養方面花了多少思考與精力啊！現在你很樂意改進自己，而且也該為自己做了哪些事而感到自豪。同時你也該為了幫助孩子而記大功一筆。我告訴所有我曾經輔導過的父母說：「黃金總是沉在下游，其他的東西也是。」你對自己的感覺愈好，孩子的自我感受也會愈佳。

①給身為父母自己一點掌聲

閱讀下列清單，並勾選你所做過的正面行為，為自己鼓鼓掌吧！

- □訓練孩子大小便
- □幫孩子挑選衣服
- □觀賞學校運動比賽
- □為孩子（家人）煮飯
- □教孩子繫鞋帶
- □向孩子表達愛意
- □協助孩子洗澡
- □教孩子讀書識字
- □對孩子產生影響力
- □參加學校懇親會
- □協助孩子做功課
- □帶孩子跟其他小朋友玩
- □參加學校音樂會
- □參加學校音樂會
- □讓孩子朋友在家過夜
- □帶（陪）孩子去打球
- □為節日裝飾家裡
- □聆聽孩子簡報一天生活
- □晚上念故事給孩子聽
- □即使孩子對你很叛逆，你仍然愛著他

無論你做了多少，你該為自己做到的幾點而感到驕傲。你在下一段將會看到，你如何對自己說話，將會在你自認做了多少很棒或錯誤的事情中，扮演非常重大的角色。

②透過正面的自我對話獎勵自己

自我對話就是你在心裡跟自己說話。我們都會這麼做，而且比我們意識中還要常這麼做。你的自我對話，可能是當你在逛街時想買什麼東西，當你在加油時計畫下個行程是什麼，或是想著別人在做什麼。你的自我對話很正面時，你會比較冷靜且放鬆。舉例而言，如果你對自己說：「我對自己如何處理這場衝突感覺不錯」，或「我很高興自己沒咆哮出來」，就等於是在讚美自己，而且會覺得壓力比較小。

負面的自我對話，像是「我真不該成為父母的」或是「我好絕望」，則會造成相反的結果，而且會降低自信。請你要非常注意你的自我對話，並盡可能讓它變得更為正面。許多人都以為發生在自己身上的事會影響到自己的感覺。最好的例子就是當偏差孩子對你說：「你讓我很生氣」時，就好像是你控制了他的情緒。事實上，任何事不會讓你產生任何感覺。你如何接受事情的方式，才會決定你有什麼樣的感覺。

如果你心裡想的，都是過去為孩子做過的正面事情，那麼你就會對自己在教養方面的努力感覺好得多。但你可能會給自己一些負面的自我對話，像是：

- 「每個人都從我這裡要、要、要，可是從沒人給我任何東西。」
- 「我天生就不是當父母的料。」
- 「我連自己的一點時間都沒有。」
- 「我是個脾氣暴躁的媽媽。」

回憶一下第二天的內容，如果你給孩子貼上負面標籤，他就會真的變成那樣。同樣，在面對挫折或問題時拋棄身為父母的身分，只會讓問題惡化，也會削減了先前所做的努力及改變。如果你很有意識地避免透過負面想法來思考自己及身為家長的身份，你就會覺得好過多了。另外，也有些避免負面訊息的做法。以下是正面自我對話範例：

- 「即使我犯了錯，我還是可以盡力做個好媽媽。」
- 「我可以給自己留點時間，而不必有罪惡感。」

➊「雖然被人欣賞很棒，但我不需經過孩子的認可，才能讓自己感覺不錯。」

➋「我對自己在訂定規矩時能保持冷靜、堅定與非掌控制而感到驕傲，即使孩子並無法立刻接受這些規矩。」

正如你在負面自我對話的範例中所看到的，這些父母都太武斷、並把焦點放在自己身為父母的缺點之上。而且正如你從應付偏差孩子經驗所得知的，只把焦點放在問題上面很容易。這裡有些正面的自我對話，能幫你把焦點放在增強父母的能力：

➊「這是個好機會，可以讓我教孩子一點新東西。」

➋「我只想要一次做一件事，而且是做我做得到的事。」

➋「當孩子變得很難纏時，我可以保持冷靜。」

➋「保持冷靜、堅定與非掌控，能讓我把注意力放在問題上，而不過度反應。」

➋「只因今天我不小心大叫出來，不表示我下次還會如此。」

➋「我可以明智地選擇戰爭，讓孩子跟我合作。」

➋「我是個好父母。」

➋「我盡力了。」

➋「我可能犯了錯，但這無損於我的個人價值。」

➋「若是我感到挫折或焦慮，也沒有關係。」

➋「我並沒有感到絕望無助。如果需要的話，我有朋友及各種資源當我的靠山。」

➋「往大處來看，這真的算不了什麼。」

- 「我不會因為要讓自己成為完美的父母，而給自己任何壓力。」
- 「即使人生再苦，但我仍能享受人生。」

③給自己一些其他的獎勵

我鼓勵你可以每隔一陣子就給自己一點物質上的獎勵。身為偏差孩子的父母是很辛苦的。即使本書的目的是要減少孩子的偏差行為，但身為父母的你的職責仍充滿了需求與挑戰。你不妨這樣想吧：透過給自己一點獎勵，等於是把一個更好的自己送給孩子。

你可能會喜歡以下幾個獎勵的建議：

- 修指甲
- 洗個舒舒服服的澡
- 買（付費下載）新歌或新專輯
- 買張新的CD
- 外出吃晚餐
- 不帶著孩子而到外面過夜或度周末
- 升級手機
- 運動
- 時時探索心靈
- 選修一門新的成人課程
- 買套新衣服
- 讀一本你很感興趣的新書

第5天的總結

今天你學到讚美的力量，及其他能增強孩子正面行為的獎勵方法。記住你從第一天開始已有多少進步。請牢記以下幾個關於增強孩子正面行為的關鍵重點：

- 如果以正確的態度讚美孩子，將能非常明顯地增加孩子的正面行為。
- 增加孩子的正面行為，可以減少他表現偏差行為的頻率。
- 其他獎勵方式可結合讚美一併使用，來增加孩子的正面行為。
- 鼓勵孩子的努力，並自由地表達你對他的愛，這是你能給他最重要的禮物。
- 增強你正面教養方式的努力及行動，對你與孩子都非常重要。

為第6天做好準備，並完成以下事情

■ 提醒自己，永遠都要明白言語讚美對孩子而言有多重要。

■ 打從心底去相信：鼓勵並讚美孩子這個過程。

■ 提醒自己，注意孩子成就的同時，也別忘記他的努力。

■ 讚美孩子時要有創意。注意，可以面對面親自讚美，也可以採用其他方式達到目的，例如透過短訊文字。

■ 給自己正面加強的力量，告訴自己你已經竭盡所能當個好父母了，但你還在努力加強，希望可以更好。

讓你不再感到絕望的管教方式

——把握7個訣竅，就能有效管教孩子

歡迎你來到第六天的管教世界。等你閱讀完今天的內容後，將會了解該如何運用不再絕望的的管教方法，以及在何時、及如何利用這個方法來應付行為偏差的孩子。你已經學會如何將自己看作一位教練，幫助自己避開並走出情緒反應的愚笨陷阱，這是行為偏差孩子父母親很容易陷落的。而今天，你將學到的，是以遠比從前更加協調、有鼓勵性、並且有效的方式來施加管教，而不是懲罰性的無效手段。身為偏差孩子的父母，你可能已經試過各種不同的管教方法。如果你對管教（或如何執行管教方法）仍感到十分迷惘的話，其實你並不孤單。許多家長在懷疑自己是否做對了、或是覺得自己對待孩子的態度太強硬或太柔弱而生氣時，往往會感到很痛苦，而想好好管教孩子一番。

有關管教的資訊多如牛毛，但卻只是使得這個問題益形嚴重。而坊間居然還有那麼多相關的書籍與專家！如果你想弄清楚所有的理論，最後恐怕只會讓你更不知所措罷了。不過這裡倒是有個好消息：今天你可以感到如釋重負了，因為我將告訴你一個既清楚、又值得信賴的方法來管教孩子。

讓你不再感到絕望的管教方式

——把握7個訣竅，就能有效管教孩子

我輔導過許多的家長，他們告訴過我各式各樣管教偏差孩子的方法。通常在他們敘述自己的管教策略時，總是既絕望又生氣地說：「沒有一種方法有用！」有時他們會自己說之所會來找我，是因為已經不知道該如何管孩子了。

黛比是羅賓的媽媽，羅賓十一歲，是個有偏差行為的孩子。在黛比描述她管教孩子的挫敗感時，她說道：「我處罰了又處罰，但完全無效！」黛比代表的是我名為「處罰飢渴症」的父母類型。為數眾多的父母親變得挫敗又絕望，他們不斷的鞭策孩子，這種作法當下看來雖有效，實際的結果卻不高明——之後他們就會發現這些方法沒什麼效果。我們大多數人都曾經如此。當父母施予的管教愈嚴厲，自己也愈容易產生挫敗感和絕望感，處罰對於行為偏差的孩子而言，也變得不癢不痛，沒有效果。

不再絕望的管教方法整合、並架構在冷靜、堅定、非掌控的方法上，讓父母在應付孩子問題行為時可以有更聰明，而非更辛苦的作法。當你前去設下限制、界線與罰則時，管理你的壓力程度對於掌控感是很關鍵的。把自己想成指導教練有助於不再絕望管教方式的施行。本章的內容談論的是如何好好看管你為父或為母的身分，讓管教成為一種連結，而非切割的經驗，幫助孩子從錯誤中學習。

我也見過許多夫妻因為不知該如何管教孩子，使得夫妻關係充滿了壓力。許多夫妻來我這裡諮商、在跟我討論他們試過的管教方法的過程中，往往會以與對方發生爭執而收場。我看著他們因為想釐清這一切為什麼會發生，卻反而變得愈來愈挫折。

有一天晚上（很巧的是，那時我正好在寫這一章），貝佛麗、安德瑞與他們十二歲的兒子布萊恩來我這裡。在我第一次與貝佛麗通電話的過程中，她告訴我說安德瑞對布萊恩太嚴厲了，而她自己則是太容易就對布萊恩屈服。然而當他們來找我時，我卻發現這其中大有文章。只要布萊恩父母之中的其中一人想釐清問題、但卻感到愈來愈迷惑時，布萊恩就會不自然地笑起來。布萊恩坦率地向我承認，他私底下會向父母抱怨另一個人對他不公平。他把整個身子往椅背一靠說：「對啦，我完全掌握了他們的底細。」

你可能覺得沒有一種管教方法對孩子有用。若是如此的話，你絕對不是這個世界上唯一有這種感覺的人。請你記住，行為偏差的孩子比一般孩子更不容易管教，而且也更會抗拒管教。這是因為他們的情緒不成熟、缺乏彈性，而且你無法經由衝突來管教他們。讓我們面對這個事實吧，根據上述觀點，管教對你而言可能也是個情感上的問題。在考慮過這個問題的複雜程度之後，我認為現在是你學習更聰明管教技巧的時候了；而且即使是在最麻煩的當口，這些技巧也能讓你無往不利。請記住，給孩子最佳的管教就是以身作則，以冷靜、堅定、非掌控的方式自我約束，回應孩子！

管教對你的意義是什麼？

在你繼續往下閱讀前，請先回答下列問題。你將會更了解管教對你的意義為何？

閱讀下列清單並排除以成長經驗及讀過、學過的資訊來回答。

- 描述一下你對管教的定義是什麼？
- 你生命中的什麼經驗，讓你對管教下如此定義？

· 什麼原因讓你無法成功管教孩子？
· 你的孩子對你的管教方式如何反應？
· 你管教孩子之前、過程、之後，你的感覺如何？

現在你對自己的管教方式有更深一層的了解了。那麼我想跟你分享一些我自己對這個問題的看法。請你先思考一下「管教」這個字眼及它的定義。

管教（discipline）這個字來自於「弟子」（disciple），意思是教導。為了讓你的管教方法更有效，你必須視管教為一種教導、並支持孩子的方式。有效的管教需要深度的理解及練習，特別是在管教偏差的孩子的時候。你必須用不同角度來看待偏差孩子，因為他的情緒不成熟，非常需要他人的協助來處理自己的衝動、反應過度、及表達個人感受等問題。在這個計畫裡，我每天都會鼓勵你用不同方式與孩子相處，並幫助他管理自己的情緒問題。至於不再絕望的管教方法，只是其中之一。

還記得在第四天中我曾經說過，跟孩子同一國，遠勝過成為他對手的重要性嗎？這是讓不再絕望的管教方法成功的關鍵。通常父母總以為所謂的管教，就是「告訴孩子誰才是老大」，或是「讓他為自己的錯誤付出代價」。我完全支持你做為父母的權力，以及孩子應為自己的行為負責，可是你必須開始思考，其實管教是一種指導並支持孩子的方式，而不是你贏回控制權的方法。這也是你能成功地管教孩子的唯一途徑。

父母在管教行為偏差的孩子時，常會不斷使用自己相信能夠成功的方法，而不是用真正有效的方式。例如，許多父母都會用他們自認「這麼做才對」作為管教的模範，所以他們常用責罵或嚴厲的方式來處罰孩子。如果你就是這種父母的話，那麼你無異是在告訴孩子：「我要讓你知道我才是對的，而你是錯的。」但若是如此的話，你將永遠無法了解為何孩子會做出不當行為，以及你可以做什麼來防止這種行為再度發生。

我想說的是，精神上的處罰並無法教導或支持孩子做出重要且正面的改變。反之，處罰的心態在於它利用了羞恥感、控制慾及恐嚇來影響孩子做出不一樣的行為。當你想鼓勵孩子做出正面改變時，再也沒有什麼比盲目而嚴苛的處罰能更快讓你的管教失敗。

現在我要請你做的，就是把有效的管教當成只是一種成功的教導方式。這表示你要努力鼓勵、支持孩子學習，以及做出良好的選擇。當他沒有做出很好的選擇時，請你協助他從錯誤中學習，而不是過度處罰他。掌握開始與結束管教技巧的關鍵，在於親子之間堅實且正面的關係。當偏差孩子覺得自己被你了解、不再被你控制後，比較不會表現出負面行為。當你繼續閱讀下去之後便會發現，透過真正的理解及愛所建立起的堅實親子關係，能讓你更有耐性，也可以避免自己反應過度；同時也會讓你訂出更合理的規定。一旦你用這種方法來思考管教為何，那麼管教孩子起來就會輕鬆多了。

我研發出一種管教方法，稱之為不再絕望的管教方法，而且我發現這種方法對行為偏差的孩子很有用。究竟不再絕望的管教是什麼呢？

不再絕望的管教方法：「愛」與「理解」

現在你應該知道我極力鼓吹你應盡可能給孩子所有的愛與支持了。當你與孩子相知甚深時，管教孩子起來會特別有用。**不再絕望的管教意味著透過理解，引導你的孩子，**

而不要有情緒的高低起伏。

行為偏差的孩子喜歡不斷「測試」你是否了解他。偏差孩子的爸媽常感到苦惱，因為他們不相信孩子會為了自己的作為感到後悔。如果你的孩子正是如此的話，你並不孤單。偏差孩子不像父母一樣經常後悔。但你若是因孩子性格中缺乏自責而幾乎抓狂的話，這個問題會愈來愈嚴重。請相信我，在我執業時遇到的許多行為偏差孩子，都跟我表達了懊悔之意，但這份心意由於當初很怕受到責難，所以不敢對父母親表達。

正如我在第二天中所說的，偏差的孩子欠缺成熟的情緒及應付情緒的技巧，而這會讓他喜歡測試你。如果這點很讓你容易動氣的話，會讓你無法用有效的方法來管教他。至於避免讓自己動氣的最好方法，就是請你記住：缺乏自責是所有偏差孩子的包袱；換句話說，請你不要誤以為這是你家孩子才有的問題。

當你按照我的計畫進行時，我希望你能持續看到孩子的偏差行為減少。你愈是理解孩子的不當行為，就愈能有效地管教他。以下我想透過一些輔導行為偏差孩子與家長的經驗，與你分享一些我對孩子不當行為的想法：

◆**孩子想得到父母的注意**。安德麗亞，九歲。她告訴我說媽媽換了新工作，而且「她再也沒有時間陪我了」。眼看媽媽花愈來愈多時間在講電話及檢查電子郵件，讓安德麗亞覺得自己被媽媽排除在外。已有偏差傾向的安德麗亞把媽媽桌上的文件弄亂，還「不小心」搞丟了一部分文件，只是為了讓媽媽能注意到她。

◆**孩子對某件事情特別感興趣**。在第四天中曾經提過，十六歲的寇迪在與女孩子相

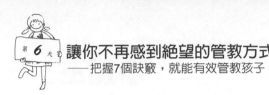

關的事情上，從未覺得自己是「成功」的。他在某個社交媒體網上遇見了十五歲的絲卡列。他們雖然從未真正見過面，而且相隔二千里，但套句寇迪的動漫用語，他們彼此形成了「即時又奇妙的連結」。他告訴我，絲卡列是唯一一個「得到我注意的人」。寇迪覺得要跟上學校課業的進度很有壓力，不過，他又因為花了很多時間和絲卡列在網路上溝通而讓功課大幅落後。

◆**孩子覺得自己不如他人**。十四歲的伊恩偷偷告訴我說，他覺得自己不如哥哥；他哥哥是地方上的運動明星。伊恩處理自己情緒的方法，就是在哥哥有重要比賽那天，把哥哥的足球制服藏起來。

◆**孩子想要向父母報復**。八歲的羅勃向我承認，他想從媽媽那裡偷錢，是因為媽媽拿走了他的電動玩具，讓他很生氣。羅勃媽媽是在他報告拿了一個很爛的分數後，才把他的電動玩具拿走的。

◆**孩子對其他手足產生嫉妒**。傑克，十五歲，他承認很嫉妒爸媽把所有注意力都放在弟弟身上，因為他弟弟有焦慮及沮喪的問題。傑克用抽煙來表達他的嫉妒。

◆**孩子對一些事感到害怕**。由於爸媽曾提過全家可能要搬到附近另外一個城鎮，讓十歲的史蒂芬妮感到很害怕。她不善於交朋友，而且唯一的好朋友就是住在隔壁的鄰居，所以她故意暗示有關新房子的不利消息，好讓爸媽不考慮搬家。

上述所有例子都有一個共同點——在孩子不當行為的表面下，都有著更深一層的問題。每個孩子都透過強烈的情緒，想努力解決自己無法解決的問題，而且都希望能得到別人的注意。他們終究做出了不當行為，而且也得到了許多注意力。即使他們得到是負面的注意力，但是有人注意總比沒人注意要好。

「生理問題」也非常重要

有時父母會忽略孩子的不當行為可能是來自生理問題。然而絕大多數生理問題都是暫時的，而且不會造成持續性的偏差行為；所以重要的是，你必須要注意生理因素可能會導致我所謂的「一閃即逝的偏差」。八歲的崔佛幾個星期來一直都很容易生氣，而且很頑固。當時崔佛的爸媽不知道他已經發燒了。崔佛有一切感冒的症狀，而且喉嚨已感染了鏈球菌。因為如此，崔佛的爸媽這才意識到生理問題可能會讓他表現出偏差行為。看過醫生之後，崔佛身體感覺好多了，而且行為也不再像過去那麼偏差了。

所以若是孩子正在經歷一段狂飆期的話，請你想想看，是否生理方面的疾病才是他不當行為的罪魁禍首。這些疾病包括：

- 發燒
- 耳朵痛
- 過敏
- 胃不舒服
- 感覺很餓
- 生理期的緊張或疼痛
- 因為任何一種憂慮而造成生理上的過度緊張

請你記住，愛與理解能讓你看出孩子外在偏差行為之下的真正問題，並判斷主要是什麼問題讓他如此困擾。想理解孩子在意的是什麼，可透過不再絕望的管教。你愈是了解孩子的困擾及造成困擾的原因，就愈能以既有建設性、又有效的方法來處理。

現在，我想討論另一個在管教上容易混淆的問題：為負面的行為受罰。當偏差孩子表現魯莽的舉動時，父母常會不自覺地對他投以負面注意力，而且還會因他的不當行為而不顧後果地處罰他。你在下一段將會看到，你對孩子不當行為的處罰及處罰的方式，反而會讓他表現出不好的行為。有一點很重要的是，不要讓處罰影響孩子的自尊心及你們之間的關係。值得信賴管教方法的核心，在於你們的親子關係。

謹慎使用「處罰」

大多數父母只要一聽到「管教」這個字，馬上聯想到的就是「處罰」，而且通常是取消孩子的某種特權。這些年來，我見過許多父母不斷想用處罰來了解為何孩子會做出如此麻煩的行徑。你必須了解為何孩子會做出那種行為，然後再為他的不當行為而處罰他。單單只是處罰，並無法告訴孩子什麼是自我價值、解決問題及自我控制的重要性及其價值與技巧。如果沒有你的導引，處罰是沒有用的。值得信賴管教方法的核心在於愛與指引。告訴孩子你能接受什麼，以及不能接受什麼很重要。不過對偏差孩子來說，幫他學習為自己的行為負責、從這種行為中得到什麼教訓、如何正面對待他人也很重要。處罰可能會對孩子有幫助，也可能會阻礙了孩子減少偏差行為的發生。

身為偏差孩子的父母，你有親身經驗可以了解處罰的後果是多麼不可預期及多麼困難。因為不論是疏於管教或過度嚴厲的處罰，最後都會被孩子視為處罰。由於偏差孩子自以為與你平等，所以會反抗你的處罰。

若是孩子對自己的所作所為毫無悔意，甚至根本就不知道自己做錯了什麼，他會直接將怒氣發洩在害他被罰的人身上，或是他所見到的處罰者——你。偏差的孩子從不願承諾改變，還會表現出毫無悔意，劍拔弩張的憤怒，而且是立刻就表現出來。這是因為他覺得被處罰就是被控制，因此感到很大的壓力，而且想法會變得愈來愈扭曲。特別是因為他自認沒有做錯，所以任何處罰對他來說都很不公平。他非常憤怒地想著、甚至會說出這樣的話來：「看吧，這就是你讓我不爽的下場」。

偏差孩子可能會在你或其他權威人士面前，隱藏自己的不當行為來逃避處罰。如果你因孩子的不當行為而過度處罰他，他（也可能是你）可能會過度自責。這類例子的最後會變成：每個孩子都會變得喪失自尊，實際上反而增加了他繼續做出不當行為的可能性。重要的是，你必須謹慎思考如何處罰偏差的孩子，因為那意謂著你對孩子的評斷。

①什麼時候需要「處罰」登場？

父母很難知道何時該對孩子的不當行為予以處罰，以及該怎麼罰。以下是一些幫助你決定該何時處罰孩子的建議。

⬇孩子是否違反了你們的共同規定？你是否已不再熱中、或厭倦於反應過度，或者孩子是否真的有什麼問題？你是否公平地審視了孩子的狀況？若是孩子並沒有違反既有的規定，那麼就不需要處罰他。

⬇你對孩子的期待是否夠實際？孩子是否能夠符合你對他的期望？有時父母會喪失洞察力。如果你對孩子的期望不切實際到完全不符他的年齡或情緒成熟度，那麼就不

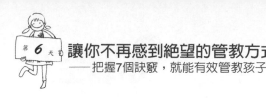

用處罰他。如果是你自己有欠公允，那麼改變你對孩子的期望，而且不要處罰他。

⬇當孩子做錯事時，他自己是否知情？如果他不知道的話，請你解釋給他聽，為什麼他錯了，但是不要處罰他。讓他了解你對他的期許，你為什麼對他有這樣的期許，以及他該怎麼做才能達到你的期待。請提供他所需要的各種協助。

⬇若是孩子知道自己做錯，卻故意漠視你對他的合理期待，而且繼續表現出不想為不當行為負責的態度，那麼我建議你可以處罰他。理想上，如果你可以用冷靜、堅定、非掌控的態度，與他有效地討論你關心的是什麼。我鼓勵你可以與孩子一起討論，再決定該怎麼處罰他。

②處罰頻率不要太高

我可以告訴你，對付偏差孩子最重要的方法，就是盡可能不要處罰。處罰固然很重要，但處罰只有在你已使用前幾天學到的技巧與策略後才會產生效果。若是可能的話，請你理智地對待孩子，試著從他的觀點來思考——即使你並不同意他的想法。我時常提醒父母們可以接受孩子的觀點，但卻未必要同意。這裡有些你對對孩子說話時的範例：

「我知道你覺得那樣很有道理，可是我無法同意你有權力推你妹妹。」

「沒錯，我是有權力可以決定你幾點鐘要睡覺，而且我確實聽過你說過，你的朋友家裡也是這樣。現在請你準備上床睡覺。不過你可以在這裡看幾分鐘書。」

「我知道你在周末想買新的運動鞋。你是有權利表達你應該有雙新的運動鞋的意見，可是現在我並不想花這筆錢。不過如果你有興趣的話，我倒是願意做一點妥協。」

我曾輔導過一位叫史丹的人，他最近剛離婚，是十一歲的史考特及十歲的奧黛麗的爸爸。史丹告訴我說，這兩個孩子常在從他家到前妻家的路上搗蛋。尤其是史考特特別愛作怪，有時還會動手打奧黛麗。過去史丹已不知道處罰過史考特多少次了。事實上，史丹甚至承認有一次史考特打了奧黛麗之後，他氣得捉著史考特把他逼到牆角。

有一天當史丹開車去接孩子時，看到史考特又用手用力打奧黛麗，他咆哮著要史考特道歉。史考特很快表現出一付偏差孩子的模樣，然後對他爸爸說：「你逼我看看啊！」史丹深呼吸了幾次，記住自己要保持冷靜、堅定與非掌控的態度。這件事當然很有得吵，可是他知道自己應該用不同的方法來解決。

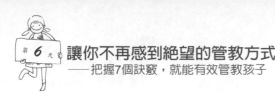

於是史丹轉向他的兒子，說：「史考特，過去我習慣對著你吼，或是強迫你道歉，可是今天我不會這麼做。因爲這對你我都沒有幫助。所以史考特，我請你向你妹妹道歉，因爲你那樣子對她的行爲是無法被接受的。我看過你在其他狀況下是如何妥善地處理了自己的挫折感，所以今天我對你竟然會動手打她很失望。不過我知道當你感到挫折或生氣時，你有能力學習做出更好的選擇。」

正當史丹開始考慮要拿走史考特的什麼東西作為處罰時，他的思緒卻被史考特轉向他妹妹、並真誠地向妹妹道歉給打斷了。史丹教了，史考特學了。這個案例並未處罰孩子。正如我在本章稍早曾引述過的，史丹展示了自我管束的重要意識。他謹慎反應，控制自己情緒。這樣一來才能教導並影響史考特去應對他糟糕的選擇，並負起責任。

有一點很重要的是，經常處罰並無法發揮效果，這是因為孩子，特別是行為偏差的孩子，只能慢慢讓自己適應、或調整加諸於自己身上特定強烈的事物。長此以往，經常處罰孩子的父母會變得愈來愈嚴厲，才能讓孩子達到自己的要求。處罰可能會嚴重到失控的程度，讓孩子恐懼、怨恨、生氣、甚至抗拒學習任何事物。

③處罰時，要保持冷靜、堅定、非掌控的態度

值得信賴的處罰方式對史丹十分奏效，這是因為他在面對史考特時，保持了冷靜、堅定與不掌控的態度。至於是什麼原因讓我的管教方法很有用，以及讓這種方法如此值得信賴，原因在於你轉移了自己的情緒。透過轉移情緒，在處罰孩子時可以變得冷靜堅定且非掌控。或許你會懷疑，怎麼可能在處罰孩子的同時又可以不控制他？這是個很好的問題。答案是，只要你在處罰時是想教導孩子，而不是想壓倒他，那麼就不是在控制他了。相信我——你在處罰時愈沒有情緒，處罰的效果就會愈好。

大部分父母都是採取強烈、情緒化的態度處罰孩子。這是非常無效的處罰方式。以下是一些無效處罰與值得信賴處罰的範例對照。你很快就能看出其間的差異。

無效「你打你妹妹，顯然你根本就控制不了自己。現在你立刻回房間去！」

不絕望『我非常在意你打你妹妹這件事。我希望你可以回房間去，好好想想自己做的事。等我們都冷靜下來，我們能再好好談一談。』

無效「你已經看了兩個鐘頭的電視，而且還繼續在看。現在你完蛋了——你這個星期

都不准再看電視了！」

不絕望『看電視似乎讓你沒辦法做其他事。我要你接下來這兩天都別看電視了。讓我們一起討論看看，有沒有什麼比較好的方法，來解決這個問題。』

無效「你竟然敢用這種口氣跟我說話！你今天下午不准去購物中心！」

不絕望『我不能接受你用這種口氣跟我說話。所以我無法帶你去購物中心了，因爲這麼做會讓我覺得，我好像是在縱容你這種不當行爲。請你跟我一起坐下來，讓我了解爲什麼我們講話時你會那麼生氣。』

無效「我已經受夠了你老是那麼晚回家！這個星期五晚上你不准去跳舞。」

不絕望『我們得談一談。我不知道爲什麼你晚上都無法準時回家。我眞的很擔心你的安全，而且我正在考慮是否該讓你星期五晚上去跳舞。你對這件事有什麼想法？』

讓處罰變得更有意義

這聽起來好像超級簡單又明白，可是你可能還是會很驚訝地發現，即使孩子不知道自己做錯了什麼，父母總是不記得孩子就是無法從處罰中學習。實際上是有許多偏差孩子知道自己行為不當，但並不是所有的孩子都知道。許多偏差孩子常因為放棄自己，而蒙蔽了看見自己所作所為的影響，即使他們知道這麼做並不對。在你快要處罰孩子之前，不妨先問問自己：「孩子是否知道自己錯了？他是否了解自己製造了多大麻煩？」

在許多情況之下，孩子必須接受應有的處罰。舉例來說，如果孩子拒吃晚餐，那麼他待會就得餓肚子，不能再吃晚餐；如果他對待脆弱易斷的玩具很粗魯，那麼他可能會把玩具弄斷，而且永遠都不能再玩。如果你家青少年在外頭待得很晚，那麼他第二天可能會累垮了。通常這些結果我們稱之為「自然的處罰」，因為這些情況是自然而然發生的。自然的處罰特別能讓孩子學到教訓，因為他會很在意結果是什麼。

當身為父母的你決定插手時，則是必然的處罰。無論什麼時候，如果可能的話，在處罰孩子時不需要經過孩子的同意。對你和孩子來說，規矩和罰則必須很明確——我建議你在衝突發生之前，先用白紙黑字寫下來，以免在你們吵得不可開交時，還得為了這件事辯論半天。如果喬依繼續玩電動玩具卻不願意去做功課的話，爸媽可以透過冷靜、堅定、非掌控的態度，把他的電動玩具拿走，然後把它鎖起來。若是孩子違反規定騎著腳踏車到不該去的地方，你可以幾天都不准他騎腳踏車。當孩子沒做應做的家事時，你可以用冷靜、堅定、非掌控的態度多提醒他幾次，然後取消他的特權，像是晚上可以跟朋友一起玩，或租一片電影光碟。

針對孩子的不當行為施以選擇性、沒有攻擊性的必然處罰，可以讓孩子學到為自己的行為負責。和孩子討論他必須怎麼做才能保住特權也是不再絕望管教方式的一部分，因為這樣一來，他才能繼續學習什麼是責任感與負責的態度。另外，在處罰時應不帶任何情緒，如此才不會傷害孩子的自尊心。

①處罰要前後一致

我前面曾經提過，根據史金納博士的研究顯示，當我們不確定自己是否會得到獎勵、及不確定獎勵是什麼時，便會以無比的熱情來追求目標。有個小孩在店裡看到糖果，央求媽媽買給他。媽媽說：「不行。不要再求我了，否則我們回家以後，你就別想再出門了。」如果那個孩子繼續央求，媽媽最後還是軟化也屈服了，而孩子還是可以到玩面玩的話，那麼她無異是在告訴孩子，如果他繼續鬧個不停的話，就不用接受原本媽媽想威脅他的處罰了。如此一來，等於是在鼓勵孩子一再重覆這種行為。

因此，如果你想告訴你七歲的兒子：「如果你繼續把鞋子放在地板正中央的話，就得把都是泥巴的整個房間清乾淨。」當下次他又把鞋子留在地板中央時，你必須堅持一定要處罰他。如果他第二天又這麼做的話，你必須再次這麼處罰他。

前後一致的處罰很重要。如果你用了「如果……那麼」之類的句型，那麼就必須確實遵守這句話「那麼」的部分。許多父母都跟我抱怨說，他們已經很厭倦遵守那麼多「那麼」了。我們時常都陷在這樣的陷阱裡。你只要記住，值得信賴的處罰方法是建立在前後一致上。處罰愈是前後一致，就會愈省事，因為你是在阻止不當行為的發生。

②處罰必須緊跟在不當行為之後

「等你爸回來，就有你好看了！」這對所有的小孩來說，都是很糟的處罰方式。而且對情緒反覆無常的偏差孩子來說，只會讓處罰變成你自己的災難。延遲的處罰只會讓偏差孩子更快、更想擺脫自己的責任，而且會讓他對這個情況更為憤怒。由於偏差孩子有挑戰父母權威的傾向，因此很有可能會把延遲的處罰與父母連結在一起，而不是與自己的不當行為連結在一起。在孩子做出不規矩的行為後，盡快處罰他會更有效果。

維樂莉，九歲的山姆的媽媽，後來終於了解為何遲來的處罰完全無用了。她告訴我：「在我接受你輔導之前，我一直以為我真的可以得到山姆的注意，而且我告訴他說，如果他那天做錯了什麼事，待會兒一定會被我處罰。可是我現在才知道，這只會讓他更擔心也更生氣。」我請維樂莉讓我了解，當山姆愈來愈生氣地等待遲來處罰時，最棘手的問題是什麼。她說：「他會變得很難相處，到了晚上不論我是把電視移開，或是把任何東西拿走，他就會故意做一堆其他的事來傷我的心。現在我知道了，而且我再也不會那麼做了。現在我非不得已不會處罰他，而且如果要處罰的話也會立刻處罰。這麼做讓我感覺好多了。」

③親子間的協商能讓處罰更有彈性

行為偏差的孩子覺得沒有人可以對他「發號施令」。他們對權力的渴望，會讓他們惹禍上身。例如，前陣子我曾輔導過艾略特，他是九歲彼得的父親。他以冷靜、堅定、非掌控的態度對付彼得的偏差行為，幾個星期之後，彼得的偏差行為改善了。可是有一天晚上，當艾略特宣布要帶彼得與弟弟一起到購物中心吃晚餐時，彼得卻憤憤地說：「你總是去弟弟想去的地方，從來都不在乎我想要什麼。」彼得覺得他有權利決定全家去哪裡聚餐。艾略特運用冷靜與堅定的方法，但是彼得還是不斷發牢騷，甚至還把弟弟的電動玩具丟到地上，狠狠地踩了一腳，把電動玩具的塑膠外殼都踩爛了。

艾略特決定要給彼得一點教訓。當他告訴彼得說，他無法接受他把弟弟玩具踩壞時，仍保持著冷靜、堅定、非掌控的態度。艾略特告訴彼得說，他被罰一個星期不准玩電動玩具。當彼得回嘴時，艾略特問他願不願意做點什麼，好讓他可以有更多時間玩電動玩具。彼得答應向弟弟道歉，賠償弟弟那個壞掉的電玩，還有除了例行的洗碗工作外，還要倒一個星期的垃圾。艾略特終究還是讓彼得為自己的行為而接受了處罰，但這些處罰卻是有彈性，而且是經由兩人協商的結果。艾略特教了彼得一些重要的社交技巧。記住，管教就是一種教導。

把握7個訣竅，讓管教不再絕望

這裡還有幾個小訣竅，可以讓你盡可能執行你的管教方法。

◆**樹立良好典範**。你是孩子的模範。例如，若是你告訴孩子堅定的態度並無助於解決衝突或問題，那麼你自己就不要那麼嚴格。

◆**訂定規矩，但不要訂的太多**。在訂定規矩之前，請先問問你自己：有這個必要嗎？這個規矩能保護孩子的健康與安全嗎？是否能保障其他人的權利與財產？規矩太多了會很難執行，或是無法執行。

◆**制定家規時，盡可能讓孩子參與**。如果孩子無法參與制定規矩的過程，可能會不願意遵守此約定。我就曾看過孩子在覺得自己參與了手機、電玩遊戲和電腦的使用時數限制過程後，配合執行的意願高得令人驚喜。

◆**幫助孩子了解規定，及違反時會有什麼後果**。如果你與你七歲的孩子都同意他不該一個人在街上閒晃，當他違反這個規定時，就要對接受處罰有心理準備。

◆**若有必要，請在私下處罰**。在別人面前處罰孩子會讓他覺得很丟臉，而且會讓他產生不必要的憤怒，傷害他的自尊與自負。

◆**告訴你的孩子，你有多愛他們**。當孩子不乖時，讓他知道你不喜歡他的行為，而不是不喜歡他這個人！

◆**強調孩子的正面行為與選擇**。如之前所提及，寇迪把他和絲卡列在網路上的關係，和父母開誠布公。當雙親對他在時間管理上的掙扎有所疑慮的同時，也對他能提起勇氣，告訴他們他在女性關係上感受到的困惑與失落感，加以讚美。所以，當後來寇迪和絲卡列的網路關係以失敗作結時，他的孤單感並不強，因為他和父母的關係更親密、也更坦誠了。這再一次展現了，不再絕望的管教方法是如何以教導與支持的方式讓孩子從錯誤中學習，而不是施以嚴厲的處罰，製造出對抗與激烈的事件。我希望截至目前為止，你覺得自己學到的不再絕望方法還不賴。接下來我想讓你更清楚地了解，哪些是不再絕望的管教方法。

不再絕望的管教方法，在教養中並非單獨存在

我很喜歡電影「小子難纏」（The Karate Kid）裡的一幕。戲裡的主角丹尼爾搬到加州，卻被一群青少年空手道惡霸騷擾及毆打。他跑到他家公寓去找一位日本傳統的維護

者三宅先生，並向他學空手道。就像好萊塢電影流行的那一套演法，丹尼爾在這段過程中學到許多關於生命的課程。直到現在，我都還很愛這場戲……。在丹尼爾為三宅先生的車子打蠟、磨光車底板、以及替他家圍牆上油漆幾個星期後，他感到非常沮喪。他覺得老師在占他便宜，而沒有教他空手道。當丹尼爾表達自己的憤怒後，空手道老師又把他帶到後院，要他開始動手把車子擦亮，給圍牆漆上油漆，並把車底板磨光。然後三宅先生在他身上連打了好幾拳，哇，這些動作可都是非常高段的空手道招式呢！丹尼爾這才驚訝地了解到，他這一路從大師的另類教學中，已經學到了不少空手道。

我的意思是什麼？我的意思是從閱讀本書開始，你就已經跟我學到了該如何管教孩子的方法了。在這部經典電影最新翻拍的版本中，故事的背景和「壞小子」都改變了，但是傳遞的中心思想「學習時，多多練習、保持耐心」還是不變的。正如我常說的，管教就是教導。請你務必記住，教導有一大部分是不斷開放地學習。現在讓我們看看截至目前為止，你學到了那些重要課題：

◆你已經學到該如何更了解孩子。

◆你已經學到咆哮無助於幫助孩子減少偏差行為。

◆你已經學到如何透過冷靜、堅定、非掌控的態度，來避免權力鬥爭。

◆你已經學到如何透過非常有力的方法，來讚美、鼓勵及獎勵孩子的正面行為。

這些對於你管教偏差的孩子，以及增強你們的親子關係，都是非常大的突破。你是在教孩子一種全新的相處模式。你正在形塑一種如何讓自己更有效控制情緒的模式。只要你利用前幾天提供的策略愈多，孩子的偏差行為就會愈少。而且更棒的是，現在你已經在使用不再絕望方法了，而且事實上這幾天以來，你一直都在使用這個方法。

管教不是為了證明你掌控情勢

我相信你已非常明白，我十分強調不掌控偏差孩子的重要性。許多父母可說是「紀律愛好者」，他們非常樂於及沉溺在權力之中。許多父母都會很起勁地跟我說，他們是如何透過鐵的紀律，讓孩子更知道自己該怎麼做。可是通常當這類父母的孩子行為出問題時，他們都會非常驚訝，而且會開始變得謙虛起來。

幾年前，在我孩子參加的一次大型運動會上，有位叫艾麗絲的媽媽向朋友吹噓說，她從來都不用聽自己孩子說「廢話」。她說她小孩「非常了解」她什麼時候心情不好，所以不會跟她埋怨一大堆。遺憾的是，幾個月後艾麗絲打電話給我，而且在電話裡哭得很傷心。她說她十四歲的大女兒決定搬去跟爸爸住，因為她覺得艾麗絲「處罰得太重」，她想聽聽我的建議。艾麗絲向我承認，她對女兒是太嚴厲了點，用她自己的話說，她是個「教養權威狂」。我建議艾麗絲和女兒去找諮商專家好改善母女關係。結果她們的關係真的大為改善。不說別的，儘管如此，艾麗絲改變了自己的管教態度，再也不以自己那種專橫、控制的管教方式而沾沾自喜了。

艾麗絲的教養方式，一般我們認為是種威權式的教養類型。她會對孩子的不當行為施以嚴厲的責罰，但卻不擅於跟孩子溝通，也不夠了解孩子。艾麗絲的大女兒，就跟大多數威權式父母的孩子一樣，覺得自己缺乏親密、溫暖的親子關係。我在第四天曾提過，你愈是想控制偏差的孩子，他就會愈想反過來控制你。身為父母，有時我們會本能地產生想控制孩子的念頭。可是當你滿腦子都是控制時，孩子會不認為你是個有同理心、可以幫他解決問題的人。

「管教」跟「處罰」是兩回事

許多父母會來找我，是為了想找到如何管教偏差孩子的更好方法。當這些父母一坐下來並開始講話時，通常都混淆了處罰與管教的意思。處罰在本質上是種苛刻的懲罰，而且會破壞了親子之間的良好關係與信任感。如果你是那種慣於處罰孩子的父母，那麼你可能會認為處罰是讓孩子為自己的錯誤「付出代價」。不過，現在你已經了解孩子的問題行為是來於自不成熟的情緒及處理能力上的限制，所以讓孩子為自己的行為與錯誤「付出代價」，並不真的那麼公平。記住，孩子並非自己願意成為一個情緒不成熟及沒有彈性的人。我發現慣於處罰孩子的父母常喜歡無理的小題大作。試想以下的狀況：

◆「我罰她兩星期不准出門，因為我已經受不了她老是那麼粗魯了！」

◆「我告訴過他，這次家庭旅行他不能跟我們一起去，因為我無法接受他對這個家庭所造成的傷害。」

◆「他從來都不聽我的話，所以我只好把他所有的東西都拿走，可是沒想到卻產生了反效果，因為他為了這件事簡直都快抓狂了。」

◆「如果你不吃完你的晚餐的話，就一個月不准去表哥家玩！」

◆「夠了！你竟然沒經過我的同意就開車。從現在開始你一年都不准開車！」

當父母用過度嚴厲的方式處罰偏差孩子時，可能會製造出更大的麻煩。如果他們堅持用這種威脅的話，實在是反應過度了。行為偏差的孩子已為自己混亂的情緒、家庭的緊張關係、失去的友誼、時間與歡樂付出極大的代價。雖說父母常覺得被這些孩子所傷害，不過我的任務就是要協助父母從不同角度來看待管教的意義，並在心態上摒除處罰的念頭。父母必須了解孩子是哪裡出了問題，而不是一心想著該如何控制他。

處罰孩子三個星期不准出去玩，是否能讓你了解她如此情緒化的真正原因？禁止孩子參加家庭旅行，真的能解決根本的問題嗎？在你很沮喪時把孩子的東西通通拿走，可能會一時覺得還不錯，可是等他氣得抓狂之後，你又該怎麼辦呢？

有關體罰，還有些要特別注意的事項

我十二歲時有個朋友叫做艾倫，他不是那種反應很快的人，甚至還有點笨手笨腳的。他也是現在我們常看到的那種很容易過度亢奮的人。有一天我經過他家時，看到他把一個豆袋椅（bean bag）往妹妹身上丟。不幸的是艾倫沒有丟準，竟然把玻璃窗給打破了。艾倫的媽媽對著他尖叫，還說等他繼父回家以後一定會好好「修理他」。當艾倫聽到媽媽說到繼父時，我看到他全身嚇得發抖。艾倫的繼父柏特是個塊頭很大、不是那種會用溫暖與細膩教養方式的粗人。

當柏特回家後，我記得他問是誰打破窗戶，艾倫勇敢地看著繼父，說是自己打破的。柏特厲聲要艾倫上樓，並把他「把皮帶準備好」。接下來的三個小時，柏特忙著處理他的生意，而艾倫跟我則一起坐在客廳裡等著他被處罰。柏特覺得如果晚一點處罰，孩子才會當成一回事。這就好像艾倫跟他繼父的角色互換似的，什麼事情都沒發生——直到柏特回過頭來找他，對他說：「走」，然後強行把艾倫拉到樓上他的房間。一分鐘以後，艾倫的慘叫聲傳遍整個房子，我還記得自己在房間裡，身心都嚇得發抖。

許多研究均顯示，身體上的處罰，包括打人、賞耳光，及辱罵，都是無效的處罰。特別是對行為偏差的孩子而言，體罰只會造成更大的災難。體罰看起來好像短期就能見效，但就長期而言所造成的傷害會比幫助要大。孩子會在被打耳光之前做你要他做的事，可是沒有人在場打他耳光時，他還是會為所欲為，因為他不知道適當與不當行為有何差別。體罰會羞辱孩子，讓孩子感到沮喪，而且會讓他覺得自己很糟糕。

體罰孩子無異是在告訴他暴力是被允許的行為，而且體罰除了會傷害孩子的自尊，甚至是在鼓勵他採取肢體暴力的行為。若是過去你曾打過孩子，也不要感到太沮喪。我們都會犯錯。羅夫是我從幼稚園就認識的好友，他時常提醒我說，完美的人只有墓園裡才找得到。換句話說，沒有一個活著的人是完美的。我強烈地建議你，現在就停止體罰。你可以用我計畫中的各種策略，包括我今天與你分享的方法來取代體罰。

不要過度寬容孩子

如果父母的管教態度太軟弱，將無法應付偏差孩子的問題行為，還會失去孩子的信賴與尊重。過度寬容的父母沒什麼規矩，而且沒有一致的管教標準。我所見過的過度寬容的父母，與既掌控又威權的父母一樣多。如果你是屬於寬容型的父母，這表示你沒有善用必要的規矩與堅持，而且即使你訂定了規矩，也無法徹底執行。寬容型的父母對孩子是有責任的。寬容型的父母常說：

◆「等他累了就會上床睡覺。」（卻忽略已晚上十一點，而孩子明早還要上學）

◆「如果孩子想吃冰淇淋當早餐，我也無所謂。」

◆「她對我沒禮貌也沒關係，因為我知道這個階段的孩子就是這樣。」

◆「我幹麼當那個提醒他，要他別玩電玩遊戲的人？他就得嘗嘗在學校被當的滋味，然後自己悟出這個道理。」

由於寬容型父母的孩子慣於想做什麼就做什麼，所以在與人相處方面有很大的問題。他們被寵壞了，而且沒錯，行為還相當偏差！如果你選擇的是這種放任的教養方式，現在也不必太懊惱。你之所以會變成寬容型的父母，可能有幾個原因。也許是因為你自己的父母很嚴格，很權威，所以你決定自己不想管那麼多。或者你之所以會選擇如此溫和的方式，是因為你覺得壓力很大，沒有力氣去制定規矩並執行。有藥物或酒精成癮問題的父母，可能會在管教上多所妥協，同時也無法制定前後一致的罰則。

若你過度寬容對待孩子並出了差錯，請你努力了解自己是如何、及在哪方面太過寬容，同時承諾自己一定得改正過來。或許你並不喜歡衝突，或成為偏差孩子的感情俘虜，只因為你害怕處理更多戲劇化且混亂的場面。如果是這樣的話，那麼請你繼續使用我所說的冷靜、堅定、非掌控的態度與孩子溝通。即使孩子一開始的反應可能很負面，但還是請你冷靜、坦誠地與他談一談。同時也請鼓勵孩子用同樣的方式跟你說話，並且告訴他說，如果他願意跟你一起學習使用冷靜、堅定、非掌控的態度，那麼你會對他更另眼相看，而他也能得到更多的特權。

記住，要讓這種教養方式穩固下來沒那麼容易，可能需要花點時間。但無論如何，如果你可以不再過度寬容孩子的行為，或是把頭埋在沙子裡假裝看不見，孩子的偏差行為將會逐漸減少，而且就長程來看也會更尊重你。

第6天的總結

今天你學到關於有效管教方式的力量。不再絕望的管教方法能讓你保持冷靜，讓孩子從錯誤中學習，以及在未來做出更好的選擇。在你繼續往前邁進之前，請記住以下幾個有關不再絕望的的關鍵：

- 不要把管教跟過度情緒化的折磨給弄混了。
- 不咆哮，冷靜、堅定、非掌控的態度，是不再絕望管教方法的基本要件。與孩子建立良好的關係，則是幫他做出正面改變的最好方法。
- 慎重思考是否該處罰並且盡可能不要處罰，這對行為偏差的孩子來說很重要。
- 不再絕望的管教方法包括了愛與關懷。

為第7天做好準備，並完成以下事情

- 父母自我約束、管理好情緒，是幫助孩子管理情感的關鍵。
- 別忘記，孩子挑戰的行為往往反應他內心正在經歷的衝突與掙扎。
- 處罰孩子時，不要大吼大叫。要用冷靜、支持、合作的方式和他討論問題所在。把成功的處罰記錄下來，以追蹤效果。
- 對孩子所下的好決定，要多加強調。用「我注意到了」來引導孩子，讓他做出較好的決定，這樣一來，當你要他做到你想要的結果時，他聽從的意願比較高。
- 不要太過寬容。但也別忘記物極必反，當你反應太過時，結果通常不會太好，只會完全沒有回應。

匯集家人的支持，你將更有力量

——穩固的家庭關係，有助於孩子的進步

我希望你的孩子正朝向正確的方向繼續進步，顯然你也希望如此。因此，今天你會學習到家人的支持在促進、維持行為偏差孩子的正面改變這方面，扮演了多麼重要的角色。而你在本書中一直學習，並運用在整套計畫中的冷靜、堅定、非掌控方式，以及情緒教練技巧，都會在今天介紹的策略中被再度使用。你將發現兄弟姐妹巨大的影響力，而善用這份力量將可以更進一步減少孩子的偏差行為。同時我也要告訴你，能與另一半共同支持偏差孩子的進步有多麼美好。如果你是單親父母的話，你得學會如何為孩子匯集家人的支持。同時你也會了解到該如何得到其他家庭成員的支持。我將透過各種可能的角度，提供你許多訣竅與策略，幫助你讓家人參與、及支持偏差孩子的進步過程。

兄弟姐妹（手足）的力量

在家庭系統理論這個心理學派，家庭成員對每個人深刻的影響——不論是好的影響，還是壞的影響。家庭基本上是由父母及不同個性的孩子所組合的關係，而且全家人

匯集家人的支持，你將更有力量

——穩固的家庭關係，有助於孩子的進步

像是共同在跳一支舞。正如你所熟知的，在這首家庭舞曲中，每個成員都有自己的舞步，而且也希望其他人的舞步跟自己一樣。如果其中一位成員在這個過程改變了舞步，其他人的舞步也會隨之改變。換句話說，每當孩子表現出偏差行為時，就會擾亂了整支舞及其他人對這支舞的感受。在你開始進行這個計畫之前，偏差孩子的情緒及反應幾乎左右了整個家庭的氣氛，而且其他孩子總是將偏差孩子的要求及操縱手段看在眼裡。

如果家中每個人都已習慣了其他人的舞步，那麼若是其中有任何變化，讓家人感到差異或是不便，是很自然的事。畢竟大部分人都會習慣成自然。當偏差孩子的表現有所改進時，你可能會發現他的兄弟姐妹反而會感到焦慮或是抗拒。通常兄弟姐妹無法支持他正面改變的原因，是因為他們已經習慣那個孩子原來的樣子，即使那樣並不好。

那麼現在該怎麼辦呢？**你最大的挑戰，就是要讓其他兄弟姐妹支持偏差孩子的進步，因為他們對減少偏差行為的舞步感到陌生，而且也不喜歡**。其他孩子不只已習慣了偏差孩子的問題，而且當他任性胡鬧時，正是顯示出其他孩子更優秀的機會。其他孩子可能會害怕，如果偏差孩子有進步的話，他們就不再顯得那麼突出了。這聽起來好像很瘋狂，對不對？可是其他孩子一直飽受偏差孩子的嘲笑與毆打之苦，而他卻可以得到父母極為高度的關注，難怪其他孩子會視他的進步為一種威脅了。這是你必須設法解決的一個巨大障礙。首先，你必須對其他孩子對偏差孩子進步的反應抱持同理心。在我第一本著作《為什麼你不懂我的心》曾提到，**同理心是連結彼此最好的情感黏著劑**。**你愈是了解其他孩子的感受，就愈能讓他們支持偏差孩子的正面改變**。請你花幾分鐘回答下面問題，如此你會更了解偏差孩子過去的行為如何影響了其他兄弟姐妹。

閱讀下列一連串的問題，能讓你更了解偏差孩子的行為如何影響了其他孩子。

- 當偏差孩子不乖時，其他幾個孩子會怎麼辦？
- 當其他孩子看到手足表現出偏差行為時，他們會怎樣表達自己的感受？
- 其他孩子用什麼方式與偏差的兄弟姐妹相處？是用什麼方法來保護自己？
- 在所有孩子中，哪個孩子受到偏差孩子的負面影響最深（如何影響）？
- 思考這幾個問題，並記住偏差孩子對其他手足所造成的影響。

①不要在孩子之間做比較

行為偏差的孩子在家裡總是一再扮演同樣的角色，也就是「問題兒童」。但很重要的是，你不該在孩子之間做不當的比較。我輔導過許多大人，過去他們被家人認定是「問題兒童」，而且還不斷拿他與其他兄弟姐妹比較；即使他們長大了之後，這點仍帶給他們不少情感上的創傷。為了讓其他手足能面對、支持偏差孩子的改變持續進行，他們必須了解自己在父母心目中與偏差的孩子同等重要。他們必須看到、並深信自己在家裡的地位仍舊「不錯」，即使偏差手足的問題行為已有所改善。許多父母都沒注意到自己喜歡比較孩子的做法，會讓其他孩子視偏差孩子為家裡的代罪羔羊。許多父母在面臨挑戰與感受挫折的過程中，常不自覺且愚蠢地用言語或非言語方式來比較自己的孩子。

言語上的例子	非言語上的例子
☒「她要求太多了。」	☒轉動眼珠子
☒「我們得把她送走。」	☒發出哼的聲音
☒「她把全家人的精力都耗盡了。」	☒聳肩
☒「其他小孩都沒像你這麼難搞。」	☒歎氣
☒「我真看不出她有什麼未來可言。」	☒倒抽一口氣
☒「她根本就不在意別人怎麼看她。」	☒兩手往空中一攤

如果你曾經做過、或是不斷傳遞出這類訊息的話，可能會造成家裡其他孩子對偏差孩子有下列的看法：

- 比較不被疼愛
- 比較無趣
- 比較不值得被獎勵
- 比較讓人心煩
- 在許多方面需要更加油
- 比家裡其他成員不重要

請你注意，千萬別在偏差孩子與其他孩子之間做不當或負面的比較。如果家裡其他孩子注意到你的這種態度，你恐怕得花很多的力氣，才能修正他們這種看法。

我曾輔導一個家庭，發現他們七歲大的偏差女兒娜坦莉認為，她的父母十分不恰當地比較了她與十歲的姐姐菲麗絲。有一天，娜坦莉的媽媽葛西在娜坦莉去夏令營時整理她的房間，卻很驚訝地發現了一張圖畫，畫中娜坦莉把自己畫得比菲麗絲小很多。娜坦莉還在畫中的自己旁邊寫上「失敗者」幾個字。葛西很快便意識到，娜坦莉把父母將她與菲麗絲做了不當比較、並視她為「失敗者」的結果，內化為自己對自我的觀點了。

娜坦莉與我一起進行了幾次輔導課程，你在隨後將會看到，她在自己表現出一些正面行為之後，對自己的感覺好多了。我鼓勵葛西跟菲麗絲談談，並爭取她的支持。她向菲麗絲解釋說，為了讓娜坦莉能繼續改進她的行為，若是她能與我討論一下娜坦莉的正面改變是很重要的。一次在與葛西和菲麗絲的諮詢過程中，葛西與我讓菲麗絲了解到，她這個「超酷」的姐姐應該支持妹妹的改變。然後，菲麗絲走出辦公室到等候室時，我向葛西示範了如何使用同理心來讓菲麗絲知道，媽媽非常了解要讓菲麗絲幫娜坦莉有多困難。有一次菲麗絲加入我們的輔導，覺得要她接受娜坦莉必須得到媽媽那麼多注意力真的很痛苦——即使娜坦莉得到的都是負面的注意力。

葛西向菲麗絲保證說，娜坦莉的正面改變，能幫她覺得自己比較好，而且葛西也會不斷給菲麗絲更多的時間與注意力。爾後的一次輔導中，葛西與菲麗絲坐在娜坦莉旁邊，一起討論清單上娜坦莉所表現的七個正面行為，包括了：

❶當菲麗絲或葛正在講電話時，不再把話筒拿起來偷聽了。

❷準時上學。

❸不再那麼頻繁地要求新的洋娃娃或玩具。

❹比以前更常說「請」與「謝謝你」。

❺讓菲麗絲跟她一起玩。

❻當菲麗絲喊停時，就不再繼續嘲笑她。

❼對晚餐想吃什麼不再那麼模擬兩可，也不再那麼挑剔。

葛西與菲麗絲這麼肯定娜坦莉，葛西說「娜坦莉滿臉都是笑意」。菲麗絲能親眼見到她對妹妹的支持，對娜坦莉來說有非常重大的意義。菲麗絲在支持妹妹的過程中所扮演的角色，讓她對娜坦莉的改變不再感到威脅，而是感到很有成就感。

②利用手足力量，幫助行為偏差的孩子

請你花幾分鐘的時間，跟其他孩子腦力激盪一下，想想你們能做些什麼來支持行為偏差的孩子，讓他們了解到如果能與偏差手足共創並分享美好時光，會覺得自己對這個家更有參與感，不會被排拒在外，也比較不會想用不當行為來得到父母的注意力。你可以從我這份清單中挑選幾個項目，或利用空白的部分自行增加一些項目。

散步	烘焙或作菜	一起畫圖或設計
玩電動玩具	讚美他正面的改變	溜狗
看電視	玩牌	投籃
來回踢足球	玩滑板	下棋
一起研究電玩遊戲怎麼玩	化妝	

③愉悅地進行合作行動

偏差的孩子常因行為不被家人所接受，而將自己隔絕於其他兄弟姐妹之外。結果會造成手足之間產生競爭，而且其他孩子會讓偏差孩子的情況繼續惡化。手足之間的競爭完全無助於行為偏差的孩子，特別是當他正努力求進步的時候。他愈是感到其他孩子與自己競爭，就會愈逼著他用偏差的行為來重建自己壞名聲，以獲取你對他的注意。

如果孩子之間的競爭已強烈到支配了全家的氣氛，那麼你必須再次對他們曉以大義，說明兄弟姐妹之於他們的意義，並灌輸他們合作的觀念。你愈是鼓勵他們彼此合作無間，他們就會共同生活並成長得更好。我曾教許多父母在家裡實行一項名為「合作行動」的任務。父母要盡可能設計出一些很困難的工作，教孩子們了解到彼此合作勝過競爭的意義。你是否能以輕鬆愉快、自然而然的態度展開合作行動，對於這個行動的結果具有絕對性的影響。想要讓合作活動能夠達到效果，你可以跟孩子一起：

- 讓他們比賽一起盡快把玩具收拾好，而不是讓他們彼此競爭。
- 讓他們一起玩拼圖。
- 一起在花園裡挖土種花。
- 一起參考新食譜來做菜。
- 共同寫一齣童話劇，並同臺演出。
- 合力完成一幅圖畫或是設計。
- 探索安全又有趣的嗜好網站，主題必須是彼此都有興趣的。
- 沒有爭吵地一起吃頓飯。

和孩子強調：公平未必就是平等

你的孩子必須了解，你會竭盡所能滿足他們每個人獨特的需要，但這並不表示他們每個人得到的都會一樣。即使你已經很平等地對待他們了——雖然這是絕對不可能的，但其他孩子仍會覺得沒得到你同等的注意力、同樣的處罰、或是相同熱烈的反應。「不公平」是所有孩子的共同心聲，不只是偏差孩子的專利。

有一點很重要的是，兄弟姐妹必須了解偏差孩子在情緒上有很大問題，而你正在幫他解決這個困境。如果其他孩子無法理解這點，因而指控你不公平或不平等的話，你可能會因自己對偏差孩子的保護心態及移情作用，反而擴大了孩子之間的緊張關係。

以下是貝西、艾琳與羅倫的媽媽美心在處理「不公平」問題時的例子。羅倫是個行為偏差的孩子，她要遵守的規矩勢必與貝西與艾琳不同，這點讓貝西與艾琳感到很生氣，因為她們覺得這樣很不公平。美心了解貝西與艾琳的感受，並敞開心胸聆聽她們認為該怎麼做才比較公平。例如貝西與艾琳對羅倫每天早上可以比她們晚十五分鐘起床感到很不開心。這個特別為羅倫量身打造的規矩，是因為她正在服用注意力不足過動症（ADHD）的藥物，而這個藥物會讓她早上感到特別疲倦。貝西與艾琳問媽媽說，她們可不可以在下午有多點時間講電話，好抵銷羅倫早上可以睡得比較晚的特權。美心在以不影響孩子做完功課的前提下，答應了她們的要求。

美心向我解釋，為什麼這對她來說是一次成功的妥協。「以前只要那兩個女孩抱怨我不了解她們，我就會很生氣。這次我試著更敏感地理解她們的感受，結果真的成功了。從此她們不曾抱怨為什麼羅倫可以睡得比較晚了。」美心訝異發現，當她不再用防衛的態度處理女兒們的抱怨時，兩個女兒就不再那麼在意公不公平的問題了。

我發現當其他孩子覺得自己的意見被傾聽與接納，而且可能的話，允許他們做些其他的事，過一陣子他們就不會再那麼生氣了。最重要的是，當你想找出是什麼事情不公平時，你要保持冷靜、堅定、非掌控的態度。

記住時間的重要性

請你留意孩子們發生衝突的時間與模式。也許只是日常生活中的小改變，像提早吃飯或吃點心，或當孩子無所事事時，為他們精心安排一個活動，都可以避免一些衝突。席拉是三個孩子的媽媽，她決定在晚餐前可以有彈性地給孩子吃點點心。因為她注意到孩子們在肚子餓，以及「餓到生氣」時（如同我在第一天中所提，也就是肚子空空讓你發脾氣，感到挫敗，又或是混合兩種情緒），彼此之間的緊張關係會明顯升高。透過自由地讓孩子吃點心，孩子之間的衝突減少了，而偏差孩子也不再那麼容易被觸怒了。

製造新的慣例

即使孩子們不願意承認，但是通常他們很喜歡家庭慣例。慣例可以提供安全感，而且會讓一切進行得很順利。家庭慣例是指任何一件全家人會共同慎重進行的事。不論這件事是什麼，重要的是你們全家人在做這件事時會全神貫注。不論你們做的是什麼事都算數，像是在星期天早上吃貝果，或每個星期天晚上玩射飛標（如果你擔心安全問題的

匯集家人的支持，你將更有力量
──穩固的家庭關係，有助於孩子的進步

話，請你改用塑膠飛標）。請你繼續這麼做。

慣例可以在心靈及情感上豐富我們的生活。聖恩是個單親爸爸，他發現他三個孩子在每星期天都十分熱中於一起做紅蕃椒調味醬。每個孩子都會從調味架上拿下自己喜歡的調味料加進去。露西開始展開一個慣例，就是每個孩子都要在晚餐時從笑話書裡讀一則笑話。所有的孩子都笑得樂不可支，而且彼此對對方也有了新的認識。某些行為偏差的孩子可能會抗拒參加這類活動。如果你不要用掌控的態度來進行這個慣例，而且別抱太大期望，偏差孩子可能會比你想像中還要樂意參與其中。

慣例對所有孩子均有益處，而不只是偏差的孩子而已。因為它能夠：

- ◆製造支持與情感治療的氣氛
- ◆提供舒服與安全的感受
- ◆讓全家人產生向心力
- ◆創造出分享時光的老規矩
- ◆傳遞族群或宗教傳統
- ◆增進分享歡樂、回憶過去等經驗的愉悅感

細數孩子過去的點點滴滴

大部分的小孩都很喜歡回憶過去的快樂時光。跟他們談談過去兄弟姐妹在一起時發生的趣事，是讓他們回復到以前關係的絕佳方式。這個方法對法蘭辛來說很有效。她是十五歲的羅比及十六歲的賽斯的媽媽。賽斯在家裡和在學校都有很大的問題已有很多年，而羅比覺得自己「被騙」，因為賽斯羅比占據了爸媽大部分的時間與注意力。有天晚上法蘭辛跟兩個兒子回憶說，有一次她帶兩兄弟去露營時，賽斯的頭髮竟然被帳篷的

拉鍊給卡住了。想起當時他們為了幫賽斯把頭髮從拉鍊裡拔出來，只好把整個帳篷上下搖來搖去時，大家都大笑了起來。回想當時的那一幕真的很有意思，而且也讓兩個男孩平靜了下來。像這樣美好的回憶能修補不愉快的記憶。

找出家庭的舊照片及影片，讓全家人共同欣賞。找出你家的電子照片檔，一起看照片，製作一片很棒的影片或是幻燈片秀。一旦你這麼做了，你會很驚訝地發現原來全家人曾有過這麼有趣的回憶。而且當你與孩子一起看著這些這照片與影片時，對你們來說都是一次很愉快的經驗，也能讓你分享自己對這些快樂回憶的想法。

讓孩子能沉浸在屬於自己的時間與空間

請你確定孩子有屬於自己足夠的時間與空間。孩子需要機會在沒有兄弟姐妹的情形下做自己想做的事、或是與自己的朋友計畫點什麼事，而且他的空間與自己的東西理應得到保護。當十二歲的潔西卡的爸媽讓她有自己的私人時間跟朋友在一起時，她覺得自己得到十歲的弟弟克里斯多夫多的支持。她的父母以冷靜、堅定、非掌控的態度告訴克里斯多夫，引導他接受潔西卡需要更多的隱私。克里斯多夫聽從了父母的意思，維護了潔西卡的私人空間，而且得到爸媽很大的讚美。這表示克里斯多夫現在進潔西卡房前會先敲門，而潔西卡有權利不讓他進去。我教潔西卡告訴克里斯多夫說，如果他願意尊重她的界線及個人空間，這對她來說有很大的意義。後來潔西卡很高興地跟我說：「現在克里斯多夫對我更尊重了，這讓我想更理解他，對他更好。我真的很高興爸媽了解我現在需要更多隱私，而且他們也讓克里斯多夫知道，我不是故意要對他那麼沒禮貌。」

盡你所能安排與孩子的一對一相處時間

你要確定與每個孩子都有單獨相處的時間。要孩子列一張清單，寫出他們想跟你一起做的事情是什麼，然後記下你要參與多少活動，以及每個活動得花多少時間。根據這些活動你所能負擔的程度、興趣、及可行性分出等級，然後選擇某些事情列入你的行程表，跟孩子一起做。這麼做會讓你與孩子覺得所有的努力都是值得的。十五歲的布特妮覺得因為她九歲的弟弟尤金讓她被忽視了，因為尤金過去幾年正經歷著行為偏差期。布特妮告訴我，她希望爸媽對她多一點注意力，跟爸媽送她衣服或其他禮物的程度是一樣的。「爸媽給了我所有我想要的東西，可是我最想要的是他們能跟我在一起。」

所有的孩子都需要擁有與父母一對一的相處時間。他們需要正面的肯定、情感的支持、父母的培養，以及最重要的、父母的時間。這意謂著你必須給孩子全部的注意力——無論你正在跟其他孩子說話、玩遊戲、或一起計畫些什麼。孩子們跟大人一樣，對他們來說，沒有什麼比得到愛與注意力更重要的事了。

請你看看這個有關哈利、這個三個小孩的父親，他情感得到滿足的故事。有一天哈利正在講手機時，他十二歲的兒子泰勒就站在旁邊等他。泰勒並沒有打擾他，只是站得離他非常近，讓他無法忽視泰勒的存在。於是哈利轉過身來問泰勒想要什麼。泰勒問他是否願意跟他到外面踢足球。哈利的第一個反應是想說自己很忙，因為他有些工作得處理。後來哈利在輔導時含著眼淚告訴我：「後來我突然領悟到，幾年之後泰勒恐怕每天都會忙著跟朋友到處去玩，我了解如果現在不陪他，就永遠來不及了。於是我掛上電話，我們痛快地踢了一場球，在球場上盡情奔馳。」

當孩子「控制住脾氣」時，請給予獎勵

提醒你其他的孩子，行為偏差的孩子需要他們持續的支持，才能夠控制自己的脾氣。鼓勵他們使用健康的控制脾氣的技巧，以樹立「正確做事」的典範。用你自己控制脾氣的方法，告訴他們也可以透過這個方法來對付自己憤怒的情緒。孩子看到你是如何成功處理了自己的憤怒是很重要的。家庭精神的核心——「生命共同體」提醒了你的孩子，就算是你也必須對付自己憤怒的感受。泰瑪拉是我的一位客戶，她要其他的孩子在她生氣時，就開始從一數到十。她說：「現在，我發現哥哥姐姐做什麼，柏特（偏差的孩子）也會做什麼。以前只要有人生氣時，每個人都會任意亂發脾氣。現在我們每個人都懂得使用『準備、對準目標、再發脾氣』的三個步驟了。我稱讚全部孩子懂得在做任何反應前先想一想，而他們也不再像以前那麼容易發脾氣了。」如果你能教其他孩子愈多控制脾氣的技巧，他們就會愈不容易激怒偏差的孩子。

家庭成員都要學會情緒管理

如果家中任何成員能控制住自己的憤怒，每個人——不只是偏差的孩子——都會受益。當你們開始覺得快要生氣時，提供你、你的配偶及你所有的孩子一些建議：

- 深呼吸三次。
- 承認自己的憤怒，好讓它化解。
- 跟自己的父母談談。
- 彈奏或播放一首歌，並跟著唱。
- 去散散步。
- 做做喜歡的嗜好，或是玩最喜歡的玩具。

- 畫一張有關生氣的圖。
- 提醒你自己，衝突與問題不會永遠存在。
- 從一數到十。
- 看一個有趣的影片畫面，或一整部影片。
- 抱抱你的寵物。
- 畫一張自己生氣的圖。
- 打枕頭。
- 跟信任的朋友談談。
- 玩電動玩具。
- 騎腳踏車或溜直排輪。
- 運動。
- 避免有毒的思想與言語。
- 捫心自問為什麼憤怒，如此你才能了解自己憤怒的原因。
- 冷靜下來，想像自己在雪中打滾的樣子（這時狗狗也能是你情緒教練）。
- 寫一封關於自己為何生氣的信或電子郵件，但不要寄出去。
- 想想自己一些美好的回憶（或許是一次有趣的旅行，或你最喜歡的運動）。

以上都是針對其他孩子以及你與另一半的建議，好讓你們能支持偏差孩子的成長。現在我們來看看你的婚姻在支持偏差孩子的過程中，能夠扮演什麼樣的角色。

婚姻關係愈穩固，孩子就會愈守規矩

可能有人告訴過你，千萬別讓另一半看到小孩。可是讓我們面對這個事實吧，這根本就是說比做還容易。遺憾的是，我見過許多瀕臨離婚的夫妻來我這裡諮詢，因為當他們急著滿足孩子們的需要時，卻忽略了自己的婚姻狀況。若是你有個行為偏差的孩子，你們的婚姻關係將更充滿挑戰性，因為這會製造出一些感情上的需求。

你協助偏差的孩子的任務，可能會讓你無法適切地關心自己的婚姻。在絕大多數的例子中，行為偏差的孩子喜歡在媽媽面前胡鬧，而不是爸爸。不論為了孩子而油盡燈枯的那個人是爸爸還是媽媽，這都有損於你們的婚姻關係。偏差的孩子總是不斷地要求，而為了滿足這些繁重的要求，會讓你們的婚姻像是以孩子為中心在打轉。以下的練習能幫助你評估偏差孩子對婚姻造成多大影響。

①有關婚姻的幾個問題

以下幾個問題，能幫你了解孩子的偏差行為，對你的婚姻造成什麼樣的影響：

- ◆當孩子不乖時，你會對另一半做出什麼反應？
- ◆當孩子不乖時，另一半會對你做出什麼反應？
- ◆當你與另一半一起管教偏差孩子時，什麼方法最有效？
- ◆反之，什麼方法最沒有效果？
- ◆為了孩子不乖的問題，你與另一半會互相指責到什麼程度？
- ◆你們夫妻會做些什麼來互相安慰，並處理面對孩子問題時的壓力？

②別讓行為偏差的孩子成為代罪羔羊

在某些例子中，如果夫妻婚姻關係一開始就出問題的話，行為偏差的孩子可能會成為「代罪羔羊」。我曾輔導過一對叫雷諾與伊凡的夫妻，他們的婚姻已是搖搖欲墜。他們最大的問題是蕾諾在前段婚姻中所生下的那個十五歲、超級叛逆的青少年兒子雷恩。

雷恩用盡各種方式來測試蕾諾與伊凡，包括把家裡弄得一團亂、毀壞家具、晚上從家裡偷溜出去。蕾諾與伊凡用盡各種方法來對付雷恩，甚至是處罰他，威脅他，但如此只是讓事情變得更難以收拾。

在我開始輔導雷恩，並指導他們使用本書策略後，雷恩的態度及行為均有所改善。雖說雷恩已不再是個問題，蕾諾與伊凡卻發現他們似乎已沒什麼共同點。我經常看到像蕾諾與伊凡這類夫妻，他們為了自己偏差的孩子耗盡心力，卻忘了照顧婚姻。所幸我讓蕾諾與伊凡發現，他們仍是一對夫妻，而這點可以更進一步支持雷恩的進步。雷恩私下對我承認：「我有時候真的很壞，因為我覺得我媽跟伊凡幾乎不再跟對方說話了。」

③培養與孩子無關的共同興趣

有個方法對增進夫妻感情很有益處，那就是共同發展新的興趣。一起做點新鮮事可為你們的關係注入刺激的因素，讓你與另一半有很棒的話題可以共同討論，而不是老談些跟偏差孩子有關的事。這裡有些我提供給輔導過夫妻的建議：

- ◆一起上教堂。
- ◆一起煮一頓晚餐。
- ◆一起做按摩。
- ◆離家到外面度周末。
- ◆玩牌或打保齡球。
- ◆一起上課（進修）。
- ◆進行家庭計畫。
- ◆參加品酒俱樂部。
- ◆一起去攀岩。
- ◆騎腳踏車。
- ◆一起去聽演講。
- ◆一起當義工。
- ◆外出用餐或跳舞。
- ◆選修紓解壓力的課。
- ◆玩些像「大富翁」或是「幸福人」之類的紙上遊戲。

◆一起種花或修理家裡的東西，把全身弄得髒兮兮。
◆在附近散步，或一起去遠足。
◆一起加入健身俱樂部（也可以請個私人教練）。
◆來一趟白天的歷史或博物館之旅。
◆參加專為夫妻所舉辦的讀書會。

3個讓婚姻（夫妻關係）穩固的訣竅

婚姻是家庭中最根本的關係，而且會在孩子長大、離開後繼續維持下去。即使是最完美的婚姻也需要很多的支持與灌溉。以下是3個能增強婚姻關係的訣竅，同時也能在這個過程當中更進一步幫助偏差的孩子。

訣竅①：讓父母團結一致的訣竅

行為偏差的孩子可能會利用伎倆來分化你們夫妻之間的關係。你必須確定自己與孩子及另一半都溝通良好，如此你們夫妻倆才會站在同一陣線上。

艾力克是一位十五歲的客戶，他非常擅長對父母採取分化致勝的策略，直到父母了解到情形是怎麼一回事，並學到了必須在對艾力克做出反應之前，先行與對方溝通。最典型例子，就是艾力克會告訴他爸爸說，媽媽准他買一把很貴的吉他。當然，艾力克根本沒跟他媽媽提過這件事。後來他向我承認：「嗯，當我跟我爸說這件事的時候，滿腦

子都是那把吉他，所以我想等一下我可以跟我爸說，其實我還沒有跟我媽說過，可是我的第一個反應，卻是或許我爸會答應也說不定。」

在這個例子中，艾力克的爸爸保持冷靜、堅定、非掌控的態度告訴艾力克說，他得先跟他媽媽討論看看。過去，艾力克的爸爸會很生氣，並立刻指責太太不該屈服於艾力克操縱的計謀。現在艾力克的爸媽知道應該支持彼此。如此不僅減少了家裡的緊張氣氛，也減少了艾力克故態復萌的機會，讓他不再那麼愛操縱人及作出不當的行為了。

訣竅②：相互督促、彼此鼓勵來使用本書的訣竅

崔史及史華納來找我，希望能找到挽回婚姻的方法。她們是對同志夫妻，領養了一個孩子叫納歐米，現在已經八歲了，是個行為偏差的孩子。當崔史告訴我，她叔叔曾經對她說：「你的小孩當然會有問題，因為你們兩個早就毀了她的一生」的時候，我對她感到非常的同情。我輔導崔史與史華納，讓她們使用這個十天計畫。後來我發現納歐米偶爾還是會測試一下崔史及史華納。崔史補充說，她與史華納稱讚彼此使用我們討論過的這個策略，而且真的很有用。史華納也同意這點，她說：「現在只要我們發現彼此用了很好的方法來處理納歐米的問題時，就會稱讚對方。過去只要納歐米變得很難搞，我們就會陷入痛苦的情緒，還會互相指責。現在納歐米只剩下一些小問題了。有一天崔史跟我說，我正是在利用你教我們的『不再絕望方法』，這真的讓我覺得開心極了。」

當你發現另一半用冷靜、堅定、非掌控態度對待偏差孩子、或使用本書中任何策略時，請一定要讚美對方。當你與另一半意見相左時，千萬別背棄或離開他，獨自處理有

關孩子的事。請你記住，當你在面對身為父母的挑戰時，表達自己的意見與穩住你們的婚姻非常重要。稱讚你養育孩子的夥伴，能讓你更坦然地說出自己與對方不同的觀點及挫折。你們必須是個堅強的團隊，才能彼此安慰，並在艱辛過程中共度難關。

❶如何與另一半討論偏差的孩子。這並不是一件容易的事情。你當然不希望被對方指責，或是死得很難看。好在透過有效的溝通技巧，你可以盡可能與另一半進行有效的討論。當你與對方討論孩子的行為或需求時，請參照以下「可以做」與「不可做」準則：

可以做

◆選擇討論問題時機。另一半剛下班開門走進屋子時，絕不是把孩子問題拿出來煩他的好時機。

◆明確地告訴另一半，你具體的要求是什麼。難道你真的要告訴他說，他偶爾必須要提醒孩子洗碗？或者你只是想發洩一下而已？

◆把焦點放在你需要另一半能協助孩子，不要只是發牢騷而已。舉例來說，你千萬別說：「下星期你必須改變你的上班時間，我才可以喘口氣」，而是應公平而具體地說：「我知道我們已經有進步了，可是我還是為了孩子而深感疲累，相當有壓力。我們可以坐下來想想看，有什麼辦法可以讓我一個星期休息幾次嗎？」

◆談談孩子的正面行為。你可以與另一半從分享孩子的成功中而獲益，而不是總是過度把重心放在他的問題行為上。許多夫妻在扮演父母角色時常忽略了這點。請盡量用正面的角度討論問題。例如，你可以說：「我注意到只要我們提醒羅夫去睡覺，他就會去睡，真高興看到他這麼乖。我希望我們可以一起努力，讓他可以在寫功課方面更自動自發。」

◆讓另一半有機會解釋、或提供他管教孩子的方法。這是個雙向溝通的過程。

不可做

◆預先告知他一個可怕的消息，像是「天啊，這個情況簡直是糟透了。喬伊真的是為這個家惹了個大麻煩。除非他有辦法收拾善後，否則我要離開這個家。」

◆不經思考先做了再說。當你第一時間想到要說什麼或做什麼，便決定很快發洩出來的話，可能會讓你日後悔恨不已。同樣的回應、而非反擊原則，第四章中曾討論過，也可以運用到和伴侶的關係上。

◆扮演半吊子的心理醫師。主動分析另一半為何沒照你的意思教養孩子的看法，可能會讓你們再也無法討論教養孩子的問題——即使你的分析是完全正確的。舉個例子來說，琳達告訴她的丈夫葛倫說：「跟我比我來，我覺得你比較無法用冷靜的態度對待小孩，因為你是個過度衝動的人。」可是後來琳達卻發現，她這麼生氣對兩個人都很不好，更是傷了葛倫的心。

◆作比較。例如：「你跟你爸簡直是一模一樣，因為他沒有跟你媽共同管教孩子。」這會讓另一半認為，你是在以第三者的負面角色不公平地評價他。

◆使用「你」開頭的陳述。如果你說：「你根本不可能跟我討論任何跟孩子有關的

事，而且你根本就不會聽我說話」，另一半會自認有正當的理由可為自己辯護。如果你用「有時我覺得好像很難跟你共同把孩子養大」這種說法，就比較沒有威脅的意思，而可以帶出問題。

◆用挖苦或不友善的口吻批評對方，這將會讓另一半從此緊閉心扉，不再敞開胸懷接受你的建議。

❷讓另一半開口跟你討論孩子的問題。你可能自認是個容易溝通的人，但要你聽聽另一半是怎麼看待你管教偏差孩子的方式，可不是件容易的事。請你將下面的訣竅銘記在心，如此一來，當另一半跟你提起偏差孩子的事時，你就不會覺得被冒犯了。

可以做

◆以開放的心胸傾聽。個人成長的最大阻礙，就是不願正視自己的錯誤。另一半並不是在指控你沒有扮演好一個好爸爸（媽媽）的角色。

◆遵守「準備、對準目標、再發脾氣」的三個步驟，不要「任意發脾氣」。不要經常一聽到什麼就馬上反應。

◆請對方說得更具體，如此你才會知道他是在擔心你教養的哪一方面出了問題。

◆如果可能的話，盡量把話說清楚。通常對方在聽完批評後會不想追根究柢。但你可能不知道的是，若是繼續深入追究下去的話，反而有助於化解問題，而不是會另一半覺得自己被誤解，反而讓他心裡更不好受。

◆了解教養孩子也是關乎你另一半的問題——請發揮你的同理心。

◆提供解決的方案。建立明確的方法，來檢視你們在教養孩子上的努力是否有所進步。向另一半顯示你很願意做些你們該做的事。
◆感謝另一半願意敞開心胸、冒著風險告訴你他自己的想法。

不可做

◆不讓對方說話。如果你一直講話，會聽不到對方的聲音。聽聽看他想說什麼。
◆對另一半所說的話，用咆哮或行動予以還擊。
◆為自己找藉口，或百般袒護自己。
◆否認。想想看，如果有人否定你的意見，你會感到有多挫折。
◆因自誇而把事情搞砸。我見過有些夫妻總是惡言相向，陷入不是你死就是我活的惡毒想法。像是「你總是給他全部他想要的東西」「是喔？你倒是從來都沒抱怨過你家小孩喔？」請避免陷入這類互相指責的交戰——因為沒有人會贏。
◆一次批評對方許多點，而不是一點。
◆緊閉溝通管道。你應該成熟一點，不要退卻或是生氣——這樣真的很不討人喜歡。試著釐清為什麼另一半提出這件事，你會覺得那麼沒安全感。
◆過於挑釁。在你聽到另一半的反應後，用力大摔鍋碗瓢盆，其實無助於事。

訣竅③：與另一半一起歡笑的訣竅

幽默是人與人之間最有力的橋梁。分享笑話是很有趣也很親密的經驗。笑能讓我們

感覺很棒，請盡可能與另一半一起大笑。請你回憶一下你們夫妻、以及與孩子所發生各種有趣、滑稽的快樂時光，這真的會讓你覺得很開心。以下的練習可以讓你們透過一起大笑而心有靈犀、或再次合為一體。

請你們一起做練習，每個人分別寫下夫妻生活中發生過最有趣的事。並選出一兩件事情，然後與對方分享這段回憶。以下是黛安與伊森練習時的情形：

「我記得幾年前一起去歐洲時租了一輛車，結果卻加錯油的事有多好笑。你記得發生了什麼事嗎？燃料筒把整輛車都搞壞了，結果我們只好找人把車子拖走。那時候你好生氣，我為了這整件事簡直是笑到不行。花幾千塊修車子當然並不好笑啦，可是當他們告訴你說你加錯油的時候，光看你臉上的表情就值回票價了。」（黛安）

『幾年前我們去度假的時候，沒把車頂行李綁好那件事，還不是很好笑？我們一直以為綁好了，等我們開車走了半英哩，東西卻全部掉下來了。』（伊森）

如果另一半不支持你

許多時候雙親中的其中一位（通常是媽媽）會赫然發現，他好像都是自己在處理偏差孩子的問題。如果你已經結了婚的話，你們夫妻應該要同心協力、共同解決偏差孩子的問題。我見過許多原來置身事外的另一半，在夫妻倆透過冷靜、堅定、非掌控的態度面對問題之後，變得更願意積極參與其中。邦妮最近成功地解決了艾倫、她那個過去老是置之不理的丈夫的問題。

邦妮隻身應付兩個偏差的孩子，丹特及羅柏特，分別是八歲與十歲，在精神與感情上都已耗盡了所有精力。邦妮跟我彩排該如何與艾倫討論這個問題。她發自內心，真誠地告訴艾倫說，她需要艾倫能在星期天幫她帶兩個孩子，好讓她喘口氣。同時她也要求艾倫來跟我談一談，好更了解兩個孩子的偏差行為。後來艾倫告訴我說，他選擇不插手，是因為覺得這樣可以避免自己成為一個失敗的父親。我謝謝艾倫願意這樣開誠布公地告訴我。後來他單獨來進行了幾次諮詢，好讓他可以有效地克服身為父親的恐懼。

但也有些配偶並不願意配合支持你。顯然你若不是沒有結婚，就是被另一半忽略、輕視或拋棄了。如果另一半不是那麼支持你的話，你得在沒有他的支持下一肩挑起照顧孩子的重責大任。如果你關心另一半不願充分支持你的程度，與你關心偏差孩子的程度一樣的話，那麼你們可以考慮去做夫妻心理諮詢。如果另一半不願接受諮詢的話，你則必須面對一個事實，那就是對方可能不會改變，而你只好獨自處理孩子的問題。

讓單親父母獲得支持的力量

有時一個人反而比較容易解決問題，因為你不必與另一個人競爭而抵銷了自己所投注的心血。不論是你正在努力的單親媽媽、單親爸爸、或孩子的祖父母，你了解一個人撫養孩子，特別是行為偏差的孩子，是個多麼艱鉅的任務。但是你一定做得到。我知道你一定可以！以下是一些針對單親家長、或沒有配偶支持的父母的訣竅。

①正面思考單親的狀態

當單親父母、或負起責任的那位父母認為這個狀況並不是個缺點，反而有它的好處時，家長與孩子便能夠做得更好。請用正面的態度思考，並把重點放在自己一個人也可以處理事情的好處上。你可以全權決定教養的方法。這可以讓你對未來感到更有希望。

②要知道「偶爾被擊垮在所難免」

我輔導過許多單親父母，或獨自承擔責任的父母，他們都犯了一個錯誤，那就是忘了自己是一個人在帶孩子。無論你有多麼豐沛的愛或多能幹，你仍舊一個人，而且你正在做一般人認為應該是兩個人的事。不要讓孩子因為你的處境而利用你的罪惡感來操縱你，否則你會常感到責任太重、問題太困難、情緒太沉重而被擊垮。請為自己所做的一切努力而鼓掌吧。為了你讀了這本書，並試著學習新的教養方法而鼓勵自己。

如果需要的話，請在合理範圍內明智地做好時間管理，並尋求他人的協助。保持冷靜、堅定、非掌控的態度，記得要求孩子幫你做些適當的家事及工作。提醒自己與孩子是在同一艘船上，你們必須同心協力才行。

如果可能的話，讓大家輪流開車，並問問其他父母是否願意幫你的忙。否則你可能要等到孩子長大以後，才能讓他替你開車。在我撰寫本章的期間，我參加一個朋友五十歲的生日派對。她三個已經長大成人的孩子準備了一篇非常感人的演說，並唱了一首歌來讚美身為單親媽媽的她是如何把孩子拉拔長大。當她二十歲的兒子、那個在年輕時十分叛逆的青少年，淚流滿面地感謝媽媽在過去那段辛苦的歲月裡對他的百般容忍，整個房子都安靜下來。他媽媽對他眨眨眼說：「親愛的，你的問題根本就算不了什麼啦。」原來幽默感就是這麼地隨手可得！

③安排行程表及既定慣例

為了讓偏差孩子覺得在家很穩固、很有安全感，你可以安排既定的行程表及慣例。行程表不要定的太嚴格或沒有彈性，因為偏差孩了喜歡違反這類事。簡單找出對每個人都有益的平衡點。

④發展可靠的支持系統

發展廣大的人脈，可提供你情感上的支持及友誼、緊急時有人求救、照顧孩子及幫助你認清現實。你要有選擇性的交朋友，選擇關心他人、可靠、值得信賴的人。網路上有一些給單身父母的論壇，透過搜索引擎就能找到。雖說對內容要多加謹慎最好，但有類似問題的朋友如果能給你支持，你的孤單感就不會那麼強烈，挫敗感也不會太深。

讓支持的力量延伸到其他家族成員

偏差孩子可能會成為家族之間聊八卦的話題，而且這種情況是屢見不鮮。我建議你在其他家族成員與自己家的問題之間劃清界限。當其他家族成員想多管閒事時，這麼做確實很不容易。然而若是其他家族成員想插手或干涉時，使用這個策略及堅持到底會很有幫助。你不需要切斷所有家族的連帶，但必須與他們開誠布公地談談，想想看如果他們插手管家裡的事，會對你的人生造成什麼樣的影響。

行為偏差的孩子常常很多嘴。想辦法說服其他家族成員，說你真的很壞，而且你訂的規矩很瘋狂。當然，孩子是怎麼跟他們說的，以及實情為何，往往是兩碼子事。

你要有決斷力一點。當那個微醺的表妹告訴你說，他真想好好賞你孩子一巴掌，而你又不想因此而感到不悅時，應該告訴他你的觀點。請你以冷靜、堅定、非掌控的態度，很真誠地告訴她說，你很欣賞她的看法，但你對這件事有不同的意見。

同樣的，如果你爸爸建議你說，你十一歲的兒子在平常上學日的晚上可以十二點才睡覺，但你不同意的話，可以簡單地說：「對不起，爸，這點我無法接受。」然後繼續用冷靜、堅定、非掌控的態度與跟孩子訂下他該睡覺的時間。你在面對自己父母時，常會陷入拜託他們的陷阱——因為你只是不想傷他們的心。但請你記住，現在你也是為人父母，而且你有權決定自己家裡及管教孩子的事。

讓自己更容易變通一點。你可能永遠無法改變你父親喜歡控制的態度，但是你可以改變自己處理問題的方法。當你靜靜地用自己的方式教養孩子時，可以跟朋友笑談父親的管教方法，或是當他又開始指揮你該用什麼方法教養孩子時，請幽默以對，而不要露出一付不耐煩的樣子。

同樣的，你可能會很恨希唯亞阿姨總是給孩子糖果吃，但是請你記住……你以前不是愛死了去奶奶家的時候，奶奶給你吃的甜甜圈？現在你可能覺得吃甜甜圈很不健康，可是只要記得叫孩子們刷牙，並提醒自己孩子沒有被其他家人忽略就好了。只要符合健康、安全、或並不危害你們家的基本價值，其實你可以留給你的家人更多餘地。

請行為偏差的孩子加入，一起努力

多多鼓勵你行為偏差孩子，去了解自己的問題行為，並加以監控。讓他知道，他不僅在自己的進步上，扮演重要角色——他的進度對你有鼓舞的效果，一樣有價值。在合理範圍，要求他的幫忙，正反面的回饋意見都給他，以強調你身為父母親感受到的進步。正如第五天中所提，讚美可以讓孩子感覺非常良好，能激起他擁有正向改變的動機。當你以耐心對他、沒有急著反擊時，請他讚美你。他可能會因為看到你因鼓勵與讚美而感覺快樂，受到鼓勵。

當你大聲咆哮，又出現突發、充滿控制欲的行為時，給孩子「亮綠燈」告訴你的權力。請別忘了，我們都只是凡人！即使你順著這計畫一路走來，你和孩子還是會有窒礙難行的時候（我在第十天裡會進一步闡述遇到阻礙的情形）。讓你的孩子以尊敬的方式，針對你的行為部分給你正面、有建設性的意見，這是個很好示範與教養方式。而這種作法也能鼓勵他接受別人的意見。

當行為偏差的孩子能耐心的去面對兄弟姊妹，或囉嗦又難搞的家庭成員時，讓他知道你很贊許他的表現。你愈能好好匡正他，遠離「難搞又有毛病」的個性，讓他更了解自己的進步，多加支持，孩子就愈不會把自己歸類到行為偏差的類型。這樣能讓他多多表現給你和他身邊的人看，他也能成一個聽話、有耐心，又溫和的家人。

第7天的總結

今天你學到許多有關為了孩子正面改變而重整家庭支持的重要事項。在你繼續往前邁進之前，請將以下幾個重點謹記於心：

- 請你記住，你並不是孤零零一個人在照顧行為偏差的孩子。
- 每家自有其連繫其家人的方法。如果全家都能支持行為偏差孩子的改變，他的改變就可以維持下去。
- 當兄弟姐妹看到偏差孩子的改變帶給自己的好處時，便會樂意支持他的改變。
- 增強兩人同心協力的力量，共同面對孩子的問題，對你、你的配偶都很有幫助。
- 別讓其他家族成員的觀念或干預，而決定了你該怎麼處理孩子的問題，這對你及孩子兩個人來說都很重要。

為第8天做好準備，並完成以下事情

- 對覺得不公平的兄弟姊妹表示同情。
- 提醒孩子，手足間難以要求完全公平。可能的話，在能力所及，盡量加以調整。
- 花時間和所有孩子一對一相處，即使時間很短也沒關係。
- 和配偶一起做一些有趣、令人愉快、又能增進彼此聯繫的活動，鞏固你的婚姻。
- 如果你是單親父母，把自己努力得來的功勞、獎勵與成功和孩子共享。
- 界線在哪裡要保持清楚，但對家人要多一分理解。

減少孩子在學校的偏差行為

——8個家長處理孩子在校偏差的訣竅

對父母而言，沒有什麼比接到學校的書面通知或電子郵件，說孩子行為不檢壓力更大的事了。有些行為偏差的孩子在做功課、與老師及同學的相處上有些問題。今天你會學到如何控制並減少孩子在學校偏差行為的方法。

你在家裡已透過一種全新、啟發的方法更了解了孩子，也讓孩子有了巨大的轉變。現在你懂得使用冷靜、堅定、非掌控的方式、懂得如何慎選戰爭、你也了解如何扮演情緒教練，引導孩子保持冷靜（也讓自己保持冷靜），獎勵孩子適當的行為、以及使用不再絕望的管教方法。而這些策略也可以運用在孩子的學習上。

孩子在校的偏差行為可能不是很嚴重

有些偏差孩子在學校還蠻乖的，不會製造太大的麻煩。你的孩子可能屬於這一類。但無論如何，我誠心建議你讀一讀今天的計畫，因為即使孩子現在在學校沒問題，未來卻可能會出狀況。孩子在學校表現出來的偏差行為可能有許種模式；有少數孩子會跟老

師及其他同學吵架、打架、或打斷老師上課。有時則會透過隱而不顯的行為表現出來，像是拒絕做功課、拒絕參與班上活動、甚至是拒絕上學。在學校中，這類較被動的偏差行為表現出來的形式可能是裝病不上課，或其實不累，卻表現出疲憊不堪的樣子。

今天的內容是讓你能更明智地與老師及其他人共同努力，以減少孩子在學校的偏差行為。很顯然的，你不是老師的上司，無法監督他的教學內容與學校政策，而且你當然也不想這麼做。但儘管如此，你還是可以把自己定位在一個協助性的角色，而不是一個想干預的父母好幫孩子爭取在學校的最大權益，與校方合作可以增加孩子成功的機會。大部分與我一起工作過的校方人士都願意與父母合作，以滿足學生的需要。

老師具有重大的影響力

老師對於學生具有舉足輕重的影響力。我對那些不只幫我了解課業問題、同時也願意在私事上指點迷津的老師，始終有著一份溫暖的記憶。我相信如果你回憶自己的求學時光，你一定說得出一、兩位對你做過同樣事情的老師名字。

我對某些老師也有些不怎麼愉快的回憶。我念四年級的時候，每星期一次要搭四十分鐘的公車到一所中學上豎笛課。對我來說，每次跟一堆年紀比我大的孩子坐車是件挺嚇人的事。更嚇人的是我的音樂老師瓊斯先生。他經常對著我們咆哮。

有一天他要我吹奏「瑪麗有一隻小羊」，等我吹完之後他對著我大吼，因為我吹得很爛。我再吹了一次，可是還是很糟。瓊斯先生問我到底有沒有練習，我很誠實地說「沒有」。他一把把我捉起來，然後大步把我拎向那個釘在牆邊的「狗屋」，要我站在它下面。那真的是個很單調的、木刻的狗屋，大約只有六呎寬八呎高。

事實上我只站在那個狗屋下面五分鐘，可是對一個已經很有自覺的四年級學生來說，我真希望可以奇蹟式地把自己縮小，然後爬到牆上的狗屋裡永遠躲起來。我站在那個狗屋下面流著淚，覺得自己丟臉極了。我很清楚記得那一天的事。而且自從那天以後，我就再也沒跟瓊斯先生學豎笛了。

老師對於學生覺得自己是個什麼樣的人，有深遠的影響。對一個無法處理人際關係、試圖想控制挫折及其他情緒的偏差孩子來說，老師的影響——不論是正面或負面——都非常強大。孩子不希望與老師或同學發生衝突或被他們誤解，但這種情況卻還是常發生。今天我提的方法，可讓你增強孩子在校的自尊心，控制住自己在學校的情緒。

孩子在學校抨擊別人

你孩子的老師可能會發現，他很容易在寫功課這方面產生挫折，就像他無法與同學相處一樣。老師親眼目睹孩子發脾氣，也可能會看到他猛烈地抨擊別人，或是以消極挑釁的方式微妙地煽動或激怒別人。

你的孩子有情緒管理的問題，由於他缺乏情緒智商，所以無法解決自己的問題。偏差孩子多半會對威脅到自己、或是毫不相干的老師及同學口出惡言。孩子向我描述自己在學校被威脅的典型案例包括了：

◆在全班面前，被老師質問：為什麼功課沒做完。

減少孩子在學校的偏差行為

——8個家長處理孩子在校偏差的訣竅

◆遲到時，老師對他做出不以為然的表情。

◆被老師說自己愈來愈「胖嘟嘟」。

◆被男友或女友拒絕。

◆被學校同學在社交軟體上亂傳一些無禮、討厭的流言。

◆吃午餐時，被一群朋友排擠，不讓他一起坐。

客觀來說，你從孩子口中得知學校所發生的那些「編造」出來的故事，可能都不是真的。舉例來說，孩子跟某個老師槓起來，是因為「那個老師對我一點都不公平」。但事實上，可能是孩子碰到很難的功課卻不向老師求助，或是沒向老師要求多一點時間寫，所以才會遲交。孩子可能會說所有七年級學生都是失敗者，但很可能只是因為他不知道該如何跟同學說話，或是處理彼此之間的衝突，才會導致這種誇大的說法。

我看過許多偏差孩子非常擅於「編造」故事，甚至連他自己都相信這些虛構出來的情節。他們不斷告訴自己及其他人老師很不公平，卻忽視了這個觀點其實並不公平。他們不成熟的情緒，讓自己無法以平衡且客觀的觀點看待別人。他們編造故事的目的就是讓父母及／或老師降低門檻，如此才可以讓自己不必全心投注在課業之上。

你還記得、看過，或是聽過一九八五年的電影「早餐俱樂部」（The Breakfast Club）嗎？它描述五個非常不同的學生每週六早上因留校查看而聚集在一起。其中有一幕是描寫一名青少年對副校長很不禮貌，最後因出言不遜被處罰額外的留校查看。這是許多偏差孩子在學校表現愚行的最好範例。

我發現有一點很棒的是，好萊塢深知觀眾在到像這樣一幕戲時，會很想找出那個偏差的孩子，甚至認為他是個英雄。我們很想看到那個壞孩子考驗那個高壓嚴厲的教育者。另外一部經典電影「法利布勒的放假日」（Ferris Bueller's Day Off），是描述一名聰明機靈的學生如何智取「邪惡的教育者」。我們在電影院裡不都在為法利而大聲鼓掌嗎？即使他是個偏差又粗魯的孩子。全世界行為偏差的孩子都會在班上同學中尋找自己的觀眾。他們不太會用對付嚴厲、高壓的老師那樣，去挑戰那些溫暖的、支持的老師。

你將在今天的另一段中看到我所提供的一些偏差孩子的真實案例，以及老師是如何成功地支持他們。好萊塢處理偏差孩子的觀點，與我所建議的策略大相徑庭。因為我的目標是支持孩子的尊嚴、教育者、還有你。看看以下發生在十四歲的傑克與老師的互動。這個情況是發生在傑克惡意在課堂上打呵欠後的事：

老師：『傑克，你太過分了。』

傑克：「這裡不准人打呵欠喔？」

教室裡一片沉默。同學們耳語著，然後傑克很大聲地咳嗽。

老師：『你顯然不懂得尊重班上同學。』

傑克：「你才沒禮貌哩。」

老師：『你再這麼做的話，就跟我到辦公室！』

在這個情況裡，傑克因為干擾了大家上課，所以老師當眾斥責他。用直接嘲諷的方

減少孩子在學校的偏差行為

——8個家長處理孩子在校偏差的訣竅

式對付偏差孩子的老師，是在冒著很大的風險，因為孩子可能會反過來猛烈地批評他。這位老師之所以質疑傑克，是因為他不認為自己准許了傑克這麼做。他對傑克不當行為的反應無疑把自己逼到了死角，而且逼著自己不得不做出是否要把傑克送到辦公室的決定。不幸的是，老師的決定讓傑克做出更過分的舉動。他不僅讓自己陷入衝突，也浪費全班的時間。傑克認為他贏了這一回合，但卻錯過了這堂課，而他與老師持續的緊張關係，很可能成為他重返老師課堂的學習障礙。在這個案例中，傑克挑戰了老師，而顯然老師沒有使用正確的方法，或接受過正確訓練，得以有效地處理這種情形。

上述例子並不是要指出那位老師性格上的缺點，反而顯示出他需要一套特殊的技巧，好讓他能在班上應付行為偏差的孩子。許多老師並沒有受過足夠的訓練，來應付班上偏差的孩子。一般而言，從大學畢業的老師對如何在管教孩子並沒有做好準備，儘管事實上他們經常得管教孩子。一個訓練有素的老師，會利用我在本章中提到的策略來處理傑克的問題，更不會選擇在眾人面前指責他，擺出一付自我防衛的模樣。

通常在像傑克這類的例子中，老師會把他趕出教室。學生被趕出去時，可能會對老師口出惡言，然後再重重地摔上門揚長而去。現在傑克沒有拿到課堂上的重要講義，而且當這個情形發生時，其他學生也損失了上課時間。不過最大的問題是，除非老師學會能夠處理傑克的有效方法，否則他會不斷重演這齣叛逆的戲碼。傑克的舉動來自於挫折感的容忍度很低，無法控自己的衝動——這些都是偏差孩子的特徵。傑克的情緒成熟度中缺乏這些質素，因此很重要的是，老師應該要知道如何妥善地處理這些問題。

學齡前及低年級孩子的偏差行為

不同年齡層的孩子，在學校偏差行為的表現會有不同的模式。我曾輔導過戴娜，幫她十四歲的兒子提姆減少了在家的偏差行為，而他也好不容易走過來了。

然而他在學校與在家的情況完全是兩回事。提姆幼稚園的老師曾打電話請戴娜參加一個會議，因為提姆打傷了想跟他一起玩玩具的小孩。提姆甚至還咆哮說：「我恨你，我恨這個地方，我恨所有的一切！」

提姆最大的問題，在於他無法與其他同學分享玩具。經過幾次衝突後，老師每天把他安置在休息區的椅子上至少靜坐一次。

我叫戴娜去見見提姆的老師，針對提姆的問題提出解決方案。戴娜知道她必須率先與老師共同合作解決問題，才能夠管得住提姆。提姆的老師是個沒什麼經驗的新手，所以她才會提高了音量，然後很快把提姆捉到休息區的椅子上去。

戴娜密切地與老師展開計畫，他們都認為必須限制提姆在教室的活動範圍。當提姆的老師開始用冷靜、堅定、非掌控的態度對待提姆時，提姆的行為奇蹟式地改善了。這是個很棒的例子，說明父母可以提供給老師很有用的資訊，讓老師可以放在他的教育百寶箱裡。這個案例的成功關鍵，就在與家長與老師的合作無間。

為了學齡前的提姆所擬定的計畫，包括了下列事項：

- 提姆的老師同意用冷靜、堅定、非掌控的態度，來處理提姆所提出的要求。
- 提姆的老師減少使用休息區椅子的頻率。
- 當提姆不反對跟其他同學共享玩具時，老師可以為此具體地稱讚他。

◆提姆的爸媽從老師那裡拿到提姆每天在學校的報告，如果他在學校的表現有進步，爸媽就會在家裡稱讚他，偶爾也會給他一點糖果作為獎勵。

◆提姆的爸媽及老師開過兩次會，追蹤提姆進步的情形。

這個計畫的結果很成功。在計畫展開第一週的一次追蹤會議上，老師說他很願意每天把提姆的狀況記錄下來。某次，當提姆從另一個孩子手中搶走玩具時，老師溫柔地把手放在提姆肩上，提姆便停止搶玩具了。由於提姆的改變是如此快速而正面，後來戴娜與老師安排在三週後進行第二次追蹤會議。而後一整年，提姆一直維持很好的進步。

有些老師會引發孩子的偏差行為

我發現多數在學校造反的偏差孩子，也會反抗不了解他們、過度控制及高壓的老師。偏差學生也會反抗十分軟弱的老師，就像他們對付喜歡控制學生的老師一樣。多數我輔導過偏差孩子的老師，都對孩子的行為過度反應，而且想要控制他們。

大多數學生喜歡抱怨太嚴格、喜歡控制、反應情緒化的老師，不過偏差孩子卻會想要反擊。他們很快就會知道老師的底線。偏差學生有著絕妙的技巧（讓人分心的動作、行爲及反應），真的會讓老師火冒三丈。

記住，偏差孩子有辦法編造、或美化自己的說法來愚弄大家。我見過許多偏差孩子如何蒙騙了應評估幫助他們的專業人士，因為他們非常懂得操控別人的技倆。有些老師會為了自己過度高壓的管教方式而辯解，聲稱這是種「孩子唯一了解」的方法。

第三天提到咆哮的問題時，我說明父母謹守合理的管教方法有多容易。喜歡控制及反應過度的老師，常會引發偏差孩子的負面情緒。至於嚴格但不情緒化的老師，則比較不會。老師對孩子的態度，對孩子的自尊有著深遠的影響。如果一個行為偏差的孩子覺得自己被輕視，就會以更叛逆的行為來彌補他的自卑感。

有一天晚上，我跟一位十三歲叫文斯的孩子談到他在學校的偏差行為。文斯過去在學校有非常嚴重的偏差問題，但後來有了長足的進步。我問文斯，到底老師對學生的自尊有什麼影響，他說：「他們覺得我是頭號麻煩人物，因為我很愛說話，而且很會惹麻煩。但是沒有人真的了解我有多恨自己這樣，而且我根本就不知道該怎麼避免惹麻煩。」後來文斯了解他在學校之所以不守規矩，是因為他沒有辦法控制自己的行為。

我這幾年參加了老師們的小組會議，以幫助並支持文斯和他的新老師。我們分享了與本章及《應付偏差學生的指南》（The Guide to Handling Defiant Students）中類似的策略，讓文斯老師了解他的問題。這樣的努力似乎還算成功，因為現在文斯相信絕大多數老師對他的問題都了然於心。他悄悄跟我透露，現在他覺得自己比較被老師接受了。這當然對文斯的自尊來說有很大的激勵作用。

幾個月之後，文斯又回來找我諮商，我才發現我們並沒有真正脫離困境。他告訴我，最近他與一位老師發生衝突的感受。他說：「我不認為愛德華先生可以叫我閉嘴，還對我那麼沒禮貌。當他那麼說時，真的讓我很火大。」

後來，我在前面提到的那個老師會議中，私下與愛德華先生談了一下，那時他看起來倒像是個善解人意的老師。後來我們透過電話又談了一次。愛德華先生告訴我說，他太把文斯的行為看成是針對他個人，所以才會反應過度。他覺得自己從對付文斯的經驗中學到很多，並一再表示自己日後會以更冷靜的態度，來面對學生的偏差行為。

老師的教學風格會影響孩子的自尊

身為關心孩子的父母，必須記住老師對學生的自尊有多麼大的影響。如果老師的態度是正面且支持的，那麼便可幫助學生後半輩子都覺得自己是個不錯的人。偏差的孩子需要老師用這種方式來支持他。看看老師對偏差學生的自尊會造成何等重大的影響：

◆孩子在班上的自尊心，有助於提升學習動機及學習效果。
◆老師透過說話的聲調、獎勵、關心的傾聽及理解等支持，都能增強孩子的自尊。
◆增強孩子的自尊，應是教學技巧的一部分。
◆增強孩子的自尊——如果每個學生的自尊都有所增強，即使是行為偏差的孩子——可為師生雙方創造出更令人興奮、更讓人滿足的教學環境。
◆提升學生的自尊，會讓他們覺得自己被接納。當他們自覺有貢獻時，會更有責任感，並表現出截然不同的行為。

身為孩子在學校的最佳權益爭取者，請你記住，當孩子不了解上課內容，特別是自覺被貶低或被輕視時，會產生叛逆的傾向或學習的障礙。他們可能會被老師說（或公然或隱約）很懶惰、沒有學習動機，應該更專心才不會一直問問題。老師可以強調錯誤是學習過程，及學生不懂提問也不必尷尬，來幫助學生避開彼此的衝突。

問題老師常使用的問題方法

賈姬是十二歲布魯克的媽媽。布魯克對她的數學老師布朗太太非常沒禮貌。賈姬一天到晚聽布魯克抱怨老師，卻不知該如何是好。賈姬知道布魯克是個既難纏又固執的孩子。在我還沒有輔導她們之前，多年來她一直處理布魯克在家的偏差問題。

即使賈姬與我都知道布魯克會誇大或扭曲事實，但我們也知道布朗太太對於應付偏差孩子也有問題。我與校長談過她，校長承認一般對布朗太太嚴苛的教學作風的風評不佳，確實有值得改進之處。在一次家長會上，我有機會以賈姬顧問的身分見到布朗太太。結果我們發現布朗太太常做出以下幾件事：

◆**使用疑問句**。布朗太太常對布魯克提出「為什麼」及「怎麼會這樣」等問題。像是「你為什麼寫不完作業？」或「你為什麼不問我，另外找我幫忙？」當布魯克被這樣提問時覺得很沒安全感。布魯克愈是覺得沒有安全感，就會變得愈叛逆。

◆**利用責備與羞恥**。使用「你」開頭的批評及轉眼珠子、嘆氣、搖頭等行為，是布朗太太在教學時常見的模式。她與學生溝通常會用責備的方式，讓學生覺得很丟臉。有一天布朗太太對布魯克說：「你看起來根本就一付不想努力的樣子」。這讓布魯克的防禦心變得更重了。

◆**貼標籤**。在學校為孩子貼上負面的標籤，與在家裡一樣都極具殺傷力。布朗太太在布魯克身上貼的標籤是「不在乎」，這點讓布魯克很難過。後來布魯克很大聲且不解地問我：「既然布朗太太覺得我不在乎，那我又何必努力呢？」

◆**捨棄正面思考**。布魯克就跟許多偏差孩子一樣，非常在意布朗太太不願給她機會。她告訴我：「當我舉手或努力時，布朗太太根本就沒注意到。」

現在你的腦海裡可能浮現很多問題，包括：

- 這個老師是不是太挑剔了？
- 我的孩子有被公平地對待嗎？
- 學校是否已盡力防止這類問題發生在我孩子身上？
- 老師或校方是否已在我孩子身上貼了標籤？
- 如果孩子在學校有麻煩，是否意謂著我是失敗的父母？

你有上述的擔憂很正常。多數偏差孩子的父母告訴我，他們腦子裡都會想到這類的事。重點是不要讓自己陷入紛擾的情緒波動。不要讓你自己對學校有錯誤的評價或負面的感受。你的目標是告知校方孩子需要什麼，讓學校與你一起努力。

我見過許多父母在造訪學校時，對校方的處理態度勃然大怒。千萬不要被校方人士或學校的政策給嚇倒。跟學校人員打交道時，也不要擺出一付野心勃勃、或要求過多的模樣，來彌補你不滿的情緒。這會造成校方是否願意合作的最大障礙。

我也見過有些父母無法對孩子訴說學校的好處，因為他們覺得學校的專家並無法提供孩子什麼。如果學校做的還不夠，你有責任告訴孩子他在教育及感情上的需求。但你必須與學校部門的成員攜手合作。

在上面布魯克的例子中，賈姬和布魯克與布朗太太見了面，了解到雙方之間的差異。布朗太太在校長的鼓勵下，同意軟化自己對布魯克的管教態度。他們同意兩週開一次追蹤會議，如此一來雙方都會有責任、也能了解布魯克的進展。一旦布魯克了解媽媽與老師願意一起幫她後，很快就變得很乖了。

老師與其他校方人士會告訴有關孩子在管教上的問題，像是在課堂上搗亂。很重要的是，你在處理這個問題時，要像你在這個計畫中學到在家該怎麼做是一樣的。

8個家長處理孩子在校偏差的訣竅

①冷靜、堅定、非掌控

無論孩子念的公立還是私立學校，他都有權得到最好的教育。同時，你不該對校方人員表現出情緒化的反應，指控對方的不是，或是刁難他們。

②努力改變情況

盡可能了解學校的情況，以及目前孩子在班上的情形。你了解的愈多，要做的事就愈簡單。有空可以上學校的網站看看，那可以提供你各種資訊。

③保持參與感

確定你了解孩子在學校發生的事，掌握他接下來的學習計畫及回家作業。與孩子的級任老師聯絡，或是在孩子剛入學時，便盡快與所有老師都打個招呼，經常與他們溝通。請你更了解老師一點，並表現出你的關心。

④找專業人士商量

跟小兒科醫師、心理學家、社工人員、心理衛生單位、或其他團體或組織連繫。我也鼓勵你非正式地與校方人員（老師、諮詢顧問、輔導員）談談，他們會很樂意告訴你一些看法。當你與校方人員打交道時，請小心不要誤用了在過激情緒下所得到的意見。羅貝塔知道她不該對著孩子老師咆哮，但她聲稱是因為我覺得老師都「很壞」。其實我只是告訴她說，看起來她女兒與老師是有些衝突，所以羅貝塔應該去了解是怎麼回事。沒想到一句話傳到最後竟變成如此！

⑤清楚了解自己要什麼

校方需要更清楚了解你關心及要求的是什麼。你必須向他們解釋，為什麼你認為孩子的教育方式必須有所改變。光是批評學校把孩子教壞是不夠的。你必須了解，是你自己希望有所改變。如果你不那麼確定的話，找能提供意見的人商量一下，如果需要的話，可以找公正的專業人士評估。

⑥告訴老師他該知道的相關事情

如果你注意到孩子的行為、在學校的表現、或在學期中的態度有所改變的話，請立刻與老師聯絡。經常與孩子常反抗的老師或其他人士連繫。了解孩子在學期中所發生的一切。如果時間允許的話，請你參加家長會或母姐會。如果無法參加的話，請他們寄一份會議紀錄給你，或者查一下學校網站上是否有會議記錄可供查詢。

⑦稱讚老師

周旋於每天的教學工作、語音信件、電子郵件、及學校內部種種的壓力，老師常覺自己像根兩頭燒的蠟燭，卻又得不到任何肯定。當老師用正面的態度對待孩子時，寫張友善的字條或打通電話，向他說聲謝謝。

⑧可以辯護，但不要動怒

你的孩子可能像布魯克，無法與像布朗太太那樣的老師和平相處。或許你的孩子不是天使，不過老師確實也沒有充分支持你的孩子。如果孩子面臨這種問題的話，首先你必須從校方那裡得到正確訊息。千萬不要輕信二手訊息來指控孩子的老師。

聯絡簿只是親師溝通工具之一（還有很多其他方式）

父母（以及現在的學生）過於重視聯絡簿。聯絡簿只是孩子在學校表現的其中一項指標。你也必須了解在聯絡簿以外發生的事情，不要等校方通知才知道孩子的表現與行為。身為偏差孩子的父母，你必須保持高度警覺，努力改變孩子的行為。如果你正是這種父母，那麼你對聯絡簿上寫說孩子有問題便不會太驚訝了。

舉例來說，如果孩子與英文老師處不來，請你聯絡一下英文老師，讓他特別留心孩子的行為及學習表現。現在的學校大多設有網站，可以讓家長上去查看孩子在學校的成績和作業，方便掌握所有在學業上出現的問題。偏差孩子的不當行為，常像雨後春筍般，盡快處理絕對是上策。

如果孩子不懂該如何寫作業，或是要另外找人幫忙才做得完的話，讓孩子去請教老師。孩子必須學習如何與其他人相處，及處理生命中必經的各種問題。很多偏差的孩子都無法處理這類問題，所以我勸你不妨跟老師連繫一下。

正如我在布魯克的例子中提到的，請你們站在同一陣線——你、你的孩子、以及老師——這是最好的解決之道。如果老師習慣使用電子郵件與家長溝通的話，透過電子郵件與老師保持連繫，也是個很好的方法。利用電子郵件可以讓你偶爾收發信件，而且對你和老師而言都很方便。

以下是可以讓家長會（親師溝通）更有效果的訣竅：

◆事先規劃。在開會前，選定兩、三個想跟老師討論的議題。如果能在事前就把問題與看法寫下來的話會很有幫助。

◆記錄開會內容，如此可以記下老師提到有關孩子的重要資訊，包括他的考試成績、回家功課、課堂參與度及態度、社會適應程度、以及學校的全部課程。

◆主動了解家長需要提供的協助。問問老師你可以做些什麼，來幫孩子達到他這個年級所應達到的目標。

◆詳細詢問孩子的在校狀況。如果老師無法具體仔細地提供你孩子的表現與成績，請你務必問清楚。

◆不隨意跨越老師找校長。如果孩子的老師似乎很難搞，或是很嚴厲，不要馬上去找校長，因為這樣可能會阻礙你與老師的溝通，或造成彼此的誤解。以冷靜、堅定、非掌控的聲調告訴老師你關心些什麼。

◆談談有關孩子才能、技巧、嗜好、閱讀興趣、偏差及其他與學習問題相關的事。

◆記住老師在聯絡簿上所寫的有關孩子表現良好的事，然後在孩子回家時告訴他。

◆如果可能的話，安排孩子與你一起去見見老師。正如前面所提到的，偏差的孩子有時無法正確地描述狀況。這個三人會議是個澄清問題的好機會。

◆如果在會議最後，老師不願根據孩子的情緒限制與偏差行為而與你合作的話，你應該與副校長談一談。如果你還是不滿意的話，再跟校長談談。若你還是不夠滿意的話，請你跟學校的負責人談一談。按照這個職等的順序與校方溝通很重要，同時也會讓你有更多機會為自己的孩子爭取權益。

一個孩子在學校的奮鬥故事

十一歲的班念小學五年級，在學校有擷取別人注意力的傾向。有天他帶了一把「小小的摺合式小刀」（班自己的說法）到學校。他下課時在遊戲區把小刀秀給其他同學看，老師看到後便沒收了。結果班被處罰不准進教室三天，而且要在我背書的情況下才能回去上課。此外，校方也為了班在公車上及在學校與同學起衝突，做出了處分。

我輔導班一陣子，而他的自我控制能力確實有了很大的進步。至於能夠讓班快速進步的主要動力，是他既體貼而又支持他的老師。剛入學時，班曾公然侮辱另一位同學、摔椅子、對美術老師罵髒話、以及拒絕做大部分老師要他做的事。引發這些意外似乎都只是些小事。例如，班告訴我，當他必須排隊等廁所時，就會摔桌子；當美術老師要他別再一直敲彩色鉛筆時，他就會對老師罵髒話。

在停止上課期間，班變得很難控制自己。雖然班聲稱自己有很多朋友，然而在他不上課這段期間，其他孩子根本就避免在遊戲區裡跟他玩。剛開始還有幾個孩子對他很友善，可是班霸道而蠻橫的態度卻把人家都趕跑了。為了解決這個問題，班的爸媽、級任老師、顧問與我討論過幾次，我們都同意應該跟副校長談一談。

班的老師說服副校長自願擔任這個年輕小朋友的良師益友。她拚命稱讚副校長絕佳的社交手腕，包括他如何避免了同事之間的衝突。此外班必須每星期與顧問碰一次面，好降低自己憤怒的情緒。這些負責與體貼的做法，都能讓班減少自己的偏差行為。

父母與老師的對應要小心，但要盡快改善孩子的情況

你正處於一個非常尷尬的位置，因為你不能告訴孩子的老師該怎麼做。但你可以幫助老師更了解你的孩子。你的任務就是讓老師知道，你希望他們能更支持孩子，別再讓他表現出偏差行為。老師最大的挑戰，在於他不只要教育你的孩子，還要同時教育其他二、三十個學生。學校是根據學生的考試成績來評定老師的優劣，因此他們對考試結果有很大的壓力。現在家長又可以透過語音信箱及電子信箱跟老師溝通，對老師有更多要求，無疑都增加了他們的壓力。

不要低估了你對孩子問題的洞察力，這可能是老師所無法理解的部分。**當你懷疑孩子行為有問題，或是成績危險時，請盡快與老師連繫。透過向老師發出警報，你們可以在問題出現的初期就一起解決**。在開會討論時，讓老師知道你很感謝他願意撥冗出席。簡短告訴他你為什麼想見他。你可以說：「史蒂芬尼很不會做社會科的功課，我很擔心他會做不完，所以很想知道自己能做些什麼來幫他。」

如果你擔心孩子在學校行為失當，了解一下跟誰接觸會有助於改善情況。如果老師的說法讓你不滿意的話，想辦法跟副校長、校長、甚至是學校負責人談談。

不要被那些人的頭銜或行政人員給嚇到。教育者最基本的責任就是確保在他班上、學校或轄區的每個學生都能成功。只要你保持冷靜、堅定、非掌控的態度，爭取權益但不發怒，你當然有權利支持孩子在學校的一切。

家長可以從「學校的支持」得到支持

孩子在學校的偏差行為，可能會讓老師在指導他時面臨極大的挑戰。由於不成熟的情緒及缺乏處理事情的技巧，常讓偏差孩子反抗會對苦口婆心、想教他必備知識的人。

行為偏差的孩子需要明確的規定及一致的管教原則，才能指引他往正面發展。在學校就跟在家裡一樣，最有效的規定，就是那些學生、老師、行政官員、家長共同決定、同時由大人負責執行的規定。請盡全力和孩子的老師保持正面的合作關係。指導室的專員老師也能提供支援。我記得，多年前當我還是中學生時，只要知道我的指導室老師在，我在學校就會比較鎮定、信心也會強一點。學校中有輔導人員能夠帶給孩子安心感，可以讓孩子每天踏進校門時，感覺更加正面。

專為偏差孩子的問題所設計的教育計畫，看起來可能像是個不可能的任務。但請你一定要堅持下去。請你保持開放與合作的態度，而且期望最好要實際一點。你會發現同樣的基本方法，既可以幫你在家應付偏差孩子，也可以幫你應付校方人士及其他人。這個方法也可以讓一個好老師激發出學生絕佳的潛力，不論這個學生是否有偏差問題。

你知道自己希望溝通的管道能保持順暢，如此才能從校方得知孩子的情況。請你持續從自己的觀點提供校方你對孩子的看法。多半老師及學校同仁會因應問題學生的教育需要，而提供某些特殊的方法。如果你不同意學校的做法，請直接反映給校方，不要在孩子面前貶低學校。

在某些案例中，老師或其他校方人士可能提出他們對你孩子的評估，目的是要認定他的偏差行為是否是源自於某種殘疾，判斷他是否需要接受特殊教育及相關輔導。

了解「學生評量」是什麼

根據美國聯邦政府及各州法律規定，學校當局必須要能辨識並評估學生是否有殘疾（需要特別設計過的說明指導），以致干擾其受教育的能力。聯邦政府認定的殘疾，包括了嚴重的情緒不安，以及「其他健康上的損傷」，像是注意力不足過動症及學習障礙。我會在第九天，更進一步討論注意力不足過動症及學習障礙的問題。

學生評量團隊的心理學家會測試孩子的天生能力與學習能力，以了解他在這兩方面的優、缺點。評量學生的範圍十分廣泛，法律規定必須使用許多種不同的評量工具及流程，來斷定你的孩子是否符合殘疾標準，以及是否可從特殊教育及相關輔導中獲益。身為父母的你也是其中的一份子。其他成員還包括孩子的老師、諮詢顧問、以及特殊教育部門代表。為了完成評量工作，團隊成員必須考慮你所提供有關於孩子的資訊。

如果這個小組發現孩子有隱藏性的殘疾，需要接受特殊教育及輔導的話，校方會召集一個小組設計出所謂的個人化教育方案（Individualized Education Plan，簡稱IEP）。通常個人化教育方案的小組成員，包括與評估團隊同樣的成員，當然包括身為父母的你。個人化教育方案基本上是你與學校之間的契約，說明所有關於孩子特殊教育及輔導的重要項目，同時也描述他們會提供什麼特殊指示、以及何時會提供這些指示給孩子。

這種根據孩子殘疾所修正的教育方式會對他很有好處。這些修正的教育方法包括：

延長考試及寫作業的時間、把試題念給他聽、放寬拼錯字的問題、安排一對一的小幫手、及課業輔導中心。諮商可能也包含在個人化教育方案，以符合孩子的問題。偏差孩子可從密集的諮商中獲益匪淺，而這個結果也是個人化教育方案的一部分。

聯邦法令管理殘疾學生的主要目標，就是確保他們即使是在受限制的環境之下，也能接受「自由且適合的公共教育」（FAPE）。若是殘疾的孩子在能適當地與其他同學共同參與學校課業及其他活動，那麼就能學習及發展得更好。

如果你參加了個人化教育方案的會議，請好好傾聽、做筆記、並在進行文件作業檢討時，聰敏的讓會議討論你家孩子獨特的需求。不要害怕提出問題！

和這些特別教育的專門老師保持聯絡，讓他們當為你孩子有學業需求，或萬一發生問題時，你主要的聯繫對象。以下為**個人化教育方案調整的例子**：

◆進行考試或小考時，分配的完成時間是一般同學的兩倍。
◆使用上課前發放的研讀指導綱要。
◆使用電腦進行延伸的寫作功課。
◆在家裡多放一套課本。
◆位子最好靠近指導來源。

讓**孩子學會「幫助自己」的技巧**，也很重要。身為孩子的教練暨家長，指引他如何在學校環境裡幫助自己很重要。以下是一些自我幫助的技巧範例，可以放到個人化教育方案裡面，或許對能從中受惠的孩子有所鼓勵。

- 在上課時舉兩次手。
- 自己看管成績。
- 不明白時請老師再說明一次，或特別提供幫助。
- 去找老師，請他指定作業簿。

每種特殊教育計畫會依據孩子不同的背景而定。至於行為偏差的孩子，當其他物理療法都不管用時，則會依據偏差程度的不同，而將他們安置在其他地方。你的目標是盡可能讓孩子接受普通教育，所以把孩子安置在其他地方最好是能免則免。

因為被拒絕而導致的偏差行為

十六歲的蓋柏與老師及同學間的衝突加劇。他幾乎無法控制自己的脾氣，而且對多數老師的態度都很惡劣。情況最嚴重的一次，是蓋柏對一位老師罵髒話，而被送到校長室。蓋柏的爸媽與校方人員見面，發現蓋柏瘋狂喜歡上一個拒絕他的女孩。蓋柏跟體育老師交情還不錯，體育老師同意在蓋柏處理在這些人際問題時，充當他的良師益友。

蓋柏的體育老師告訴其他老師說，蓋柏正處於情緒不穩定的階段，他因為被拒絕而感覺很糟，心煩意亂。一旦學校的老師視蓋柏為憂鬱而受傷的年輕人，而不是個叛逆少年時，他在學校的表現就有了重大且正面的改變。當老師表現出關心他的樣子，他就會對老師更禮貌和尊重。從此蓋柏不再那麼不聽話，也不再像行為偏差時表現出那種憂傷與被傷害的模樣。三個月之後，蓋柏更冷靜、也更能控制脾氣，同時也更快樂。

花時間關心孩子在學校的情形

與孩子的老師保持聯絡，是你在學校所能做的最重要的事，但有時你可能很難找出時間跟老師好好談一談。我認識有位母親打電話給兒子的老師，希望他們能改成她比較方便的時間會面。另外有位母親則是請老師想跟她談孩子的事時，要他打電話到她辦公室找她。如果你不方便在晚上到學校的開放教室的話，問問看開放教室在白天上學前是否有開。電子郵件也可提供家長與老師針對孩子在學校的進步情形保持連繫。

確定你在家盡了本分

現在要帶領孩子，讓他們在學校能順利學習，挑戰性比以前還高。孩子的專注力被許多東西分散了，如電視螢幕、電腦螢幕及其他許多持續改良、誘惑力愈來愈大的手機和平板電腦。一定要要求學校提供學業上的調整方案來幫助你在校的孩子，如果你不教孩子要負起責任，把學校課業的重要性放在所有吸引他注意力的數位世代影響之前，那就說不過去了。請參見第四天的內容，裡面對於如何管理孩子使用各種數位科技產品有不少討論。如之前所言，大多數學校都提供網站，讓家長可以檢查學校的成績，看看他們作業是不是都做了。和孩子討論學校功課和成績時，要保持冷靜、堅定、非掌控的態度。不要有「啊哈，抓到你在幹麼了」的心態。

把你的擔心的事告訴孩子，和他進行良性的討論，而不是劈頭就問「你幹麼不把功課寫完！」，這樣才能引導孩子，對他產生影響，讓他能更敞開心胸和你討論他學業上的困難。塔咪卡極有效率的採取了冷靜、堅定、非掌控的方式來對付他十四歲的兒子，傑登。她說道，「傑登，我很挫折，很想大叫，不過那對我們一點幫助都沒有。我在學校網站上看到你有些作業沒交。我們從現在開始，一起來看學校網頁，讓你養成自己做作業的習慣，如何呢？」

8 種不同的教育環境，也可作為替代方案

基於各種原因，有些孩子在傳統、公立學校的環境裡，表現並不好，這其中包括了他們的學習方式、個人風格、情緒上的缺點、與同儕間的問題，又或者是個人的偏好。這些孩子如果繼續留在公立學校環境，表現通常會欠佳。幸好，這些不適合公立學校的孩子還有其他選擇。根據孩子優缺點的不同，他們在教育上的需求也不盡相同。

我看過一些孩子因為遵循這類不同教育途徑，而受益良多的。有些替代性的學校環境，班級人數少，或是提供更充裕的師資。有些學校則根據特定所長項目，或多或少有些更有組織的學習環境。當然了，我也曾看過，公立體系之外的學校，就算環境不同，也沒能提供更好的幫助給某些孩子。

和孩子好好討論這些可供選擇的替代學校，並花功夫仔細研究學校的環境是很重要的。我鼓勵身為家長的你多去找些資源，結識一些家中有孩子剛被送進你戶籍所屬公立學校以外的家長，或是有孩子正在上這些替代學校的家長。一旦有了資源及資訊，再去

找一些聲譽卓著的教育諮詢人士來幫你，作用就很大了。以下簡單的把一些有替代性的非公立學校選項列出來：

①私立學校（也稱獨立學校）

並非由當地政府辦學。他們有權挑選自己的學生，而且學費全部或部分由學生所繳交的學費支付，不靠政府稅收支應。有些私立學校設有獎學金，如運動、藝術或是學業方面的獎學金，可以降低學生的學費，但得看學生是否有天賦。

②教會學校或宗教附屬學校

私立的中小學，附屬於某個宗教組織之下，而學科除了一般世俗的科目，如理科、數學和語言藝術外，通常有宗教教育。這些學校常與當地宗教組織有所關連。除了隸屬於基督教天主教組織的學校外，還有佛教、猶太教、回教及其他教派的學校。這些學校倒是不能因為教會學校在歷史上與基督教的淵源就被稱作教會學校。

③特許學校（Charter Schools）

接受公家資金，但獨立運作的學校。特許學校是接受官方資金的中小學，但學校經營並不受到某些公立學校需遵循的規則、法規及法令限制，以達到每所特許學校設立時，目標設定的特定結果。

④空中學校

虛擬的學校或稱空中學校，完全或主要透過網路方式進行教學的組織。空中學校是由教育組織提供的線上學習平臺，個人可以根據自己興趣選擇特定的領域，修習學分，並併入畢業學分或升級學分計算。我有一個十幾歲的輔導個案，拉瑞莎，十五歲，就加入了空中學校，她跟我說，「我在電腦上把學校功課做完了，不過，我還是去上了跳舞課，此外還出門去晃，跟我在公立學校認識的老朋友出去玩。」美國大多數的州都提供某些類型的線上公立學校課程給當地的居民學生去修。有些州則提供完整的線上高中文憑課程，但有些則只有限定數量的線上課程。

⑤在家自學（註）

意謂著在公私立學校體系之外的學習。對大部分採取此法教學的家庭來說，他們的「教學」幾乎是每天出去，從當地社區與環境豐富的資源中學習，並與其他一樣採與在家自學的其他家庭進行互動。我執業時遇到的一位媽媽辛西雅，就和鄰居一位最近從公立學校退休的老師合作，她告訴我，兒子的學測成績非常理想。她朋友的反應則是，「她家兒子就算在家自學也是擋不住的。」這位老師顯然是兜了一個大圈子來讚美辛西雅的兒子聰明、表現又出色，只是在公立學校時錯失了許多機會。當我問辛西雅對於這個送上門的意見有看法時，她說：「我可冷靜了，還問她，把我兒子的表現誇得這麼好，是不是因為他是在家自學的呢。」

⑥治療型寄宿學校

以治療社區為範本建立的寄宿學校，除了提供教育課程外，還針對有情緒與行為問題、藥物濫用、或有學習障礙的學生提供特別的設計與與監督。治療型寄宿學校與傳統的住宿治療方案不同，前者更側重於醫療方面的治療，主要是提供有嚴重心理健康問題的青少年一些療法與醫療。治療型寄宿學校主要側重於情緒與學業上的恢復，而範圍則包括了身體、情緒、行為、家庭、社交、智力與學業發展的架構與監督。

⑦青少年部分就醫方案

提供因心理、或心理與藥物濫用問題兩者兼具，導致在家、在校都無法正常發揮的青少年一個限制不那麼多的環境。這些青少年住在家裡，每天要參加方案（通常是一天六小時，如，從早上九點到下午三點），每週五天。在特定範圍，有交通車可以搭乘。這種選項的另一個變化方式則是課後治療方案。該方案也是為有心理問題，或藥物濫用問題，但情況不那麼嚴重，然而在家或在校仍無法正常發揮的青少年所設計的。這種較短型的治療方案，參與的青少年每週選幾天在下課後參與三小時。

註：我國亦於二〇一四年修法通過在家自學法案，此條例讓高中以下學生家長得向教育主管機關申辦個人實驗教育，每學年必須提出年度學習成果報告，倘若主管機關訪視不佳、限期未改善，得要求停辦。

第8天的總結

今天你學到如何控制孩子在學校的偏差行為。請你堅持使用這個十天計畫，而且我要強調你必須以冷靜、堅定、非掌控的態度跟校方打交道，告訴他們如何利用這個計畫來對待孩子。此外你也學到了：

- 偏差孩子的不成熟情緒，如何導致了在學校產生各種問題。
- 老師的教學風格及方法，如何升高或減緩了孩子的偏差行為。
- 偏差孩子的自尊高低，深受學校生活進展的影響。
- 如果你能為孩子爭取權益而不動怒，通常老師會很願意與你攜手幫助孩子。
- 孩子的受教權利受到法律的保障。

為第9天做好準備，並完成以下事情

- 要多加留意，孩子在處理學校的問題時，可能需要你的支援。
- 和孩子討論他的學業狀況和相關問題時，要保持冷靜、堅定及非掌控態度。
- 若孩子在校學業出問題，請和該科老師建立友好關係，並請他們提供建議。
- 留意不斷修正的教育法，並了解該法案可提供孩子的支援或可能產生的妨礙。
- 如果孩子在公立學校的表現還是不好，可以考慮轉到其他替代的教育環境。確定你對學校的各種優缺點都想得很透徹，而且是以有憑有據的方式。

學會克服「難以應對的障礙」

——11種焦慮類型將對孩子形成折磨

恭喜你！在這麼短的時間內，你的管教方法簡直是突飛猛進！請你回憶一下第一天我曾經提過，除了管教方法、基因及環境因素之外，還有哪些其他因素會造成偏差行為。現在你已進入第九天，你應該已經知道有哪些心理因素，會導致或強化孩子的偏差行為。不過有個好消息是，不論是什麼原因造成孩子的偏差，我在本書中提出的策略仍可幫他減少這個情形。現在你應該很了解，我的主要方法包括了：

- ◆透過理解的力量來管教孩子。
- ◆避免咆哮，在身為孩子父母的同時，也要扮演他情緒教練的角色。
- ◆透過冷靜、堅定、非掌控的態度，以及慎選戰爭來避免權力鬥爭。
- ◆增強孩子的正面改變。
- ◆利用我所提到的不再絕望的管教原則。
- ◆為了你的偏差孩子，必須聯合家人的支持。
- ◆解決減少孩子在學校的偏差行為。

雖然這些策略和工具都非常有效，但仍有些心理因素會讓孩子不斷做出令人難以應付的偏差行為。如果你還沒看到孩子的進步，可能是因為他正為其中一種、或多種心理問題所困擾。今天你將學到這些「難以應付的障礙」是什麼，及學習該如何減少孩子的偏差行為。了解這些難以應付的障礙及如何處理，表示你要讓孩子在步入減少偏差的路途上，不再出現任何阻礙。

請注意 正如我在這個十天計畫中所提出的所有訊息，今天我所提供的在本質上是教育性質的知識。請你記住，任何正式的診斷或治療，包括這個章節中所提到的內容，都必須經過合格的心理專家才能執行。

辨別何謂「難以應付的障礙」

這裡有份常見的難以應付障礙的清單，是就我所知引發偏差行為及相關問題而提出的幾種典型。下面所列出的各種麻煩狀況可能有很大的差異。有些孩子可能會有好幾種症狀，而這些症狀源自於混合了多種的偏差行為。此外，請記住這些都只是概念上的分類。同樣的，每個孩子都有他的優點及缺點，每種狀況對他的影響也都不一樣。如果你發現孩子有一種或多種症狀的話，也不要氣餒。因為這些問題都可以有效地解決。

- ◆學習障礙
- ◆注意力不足過動症（ADHD）
- ◆憂鬱症／躁鬱症
- ◆焦慮

◆濫用毒品及酒精
◆健康方面的問題，像是過敏、胃腸病、偏頭痛、過胖、及失眠
◆自閉症譜系障礙（Autism Spectrum Disorder）　◆妥瑞症（註）
◆其他壓力（如新兄弟姐妹加入、上學壓力、同儕競爭、父母離婚及搬家）

注意力不足過動症（ADHD）會使偏差行為惡化

上面所提到的所有狀況可能會有所重疊，或會激發孩子的偏差行為，其中以注意力不足過動症（ADHD）最常見。根據估計，美國約有百分之三～五的學童罹患此種病症。儘管ADHD發生在孩子身上的嚴重程度不一，但我們仍必須注意包括過度躁動、容易分心、注意力不集中、及衝動等與此種病症有關的混合症狀。

我曾輔導過一個ADHD的案例，那就是保羅，一個成天待在家裡、照顧有衝動問題九歲女兒的爸爸。保羅的女兒四歲時搬了把椅子爬上去，伸手去拿放在櫃子最上面的車鑰匙。然後，這個冒著危險且意志堅決的四歲小女生繼續跑到屋外，發動了爸媽的轎車——只因為她想聽車上的收音機！ADHD通常會影響孩子在學校的行為、與其他孩子的人際關係、以及／或在家的行為舉止。雖然這些症狀會對任何孩子的生活都造成極大困擾，但對偏差孩子的影響最嚴重。有ADHD的偏差孩子經常不尊重、並嚴詞批評權威人士，例如父母及老師，而且症狀比只有ADHD的孩子還要嚴重。

①初步認識注意力不足過動症（ADHD）

以下資料是根據美國精神醫學會的診斷及症狀手冊手冊第五版的內容其對ADHD的診斷標準。如果孩子有六個或六個以上屬於不注意，或過度激動／過於衝動的症狀，至少持續六個月到達某種程度，且與孩子的發展不一致，才算有問題。有些症狀可能肇因於七歲前的傷害。正式診斷出罹患ADHD孩子的某些症狀會在兩個或兩個以上不同的場合出現（像是學校及家裡），而且對他的課業及人際關係，都會造成嚴重的傷害。

和之前精神疾病診斷準則手冊舊版對照之後，有一個有趣的地方值得注意，那就是ADHD被歸類在神經發展疾病章節之下，而不是之前的破壞性行為疾病組，也就是對抗性反抗症（Oppositional Defiant Disorder）或行為規範障礙症（Conduct Disorder）類組。以下就是ADHD實際的診斷標準說明。

被診斷患有ADHD的孩子必須有至少六種症狀是出自於無法集中注意、過動、以及衝動標準的群組，而年紀大一點的青少年或成年人（年紀大於17歲），則是五種。精神疾病診斷準則手冊第五版中則納入了自閉症譜系障礙孩童與成人患者不得排除的標準，因為這兩種疾病的症狀是同時出現的。無論如何，ADHD的症狀不會只單單出現在精神

註：一種兒童腦部基底核（basal ganglia）具神經生物學基礎的慢疾病，此症候群會反反覆覆出現半不自主的動作。患者常出現的有眨眼睛、噘嘴、裝鬼臉、聳肩膀、搖頭晃腦等快速而短促的動作，和清喉嚨、擤鼻子、發出一長串詛咒的聲音。據估計每兩人就有一人患有妥瑞症，患者多於五、六歲時發病，青春期時可能加重，成年前約六成患者會自然痊癒或症狀明顯減輕。

分裂症，或其他精神疾病的病程中，而藉由其他心理疾病，如憂鬱症、躁鬱症、焦慮症、解離症、人格疾病、藥物中毒或毒品成癮來解釋也不會更好。

❶ADHD孩子有注意力不集中的症狀，常會：

- 別人直接對他說話時，好像沒聽進去。
- 無法確實做完家事或功課。
- 無法專注於自己正在做的事很長一段時間，除非他發現其實很有趣或很刺激。
- 因缺乏注意力而犯下粗心錯誤。注意：孩子持續玩電動（一連幾個鐘頭）會讓許多家長以為：「你看吧，如果孩子願意，他當然可以集中注意力。」可是電動玩具是個例外，因為它是一種多元的輸入（視覺、聽覺及觸覺）方式，而且很快可以得到回應——這會讓孩子感到興奮、有趣、並捉住／支撐他們的注意力。
- 做事沒系統組織。缺乏注意力的孩子可能得花幾個鐘頭才能做完功課，然後卻在學校裡把它「搞丟」了（其實功課一直都擺在他背包裡），或是忘了交出去。
- 試圖逃避做家事或功課。
- 很容易分心，或把注意力轉移到其他事情上。
- 健忘，且常需要被提醒。

❷ADHD孩子有過動症和過於衝動的症狀，常會：

- 常在課堂上不加思索便把答案講出來。

・在學校玩遊戲時，常等不及輪到自己。
・干擾別人。
・做事前不加考慮。
・不考慮自己行為的後果。
・手腳經常扭來扭去。
・在學校或在餐桌前，無法長時間坐在自己位置上。
・喜歡到處亂跑，或爬到不該爬的東西上面。
・聲音太大。
・經常做出好像「要出發囉」的動作，就好像「騎在摩托車上一樣」。

偏差孩子本來挫折感的容忍度就很低，一旦又有了ADHD的問題，更多混亂的狀況只會讓他的偏差程度更為惡化。好好想想這點。孩子無法好好坐著，或是心思飄浮不定，都會讓他感到非常難過及挫折。有些孩子最主要的問題是缺乏注意力，至於其他孩子主要的問題則可能是過於激動／容易衝動，而有些孩子則是兩種症狀都很嚴重。

當我在撰寫本章時，過去一位客戶李告訴我說，他希望我知道她十四歲的兒子葛倫最近已經比較能掌握自己的人生了。幾個月以前，葛倫從李的銀行帳戶偷了一千二百元，跑去買了滑板、CD等大肆採購一番，後來李帶他來找我。葛倫衝動的行為跟ADHD的症狀非常類似。他七歲時曾被診斷出罹患ADHD。

當葛倫被媽媽帶來見我時，做出許多衝動的反應。這是因為最近他爸媽剛離婚，以

及在新學校有學業及人際關係上的調適問題，因此他感到很難過。葛倫感到焦慮，主要是因為ADHD的問題，現在他的行為比過去還要衝動而叛逆。我與葛倫談過後發現，在他偷錢的那段時間，他也「忘記」服用ADHD的藥物。我鼓勵葛倫再度開始吃藥，而他也同意「只要媽媽別再嘮叨」，他就願意吃藥。後來李除了較少嘮叨之外，也利用第六天不再絕望原則。在我們都同意下列事項後，葛倫的偏差行為也就減少了：葛倫會按時吃藥、葛倫會歸還從店裡偷的商品、李為了葛倫願意回來找我，與我討論離婚及學校等困擾他的問題而讚美他、葛倫願意做一個月額外的家事，媽媽就答應買新滑板給他。

反對為孩子貼上ADHD標籤的人認為，如此會讓孩子被別人蔑視。有時父母認為ADHD的孩子是自己選擇不聽話、不專心、不想控制衝動、不願意安靜。這些父母忘記了，有ADHD的孩子經常在各方面都無法控制自己。患有ADHD的孩子無法約束自己，因為ADHD是種神經上的疾病。罹患這種病症孩子的大腦無法控制衝動及集中注意力，跟有些沒有這種病的孩子極為類似。最讓我痛心的，就是看到外界不了解ADHD，而把過動與過於衝動這類病症的孩子，與「難以管教」的孩子混為一談。同樣的，罹患此種病症而注意力不集中、不容易被約束、老是心事重重的孩子，卻常被人看成是沒有學習動機、或者更糟的是被人看成「懶惰」。然而這兩種孩子都有不同類型ADHD，而且顯然無法（與選擇不做相反）阻止問題發生在自己身上。而讓情況更為複雜且難以處理的是，這些症狀會根據孩子不同的成長背景而有極大的差異，使得ADHD很難被診斷出來。而且若是注意力不集中是孩子的主要症狀時，他究竟是否患有ADHD會更難診斷出

來，因為這類孩子比過於衝動的孩子更容易混雜人群之中而不被發現。

十一歲的海瑟被編入一個混合了行為偏差及ADHD孩子的班級。在老師持續表達了對海瑟專心程度與注意力等問題的關切後，海瑟的媽媽瑪莉貝絲帶她來找我。我為海瑟做了ADHD檢測，顯示她確實在與老師及父母相處時有這方面問題（主要是無法集中注意力）。海瑟除了無法專心與注意力不集中，還有無法結交並維持朋友關係的毛病。海瑟無法交朋友的原因，可能必須歸咎於無法集中注意力，並傾聽及回應對方的話。即使瑪莉貝絲用了很多我在第三天所分享的建議，但海瑟還是一直無法克服寫功課的問題。

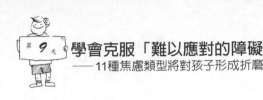

就像許多偏差孩子的父母一樣，瑪莉貝絲常感到挫折，也常對孩子咆哮。但是當她開始使用我那套冷靜、堅定、非掌控的方法後，我很高興地發現海瑟的偏差行為開始明顯減少。海瑟的醫師開了些幫她集中注意力的藥。當校方確認海瑟患有ADHD之後，便為她制定了一套特殊規定，讓她就能更從容地應付學校課業上的種種挑戰。

你可以回憶一下，第八天我曾提過學校與偏差行為的關連。通常校方很樂提供合理的特殊教育，讓ADHD的孩子在課堂上集中注意力、學習及更守規矩。他們認為幫助孩子進步是每個人的責任。校方可能也可以更動孩子的座位、提供你一份孩子回家作業的複本、或透過其他方式來協助他。在尋求校方同意做出這些改變的過程中，你必須準備如何向校方解釋這些改變是必要的。你也可以提供孩子心理醫生或諮商顧問的信件，向校方提出改變的要求。或者你也可以請醫師或心理顧問直接與校方聯絡，強力說明孩子為何需要調整過的教育方式，但別激怒校方。在許多案例中，校方除了願意配合之外，甚至還會提出許多額外的想法，盡可能提供必要的調整教育方案。

你必須了解，在現行的校規之下，孩子只是被診斷出患有ADHD的話，校方並無法提供他特殊的協助、照護或教育方案。正如第八天所提到，患有ADHD或其他殘疾的孩子需要校方認可他們的殘疾，才能接受特殊教育及相關輔導。只有在聯邦政府及州政府法律的評估確認下，孩子才能接受法律保障下的特殊服務。如果孩子的條件符合，才有資格使用適合的特殊教育及其他相關的個人化教育方案。

在其他的案例中，有的孩子並不適用於個人化教育方案，但是卻符合「五〇四」方案，這個方案的名稱是取自於獨立州政府法令，目的是要防止人們歧視孩子及患有殘疾的人。若要符合這項州政府法令的規定，孩子必須被評估、發現其身體或精神上的殘缺，已「實質上限制」了他「主要日常活動」，而學習能力即是主要活動之一。如果孩子被斷定為符合「五〇四」方案，便有權享有非殘疾孩子所無法享有的特殊教育。

②確認ADHD孩子的需求，能在學校獲得到滿足

對你來說，注意學校提供的教育方案是否符合孩子的需要很重要。你可以建議老師對孩子使用的策略愈具體，或是鼓勵老師持續使用，那麼你為孩子在學校爭取任何權益就會愈有效。輕鬆地與老師或其他教育團隊談談以下策略，究竟會對孩子的教育需求產生什麼幫助。這些策略中的幾個意見是來自艾德華．哈洛威（Edward Hallowell）的著作《是什麼原因導致分心》。此外，我另外一本書，《十天內，培養專注力小孩》（新手父母出版）一書也提供了詳實，但容易運用的十天計畫，讓孩子分心的情況有所改善。

你的目的當然不是要取代老師，或是成為他的上司，所以若是老師做出下列事項時，你必須非常堅決地支持你的孩子：

- 把困難的課業切割成一小塊一小塊，孩子才不會被困難所擊垮。
- 確定自己能適時給予孩子正面的反應。這點之所以非常重要，是因為ADHD的孩子常聽到別人對他有負面的反應。
- 對有注意力不集中問題的ADHD的孩子，在他做回家功課、課堂作業、考試及各種計畫時，要多給他一點時間。
- 在學校為孩子找一位良師益友。
- 優先考慮讓孩子坐在教室中容易得到老師指導的位置。
- 請孩子跟其他同學確認自己抄的筆記是否正確。
- 如果可能的話，讓孩子在私人的、安靜的教室裡應試。
- 在書面指示之外也要用口頭說明。反之亦然。
- 對於孩子的感受能夠感同身受。
- 闡明、並重覆你的指示是什麼。
- 經常進行目光接觸。你可以透過目光接觸而「捉回」ADHD孩子的注意力。請經常這麼做。看一下孩子可以讓他從白日夢中驚醒，也等於是准許他回答問題，或等於是給他一個無聲的保證。
- 設定界線與規範，但不要處罰。這些規範必須前後一致、可預期、迅速且明確。

治療ADHD最好的方法，就是讓自己成為支持及關心孩子的父母；如果你正在閱讀本書的話，我相信你一定就是這樣的父母。我建勵你可以看看其他資源那一章，可以得到有關這個議題更多的資訊。其中有個叫CHADD的組織應該會對你很有幫助，有關它的聯絡方式，請見資源那一章的清單。

學習障礙也可能會造成偏差行為

行為偏差的孩子常潛藏著學習障礙，如今一般認為這個問題可能單獨存在，也可能會混合了其他症狀。根據教育專家估計，大約有百分之五～十年齡在六歲到十七歲的孩子有學習障礙。在美國有一半以上接受特殊教育的孩子有學習障礙。學習障礙最常見的就是識字障礙。百分之八十有學習障礙的學生有識字障礙。就像ADHD一樣，學習障礙是種神經障礙，會影響患者的理解力、使用及書寫語言的能力、計算能力、協調性、或注意力等問題。與ADHD類似的是，行為偏差的孩子很容易因學習障礙而無法應付困難的課業，所以會感到挫折或變得行為偏差。以下列舉一些常見的學習障礙：

- **識字障礙**：這是語言上的殘疾，讓孩子無法閱讀或了解單字、句子或段落。
- **計算障礙**：這是計算上的殘疾，讓孩子會無法解答算術、理解數學概念。
- **書寫障礙**：無法寫出一封組織完整的信，或是無法在被限制的空間裡寫信。
- **非語言性學習障礙**：包括任何跟語言無關的學習障礙，包括認知、閱讀、及理解非語言溝通的方式以及解決問題的能力。另外還包括無法控制行為、抑制反應或反應遲緩、注意力無法集中、無法組織訊息、及設定目標等。

◆聽力與視力殘疾：這些將使孩子無法透過正常的聽、視力理解別人在說什麼。

有學習障礙的孩子需要特殊教育系統提供的服務。特殊教育是特別為這類孩子的獨特需要所特別設計的教學內容，包括加強矯正閱讀、數學及其他科目的需要，另外像是心理諮商、物理及職能治療、說話及語言輔導、交通接送、及症狀診斷也包括在內。接受特殊教育的孩子，有非常高比例被認為有學習障礙。

菲利普是個十歲的偏差孩子，同時被診斷出患有識字困難。他對於自己不像其他同學可以輕鬆閱讀而感到憤怒，更別說就連他八歲的妹妹閱讀起來都比他輕鬆了。在我的建議之下，菲利普的媽媽珍娜與學校密切合作，儘管菲利普在課業上有很大的問題，但他們仍十分支持菲利普使用個人化教育方案來幫助他學習。除此之外，珍娜私下找了一位非常成功、有過許多指導識字困難孩子經驗的閱讀專家。一旦識字困難的問題解決了，菲利普的偏差行為也就減少了。我們一起幫他看到了他的天分，以及該如何減少與自己妹妹的競爭。學習障礙可能是一輩子的問題。某些孩子會出現好幾項不同的學習障礙。至於其他孩子可能只有一種單一的學習障礙，而且對人生並不會造成太大影響。好消息是有許多教育方面的建議及資緣，能幫助孩子減少學習障礙所造成的影響。若要知道更多訊息，請翻閱資源那一章。

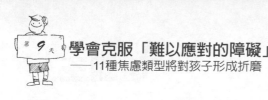

憂鬱症會造成孩子的偏差行為

憂鬱症對偏差的孩子來說，可能是個極其複雜的問題。憂鬱症的根本原因可能是基因或心理上的問題。只有百分之二青春期以前的孩子、以及百分之三～五的青少年在臨床上被診斷出有憂鬱症。這是僅次於焦慮外，最常被診斷出的心理問題。憂鬱症可能是孩子對某些事件的反應，像是離婚、搬家、人際關係、所愛之人的死亡、與男友或女友分手。儘管成人與孩子的憂鬱症可能頗為類似，但其中還是有些許差異。通常成人對傷心的感覺有比較強的忍耐力，而有些孩子或青少年會表現出更多的憤怒，而不是憂鬱的情緒。成人憂鬱時體重會減輕，而孩子則可能是體重達不到他們年齡應有的體重。

我輔導過許多憂鬱症的孩子，他們長期感到憂傷及洩氣。我發現若是偏差孩子憂鬱時，常會表現出「作怪」的負面行為，包括輕視他人、挑釁同學、或放棄自己在學校的努力，來表達難過的情緒。憂鬱症的偏差孩子有著強烈的憤怒。我們認為就心理健康的循環而言，「憤怒是憂鬱向內深化的結果」，而這似乎是有憂鬱症偏差孩子的必然結果。憂鬱症會產生惡性循環。如果孩子對自己及周遭世界有負面看法，便會在家裡及學校產生問題，而且還會產生更多憤怒的情緒，終究導致偏差行為。憂鬱症會讓偏差孩子的自尊蕩然無存，這也是為什麼這個問題必須要解決的重要原因。

以下是可以用來判斷孩子是否罹患憂鬱症的徵兆。如果孩子有至少三種以下的症狀，而且持續兩星期以上的話，你最好要求助專業人士。並不是所有憂鬱症的孩子都會有下列每種症狀，而且每個孩子症狀的嚴重程度亦各有不同。受過專業醫學或心理方面訓練的專家，才能診斷孩子是否有憂鬱症。

◆感到憂傷或放聲大哭。
◆沒來由的罪惡感。
◆自尊心很低。

◆認為生命沒意義，或是未來不會發生任何好事。

◆突然放棄平常會做的事，音樂、運動、交朋友、出去玩等，而且常一個人。

◆無法專心及無法做決定。

◆容易動怒且過度反應。

◆改變睡覺習慣。包括了睡得更多，或是晚上很難入睡。

◆明顯沒有食慾，或是食慾大開。

◆多數時間都靜不下來，並且感覺很疲倦。

◆常常想死，或覺得自己快死掉，或有過自殺的念頭。

套用一位觀察力卓越的演說家，凱文・博銳爾在社交媒體上談到憂鬱症的話，「關於憂鬱症，有個非常常見的誤解，說憂鬱症只是心情感到悲傷而已，當生活出了差錯、女友和你分手、失去所愛、當你沒能獲得想要的工作時感到悲傷而已。但，那是一時悲傷，是很自然的事，是人之常情。真正的憂鬱症不是當生活中出了差錯，感覺悲傷而已。真正的憂鬱症是，當生活中事事順心，你還是感到悲傷。」

這位演說家進一步和我們分享了，孩童、青少年和成年人對於憂鬱症都感到羞愧一事，而我們的社會卻大大忽略了這種心理健康問題的嚴重性。他更提出一個活靈活現的例子作為比對，骨頭斷了，有人會把斷骨的照片傳到社交網站上，但當他們感到極度憂鬱，根本不想從床上爬起來時，卻不會對世界宣布。如果你懷疑自己的孩子有憂鬱症，必須盡快評估並展開治療。如果憂鬱症沒解決的話，可能會導致自殘、甚至是自殺。憂

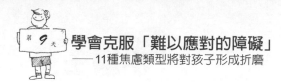

鬱症是可以控制的，而且只要解決了憂鬱的問題，就可減少孩子的叛逆或偏差行為。我親眼見到若是憂鬱症及偏差行為無法獲得控制的話，症狀會變本加厲。

十四歲的艾麗絲花愈來愈多時間在聽音樂及寫灰暗的詩句。爸媽問她為什麼那麼憂傷，她的回答是：「沒有什麼事讓我快樂，而且沒人喜歡我。」艾麗絲的成績日益下滑，當她感到痛苦時，還會割殺自己的手臂和小腿，所以爸媽帶她來找我。（自殘除了常透過生理痛苦來抵銷或紓解內在情緒上的痛苦，而且還會有自殺的念頭）

艾麗絲向來很不聽話，但不像最近這麼極端。艾麗絲在生理上相當成熟（她看起來像十六、七歲），卻沒有那個年齡應有的心理成熟度。為了應付生理成熟過程中的改變、期待及壓力，艾麗絲感到非常憂鬱。

艾麗絲變得愈來愈難相處。隨著她憂鬱的情緒不斷升高，偏差行為亦不斷增加。她甚至會無緣無故地打爸媽或其他人。她很少快樂——她心情的本質是憂傷與憤怒。

艾麗絲在找我諮商的同時，也服用精神科醫生開的抗憂鬱藥物。她告訴我，她對自己的爸媽感到很失望，因為她無法達到爸媽的期望。她的自尊心極低，而這點相當程度是來自於她的外型對男孩所造成的吸引力，以及被嫉妒她的女同學排擠。

她形容「對社交網站大量的『讚』，又愛又恨。」我與艾麗絲深談，才了解艾麗絲的爸媽完全不同意她的想法，也沒有針對這點與艾麗絲好好地溝通過。經過幾次挑起感情波濤的家庭諮詢後，我指導艾麗絲的爸媽使用從來沒用過的傾聽方法，讓艾麗絲的情況開始好轉。我們共同討論過後，證實艾麗絲對同學的感覺並沒有錯，同時並支持性地引導她尋找更支持她的朋友。當她憂鬱的情緒紓解了之後，偏差行為也就減少了。

孩子的想法會形塑他的感受

在幫助為憂鬱症所苦的偏差孩子時，我發現了解他們是怎麼看待自己非常有用。無論如何，我的立即目標是經由同理心與支持的態度、以及適時透過幽默感，來建立孩子對我的信任。同時我也藉由各種遊戲，包括諮詢導向的紙牌及跳棋，來建立彼此之間的信任，並增強孩子有效的應對技巧。在諮詢過程中，我也會伴隨著對極為友善的諮商技巧，讓孩子畫出他的感受。

為了讓孩子學習如何以更理性、且更有益的方式思考，我借用了認知療法的工具。認知諮詢策略對憂鬱症及焦慮的孩子非常有用，對行為偏差的孩子亦然。認知諮詢理論的基本假設是思想、感受與行為之間有著非常緊密的關係。換句話說，我們的感受與行為受到思想的影響。這表示我們的感受會被扭曲的想法所控制。這類的例子包括了：

◆**非黑即白的想法**——「我不是個好人，就是個壞人。」
◆**感覺大禍臨頭**——「再也不可能有好事發生在我身上了。」
◆**過度衍伸**——「沒有任何人可以信任。」
◆**把問題個人化**——「那一定是我的錯。」
◆**任何事都「應該」如此**——「他應該邀我到他家玩。」

這些負面想法是能改變並變得更健康、有益的。如以下表格所示：

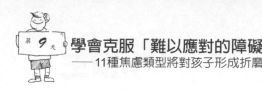

負面思考	負面想法 v.s 有益、健康的想法
非黑即白的想法	☒我不是好人，就是壞人。 ☑即使有一部分的我需要改變，但我還是挺喜歡自己的。
感覺大禍臨頭	☒再也不可能有任何好事，會發生在我身上了！ ☑我希望有好事發生，而且我過去已經遇過很多的好事了。
過度衍伸	☒根本沒有任何人可信任。 ☑我的人際關係與理想中稍有差距，但我可以因此從中學習。
把問題個人化	☒那一定是我的錯！ ☑我可以從這個錯誤中學習。
任何事都「應該」如此	☒他應該邀我到他家玩。 ☑我希望他邀我，但如果沒有，我也會去做其他事。

一般認為認知療法對偏差孩子沒有什麼用，但我的經驗卻恰好相反。在輔導憂鬱症、偏差的孩子時，我的目標是讓他們：

◆了解思想、感受與行為之間的關連。
◆了解他們扭曲的想法。
◆檢視足以證明或反駁他們非理性想法的證據。
◆找出取代扭曲思想的另一種想法。

◆接受更實際的想法，可產生更穩定正面的情緒。

十一歲的傑夫是個有憂鬱症的孩子。在一次爭執之中，他拿刀刺傷了爸爸，於是爸媽帶他來找我。有一次傑夫跟我坐在一起時，我畫了兩捆炸藥，一捆的引信比較長，另一捆的引信比較短（我發現這種視覺模式對於不了解自己情緒的孩子很有幫助）。

我問哪一捆炸藥適合表現他的憤怒情緒——他選了引信較長的。我向傑夫解釋控制自己的思想，能決定憤怒引信的長短。經由我的鼓勵，傑夫找出自己扭曲的想法：

◆「我無法做好任何一件事。」

◆「每個人都覺得我很笨。」

◆「我籃球打得爛斃了。」

其實這些負面想法都很容易反駁。傑夫和我把他生命中所有的成功經驗都列出來，讓他知道這些負面想法都不是真的。我們都同意他做了很多好事，他一點都不笨，而且他打籃球的技巧還算可以，並不算太糟。我幫傑夫找出比這些更健康的替代性想法：

◆「我做了很多很好的事，即使我犯了一些錯，但我還算不壞。」

◆「我不笨，可是我在數學方面得比其他同學更用功。」

◆「我不是籃球明星，但是經由更多的練習，及今年夏天的籃球營之後，可以增加我打籃球的技巧。」

我們共同努力了一段時間之後，傑夫那種不以為然的想法及論斷變少了。這種思想上的轉變，讓傑夫憂鬱的感覺一掃而光。

我要提出的重點是，認知諮詢（及藥物，在必要的時候）能讓大多數憂鬱症的孩子在幾週後就會開始覺得自己比較好。在幫助有憂鬱症的偏差孩子時，必須考慮的是讓他們覺得自己不孤單。支持並理解是什麼原因困擾偏差孩子，會讓孩子有很大改變。

什麼是「躁鬱症」？

躁鬱症（Bipolar disorde）的正式說法是狂躁憂鬱性障礙（manic-depressive disorder），它會發生在成人身上，也會發生在孩童身上。根據估計，全世界大約有百分之一～二成人有躁鬱症，但孩童的罹患比例則未曾被證實。孩童的躁鬱症很難被診斷出來，因躁鬱症的症狀跟其他病症極類似。此外，躁鬱症的症狀可能會被視為是孩童或成人的正常情緒或行為。成人或孩童躁鬱症的症狀，很難從與在那個年齡的人常有的問題區別出來。舉例來說，憤怒的情緒或侵犯的行為，可能會被指為是躁鬱症的結果，但同時也可能是注意力不足過動症、行為障礙、反抗性偏差障礙、或其他常發生在成人身上其他常見的精神障礙，像憂鬱症，甚至是精神分裂。濫用藥物也可能造成這些症狀。

許多家長可能會對孩子的悶悶不樂而感到可笑。然而躁鬱症並不是一般情緒上的改變，它一點都不可笑。躁鬱症會嚴重傷害孩子在校的學習生活、與同學之間的往來、以及與家人的相處。躁鬱症的孩子可能沒有很清楚的情緒週期，但躁鬱的情緒會維持相當一段時間，或很快就會將這種情緒轉化為精力、異常活潑、叛逆、誇張、易怒、焦慮及暴躁。躁鬱症的孩子在很多方面的表現很像行為偏差的孩子。若是一個孩子既偏差又有躁鬱症，解決起來自是困難重重。如果你的孩子有躁鬱症，保持樂觀的心情很重要。大部份有躁鬱症的人——即使是最嚴重的躁鬱症——透過適當的治療，都可以讓他們起伏擺盪的心情及症狀穩定下來。**下列清單將幫助你揭開躁鬱症的神祕面紗**。躁鬱症的孩子會出現一些憂鬱症的症狀，且至少有三種以上的瘋狂行為，並持續一個星期：

◆情緒上有強烈的改變，不是極端的憤怒，就是過度愚蠢及興奮過度。
◆誇張過頭的自尊心。
◆精力過剩。
◆需要的睡眠時間減少，睡得少或即使沒睡，白天也不會感到疲倦。
◆變得很愛說話，太多話，而且說得太快；很快就會轉變話題；不能被打斷。
◆容易分心，注意力很容易從一件事換到另外一件事。
◆性慾變強。滿腦子都是性的想法、感受及行為。說起性事來鉅細靡遺。
◆有目的的活動或肢體性運動明顯增加。
◆忽視危險，從事風險極大的行為或活動。

我曾輔導過一位十五歲的偏差孩子叫查爾斯，他也有躁鬱症的問題。查爾斯第一次來看我時，對自己的外貌非常不滿意，而且感到相當憂鬱。查爾斯有情緒反覆無常，及說話非常衝動的問題已經很久了（從六歲開始）。

經過幾個星期的諮商後，他變得愈來愈開心。我想我已成功地幫他克服憂鬱症的情

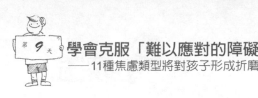

緒了。然而我很快就了解到，查爾斯正處於瘋狂的中間階段。他完全沒有睡意、整晚在網上亂逛，看色情網頁，也沒有選擇性的大量亂看維基百科裡的資訊。他說話的速度飛快，據他說，他的父母親也一樣，而且像是有用不完的精力。一位經同事推薦的精神科醫生證實了我的懷疑，那就是查爾斯有躁鬱症。查爾斯身上配有一個情緒安定裝置，同時服用了一些藥物，後來成功地減少了他情緒上的問題。

焦慮情緒會增強孩子的偏差行為

約有百分之十的年輕人有過焦慮經驗，而大部分人都未治療。令人感到沮喪的是憂鬱症患者經常會否認有焦慮的情緒。這是由於焦慮被認為是軟弱，對行為偏差的孩子而言，尤其如此。請記住，行為偏差的孩子對情緒的自我了解程度通常較低，許多有焦慮症的孩子情緒都有以「憤怒」發洩的傾向。我常看到在偏差孩子虛張聲勢的外表下，潛藏著嚴重的焦慮。偏差孩子的焦慮可能會妨礙到他上學的意願，與同儕之間的相處、自尊心降低、並導致自我評價極其負面。焦慮的孩子主觀上會感到憂慮、擔心及恐懼。大部分孩子偶爾會有這種感覺，所以如何分辨出正常與不健康的焦慮極為重要。

表現焦慮有許多不同形式，我所描述的，是焦慮孩子常表現出的幾種症狀：

- ◆極度擔心。
- ◆頭痛。
- ◆噁心。
- ◆盜汗。
- ◆胃痛。
- ◆呼吸急促。
- ◆無法做決定。
- ◆注意力無法集中。
- ◆對他人有扭曲的看法。
- ◆對周遭環境有負面看法。

有躁鬱症的偏差孩子會感到丟臉及挫折。診斷出正常焦慮與不正常焦慮的關鍵，在於憂傷痛苦的程度，及其對孩子各方面的影響。至於問題嚴重性，則必須根據孩子年齡及發展程度而定。根據我輔導過的偏差孩子告訴我，他們恐懼的範圍非常之大：

◆恐懼黑暗。 ◆恐懼被同儕排擠。

◆恐懼在學校的成績不好。 ◆恐懼體育或其他活動表現不好。

八歲的科瑞拿鑰匙刮他爸爸的車子，所以被帶來見我。科瑞的爸爸威脅他不准開燈睡覺——這是他最怕的事。科瑞用愈來愈不聽話，來對付自己恐懼的情緒。我讓科瑞的爸爸了解到，他兒子之所以不乖，只是在處理自己的恐懼感罷了。經過輔導之後，科瑞透過說話及工作來面對自己對夜晚的恐懼，而再也不用透過不當的行為，憤怒地表現出來他壓抑的恐懼感了。

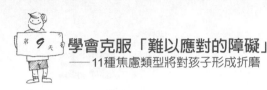

11種焦慮類型將對孩子形成折磨

①廣泛焦慮症會讓孩子過度擔心及容易疲倦

廣泛焦慮症似乎是孩子最常出現的焦慮。廣泛焦慮症的孩子最嚴重、也是孩子自己最常抱怨的症狀包括了疲倦、緊張、頭痛及噁心。廣泛焦慮症的偏差孩子經常有過度擔心、憂慮、及焦慮的情緒，同時至少持續六個月以上。他們容易感到煩躁、興奮、或坐立不安；容易疲倦、無法專心、腦子裡一片空白、易怒、肌肉緊繃、有睡眠障礙或一直很想睡、或是睡過以後仍感到疲倦。達瑞是個有廣泛焦慮症的七歲男孩。他的偏差行為

（主要症狀是大聲猛撞東西、或是爸媽想跟另一個人說話時，他就會欺負妹妹）在憂慮時會不斷增強，而且這種情形的發生頻率相當頻繁。我教達瑞如何透過深呼吸的練習「吹走」他的憂慮，而達瑞的父母也學著在他不再專注於自己憂慮時讚美他。舉例來說，有一天媽媽慫恿達瑞幫忙她做小餅乾來忘卻憂慮，讓他非常興奮。這所有的努力，包括達瑞個人的努力及透過家庭輔導，減少了他廣泛焦慮症的問題。經過幾個月的輔導，達瑞的焦慮消失了，他的偏差問題也在這個過程中一併解決了。

②恐慌症會讓孩子陷入恐慌的輪迴

恐慌症是因遭到恐慌侵襲而導致極度恐懼的感覺，而這種感覺似乎是因為憂鬱的緣故。恐慌症最麻煩的地方，在於恐慌自己會恐慌，比恐慌這個感覺本身還要嚴重。正如憂鬱症及各式各樣的焦慮，恐慌的想法與感覺會變成惡性循環。十三歲的安娜在爸爸經人建議使用了這個十天計畫後，偏差行為確實有了很大的改善。安娜主要是由爸爸撫養長大的，她告訴我自己非常恐懼，因為她開始懷疑自己的性取向。

在結束了大約三個的輔導後，安娜又開始出現典型類似恐慌症的症狀。恐慌症的症狀包括胸痛、心悸、呼吸急促、暈眩、噁心或腹部疼痛、頭昏眼花的腹部不適、感覺不真實、極度想逃開、感到灰暗或有想死的念頭、感受到危險即將逼近、以及恐懼死亡。安娜有著上述大部分的症狀。就像其他有恐慌症的孩子一樣，安娜相當憂慮、過度在意別人對自己的想法、以及緊張。我以認知療法及放鬆訓練為主要方法，讓她減輕恐慌的感覺。同時，我也用了幾年前在減少焦慮研討會上所學到的想像方法。我請安娜想像自己被一串由溫暖、光滑的白色光束所形成的球狀物所圍繞，感覺自己很安全，沒有任何危險。一旦她能控制自己恐慌的症狀，我便開始幫助她探究自己的性取向。當安娜了解是因為媽媽也有焦慮的問題，所以在遺傳上有恐慌傾向後，終於明白她對自己性取向的懷疑，是來自於她的恐慌。我「允許」安娜在不感到任何壓力的情況下，繼續盡快找出她的性取向，而她發現自己的恐慌程度大幅減少了。

恐慌症包括了呼吸急促、心悸、暈眩、口乾、噁心或腹瀉、肌肉高度緊張、以及因恐懼死亡而感到憤怒。如果你的孩子有恐慌症，以下的建議或許會有幫助：

❶使用我建議的態度——冷靜、堅定、非掌控。此外，確定自己對孩子要採取支持、平靜且接納的態度。你愈能保持冷靜，孩子也就能跟你一樣冷靜。

❷保持目光接觸，傾聽他的意見，再三確認孩子不會有事。

❸溫柔地鼓勵孩子慢慢深呼吸，同時放下心來、不作任何的評斷。請你與孩子坐在一起。如果情況惡化的話，必須尋求醫療方面的照顧。

❹傾聽孩子憤怒的想法（如我根本就沒有未來可言、再也沒有人會喜歡我、從來沒有人把我當一回事、我做的每件事都爛透了、未來十年學校每個人都會說我壞話）。對年紀小一點的孩子來說，養寵物或畫畫也可以讓他擺脫焦慮的想法。

❺一旦孩子冷靜下來，讓他了解憤怒的自我對話會導致焦慮。向孩子顯示他憤怒（無用）的想法並沒有任何根據，並幫助他發現更多理性（有益）的想法。舉例來說，給孩子幾個有事實根據的理由，說明他不是個全然的失敗者、或是完全不受歡迎的人。指出這些負面想法中不正確的地方很重要。對於年紀小一點、像是四到六歲的

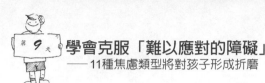

孩子因恐懼而導致恐慌的話，你可以利用養寵物、畫畫、說故事來幫他從不同角度看待讓他害怕的事物。我讓五歲大的維農「相信」那些想像中躲在床底下的怪物其實是他的私人保鑣，而解決了他的恐慌症。

❻為了防止孩子將來有恐慌症，當孩子開始感到恐慌時，不妨先問問自己：「最糟會發生什麼事？」這可以讓他冷靜下來，並發現其實自己的恐慌沒有任何根據。

③「強迫症」與「妄想症」

有些偏差的孩子也有極度嚴重的妄想症（強制的、有害的思想或衝動），及強迫症（與妄想症有關的極度無法控制的重覆行爲）。妄想及強迫的感覺在發洩時會傷及孩子的能力，但卻會讓他感覺好過些。這些症狀會造成很大的痛苦及傷害，而且會耗費許多時間（他們經常每隔一個小時就要吃東西）。最常見的妄想症範圍包括了細菌、灰塵、汙染物、一再懷疑、要求事物非得按照一定的秩序安排、恐懼挑釁或傷害性的刺激、因性幻想而心神不寧。至於最常發生的強迫症則包括一再洗手，或是用紙巾擦拭摸過的東西；檢查抽屜、鎖及門窗；不停地計數；重覆做同樣的動作；以及再三要對方保證。

凱蒂，九歲，常勃然大怒。我回顧她的家庭史，注意到她祖母顯然曾被懷疑罹患強迫或妄想的症狀。經諮商協助及精神科醫師的藥物治療後，凱蒂一再想檢查門是否鎖上、冰箱把手是否乾淨、拚命敲手指、隨時勃然大怒的脾氣等，也一併減少了。

④創傷後壓力症

我曾輔導過幾個經歷重大創傷，像是性虐待或身體虐待、天然災害、或極度暴力對待的偏差孩子。他們都有創傷後壓力症的症狀，包括做惡夢、過去的事如電影倒敘般出現在腦海裡，情緒麻痹、憂鬱症、生氣、易怒、容易分心及驚嚇。九歲的羅貝多在被鄰居的狗攻擊之後，行為偏差的問題因為創傷後壓力更加嚴重。我的計畫是一方面使用前面提到的療法，另一方面是請父母讓他養隻寵物，讓他度過創傷後所產生的壓力。

⑤恐懼症

恐懼症是對某些事物產生不能自已、或毫無理性可言的恐懼，而事實上這些事物只有一點點危險、或沒有任何實質危險。恐懼會導致避免接觸某些東西或某些狀況，造成恐怖、擔心、恐慌等極端的感受，並在實質上限制一個人的生活。特定的恐懼症會特別恐懼某些特殊事物（像特定動物）或狀況（像懼高，或害怕在密閉的空間裡）。

傑克是個八歲大的男孩，他非常怕吸血鬼。他會追著弟弟跑或是嚇他，好趕跑自己的恐懼。我在檢視他們家的族譜時，發現傑克媽媽跟他媽媽的親戚罹患不同類型的焦慮症。至於傑克這方面，他的焦慮症已與他對吸血鬼的恐懼混在一起了。我放了一部電影給他看，那是一部關於一個笨兮兮、傻得要命的吸血鬼的喜劇片，而這無疑挑戰了傑克對吸血鬼的負面形象。從此他不再那麼喜歡欺負弟弟了。後來傑克再來看我時已是個青少年，這次是因為被一個喜歡的女孩所拒絕，他心裡感到很受傷。我們都覺得應付吸血鬼，要比處理感情問題要簡單得多，並為此而大笑了起來。

⑥社交恐懼症

社交恐懼症是指當孩子被置於一群陌生人之中、或是被其他人仔細端詳時，因之對一種或多種社交狀況有著難以應付、且持續不斷的恐懼。科特是個十一歲的男孩，有著典型社交恐懼症的症狀。他害怕會表現出焦慮的症狀（請注意這種惡性循環），因為如果同學看到了會讓他很尷尬。結果，科特變成他最討厭的孤零零一個人了。

有社交恐懼症的孩子沒有良好的社交技巧。我見過許多沒有偏差問題及行為偏差的孩子都有社交恐懼症，因為恐懼社交、或恐懼表現自己，而表現出逃避、焦慮、先發制人、或苦惱等情緒，而這會對他們的人生產生非常大的阻礙。社交恐懼症的症狀包括：

- 對別人的批評過度敏感。
- 在課堂上不敢大聲朗讀。
- 害怕加入其他人的談話。
- 害怕與大人說話。
- 害怕與人對話。
- 害怕在課堂上做報告。
- 害怕參加舞會或生日派對。
- 害怕在課堂上回答問題。
- 害怕問老師問題尋求協助。
- 對事情無法有肯定的看法，自尊心極低。
- 害怕展示自己音樂或體育方面的能力。

我幫過許多像科特一樣行為偏差的孩子，透過教他們該如何放鬆及使用適當的社交技巧，解決了他們的社交恐懼症。同時我也發現，這些孩子從此更了解如何學習認識、並改變焦慮的想法，因為正是這些想法讓他們在社交場合產生焦慮感。透過正面思考及理智想法，孩子得以輕鬆地步入社交場合。我要再次強調，我是使用認知療法來減少孩子腦中扭曲的想法。我也幫孩子列了一份成功參與社交活動的清單，一起努力讓這種情況「擴大」到未來的社交場合。此外，我也讓孩子自己列一份對他們來說困難社交場合的清單，像是參加派對、電話談話或跟朋友聊天。然後我叫他們每次在面對這些狀況時，記得要使用社交技巧。我與孩子的父母對他們的成功都給予高度的肯定。不過我也要強調，期望最好要實際一點，因為輔導的目的，並不是要把孩子變成一個社交花蝴蝶。

⑦健康問題會增加孩子的偏差行為

行為偏差的孩子常有許多健康方面的問題。比較具代表性的醫學性問題包括：

- 氣喘。
- 過敏。
- 骨科疾病。
- 癌症。
- 便祕／大便失禁。
- 囊胞性纖維症。
- 腸胃問題。
- 頭痛／偏頭痛。
- 心臟問題。
- 大腸激躁症。
- 青少年糖尿病。
- 萊姆症（註）。
- 心智遲緩。
- 過度肥胖。
- 睡眠障礙。
- 癲癇。
- 身體／性侵害。

十三歲的傑若米最近被診斷出患有糖尿病。人家介紹他來看我，因為他開始出現一種「撞倒」小小孩的習慣。傑若米因糖尿病而變得叛逆、不願聽父母的話。當傑若米接受自己罹患糖尿病的事實後，他的粗暴行為就停止了。我的另外一位病人，十五歲的西維亞因患有與狼瘡相關的併發症而被帶來我這。西維亞擔心病情時會打破相框或偷爸媽的錢。很幸運的是，在她接受一些新形態的治療後，病情變得穩定多了。

有些健康上的狀況會使偏差行為益形惡化。我必須指出，有些孩子可能會受到焦慮

註：由扁蝨傳染的病症，症狀為紅斑、頭痛及發燒。

症或憂鬱症的影響，而必須面對健康方面的問題與挑戰。我鼓勵所有身陷這些處境的父母加入支持團體，並持續努力解決這些孩子生理上的病症。

慢性病孩子所面臨的最大挑戰，就是會對克服自己的病症心灰意冷。這些孩子希望能跟其他孩子一樣，不用去看醫生／吃藥／有飲食上的限制。

⑧毒品會導致偏差行為

有酒癮或其他毒癮的偏差孩子也會有些問題。孩子之所以會嘗試嗑藥，是因為聽說嗑藥會讓人感到「很high」。他們嗑藥往往是因為同儕壓力，不得不跟朋友「打成一片」。有些孩子選擇嗑藥作為逃避或忘卻煩惱的方式。那種「陶醉」的感覺，可以讓人暫時從難熬的現實生活中逃離開來。自己使用或濫用酒精或其他毒品的父母及大人，等於是在向孩子做出不良示範。有些父母可能並不了解酒精或毒品成癮是怎麼回事。現在比過去有更多管道可以接觸到毒品，還可以透過網路得到有關毒品的錯誤訊息。在大部分的社區隨處都可看到及買到毒品，這令多數父母都感到非常驚訝。

巴瑞，十四歲，他因為與日俱增的偏差行為而被帶來我這裡。一旦他決定信任我之後，便向我坦承自己會吸大麻。巴瑞常用貶損口氣跟媽媽說話。我告訴巴瑞說，我非常喜歡他，所以無法接受他用那種口氣跟媽媽說話。但是當巴瑞對媽媽的態度經過輔導而有所改善後，他吸大麻的問題卻更嚴重了。他否認抽大麻是為了要有爽的感覺，而是很驕傲的宣布，他抽大麻是為了要感覺比爽更爽。他開始一進家門就滿身都是「草味」，而且還會逃學。我建議讓他接受放學後的毒品治療計畫，協助他度過這段恢復期。很棒的是，巴瑞在參加了這個強力藥癮治療後，終於戒掉了大麻，而且行為也有所改進。

遺憾的是許多父母在發現問題的徵兆前，孩子早已嗑藥或酗酒一段時間了，孩子已不是偶爾才服用藥物或酒精這些東西了。孩子可能會濫用毒品及酒精、或是對毒品及酒精成癮。對孩子來說，最好的解決方法就是離開目前所處的環境，並遠離同儕的影響，才能讓他們脫離濫用毒品與酒精的問題。若是你想讓孩子戒絕毒品或酒精，必須給他一個重新振作的機會，讓他參加治療計畫來斷絕業已成癮的問題。有時你無法決定該從哪個問題開始著手，是先導正他的偏差行為？還是他嗑藥的問題？重點是如果孩子這兩種問題都有，那麼你愈快讓他接受治療愈好。這兩者中的任何一個問題都會讓另一個問題益形惡化，而且會造成更大的麻煩，像是毒品成癮、更為叛逆、放棄學業等。

拒絕承認孩子有這方面的問題，會讓情況在孩子有了毒癮後變得更糟。你必須誠實地面對這兩方面的問題——首先，你必須先處理你與孩子之間的關係，其次，你必須找人幫你讓孩子接受治療。這是讓孩子變得更好、讓他繼續保持更好的不二法門。

⑨孩子可能有嗑藥狀況的警訊

有一點很重要的是，你必須察覺有些警訊是在提醒你，你的孩子正在嗑藥。你愈明白自己該注意哪些警訊，當孩子真有嗑藥問題時，你愈能果斷地面對。

- 愈來愈常喜怒不定，像是生氣、傷心、輕微的狂躁。
- 你放在抽屜裡的酒或處方用藥不見了。
- 眼神痴呆、目光極少接觸別人、臉色蒼白。
- 經常生病，早上會咳嗽。

- 金錢／價值觀淪喪，經常「弄丟」隨身聽與手機。
- 突然會「失蹤」一段時間。
- 睡眠習慣改變／常覺得疲倦。
- 逃避。
- 收到神祕簡訊，或手機使用頻率驚人地增加。
- 發現不明容器、包裝紙或錫箔紙。
- 被告知孩子在學校極度興奮。
- 成績急速下滑，翹課。
- 對家人感到絕望，或將家人排拒在外。
- 來往的朋友變得不同。
- 出現尋找毒品的行為，像是在網路上搜尋毒品。
- 看起來很入神的樣子，很容易分心。
- 對健康有益的事失去興趣，像是運動、上教堂、及與家人接觸。

處理偏差孩子的毒品與酒精問題時，有件很重要的事請你銘記在心，那就是他不是個壞孩子，他也想要變好；他有病，而且也想要克服。許多父母以為嗑藥「只是一個過程」，或認為每個人都有「愛喝酒的階段」。然而這個問題卻比父母想得要嚴重。在孩子青春期這幾年，大腦的發展及其因傷害所造成的危險是非常嚴重的。神經學家指出，若是大麻進入大腦皮質層，會影響到大腦的發展、記憶力、甚至是眼手的協調。所以愈早適時地制止青少年繼續嗑藥，他的家庭關係及人際關係的扭曲就會愈少。

父母如何看待自己所做的事也同樣重要。如果你自己飲酒過量，或者視嗑藥沒什麼大不了，那麼孩子也會用這點來反駁你。最近，有位同事告訴我下面這句極為有力的話：**「一位家長勝過千名學校老師」**。

⑩自閉症譜系障礙

自閉症譜系障礙（Autism spectrum disorder，簡稱ASD）是精神疾病診斷準則手冊第五版中使用的名詞，其中包含了之前四種各自獨立疾病，這些其實是同一種狀況，但在兩個主要的領域中，症狀的嚴重程度不同而已。自閉症譜系障礙的特徵是1）社交關係上的溝通及互動上有不足之處 2）侷限重複性行為、興趣、及活動（restricted repetitive behaviors，簡稱RRBs）。由於診斷為自閉症譜系障礙時，兩種狀況必須同時存在，所以如果沒有侷限重複性行為，就會被診斷為社交溝通上的疾病。

高功能自閉症孩子雖然擁有豐富的詞彙，但卻缺乏理解其他人在說什麼的能力，也欠缺社交技巧。除了人際關係的問題以外，自閉症譜系障礙的孩子常對某件特殊事物十分著迷，而對其他事物卻毫無興趣。他們可能會瘋狂地尋找有關地圖、時鐘或其他東西的資訊。他們對自己有興趣的事不輕易改變，並嚴守某些特定習慣或儀式。

自閉症譜系障礙的孩子可能會有些頑固的癖性，像是不停地拍手，或是擺出奇怪的姿勢，讓人覺得很笨拙。由於自閉症譜系障礙的孩子缺乏社交能力，因此常被人認為他們的智商很高。自閉症譜系障礙的典型症狀包括了：

⬇ 一種或多種刻板、局限的興趣模式，而興趣或其投入強度，至少有一者是異常。

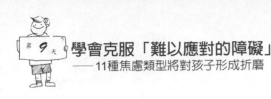

➋嚴守並固著於某些特定沒有功能的常規或儀式。
➋表現出刻板且重覆動作的癖性（像是不停地拍手或扭手指頭子全身動作）。
➋持續專注於物體的某個部分。

約爾是個被診斷出患有自閉症譜系障礙的十一歲男孩。他非常專注於用一枝想像中的魔棒，在後院裡與一名看不到的對手搏鬥。約爾也非常著迷於餵家裡養的狗；他總是公式化地把狗食倒進一個小碗，然後再把它倒到另一個大碗裡。約爾也經常拍打他的左手，特別是當他感到焦慮的時候。他也對鎖緊家裡馬桶椅墊上的螺絲非常著迷。當他固定做這些事成了慣例以後，對他及家人來說都很麻煩。當父母要約爾不要再這麼做時，他打破了一只花瓶，還企圖放火燒掉馬桶的座墊。

治療自閉症譜系障礙孩子的最好方法，應從教育及人際關係兩方面著手進行，提供他們得以成功面對人生的支持與技巧。至於在教育方面，若能著眼於穩定的環境，會很有幫助。圖像式思考組織工具，或其他類似的視覺學習方法也很有用。因為有些自閉症譜系障礙的人有著與生俱來的高智商，他們需要一些符合自己程度的學習機會。豐富的課外活動，經常也是這類孩子學習課程的一部分。

⑪妥瑞症會引發偏差行為

我曾輔導過幾位妥瑞症的孩子，這是種身體會不自主扭動、以及聲語上產生tic的神經性病症，並會持續至少十二個月。每兩千個小孩之中，就會有一個罹患妥瑞症，而且通常都是男孩。tic是指患者會不自主地發出短而急促、且一再重覆的tic的聲音。這會讓孩子不自主地發出狗吠聲、擤鼻子、不斷做鬼臉、咳嗽或擤鼻子、眨眼睛、模仿別人說話（語音上tic的特徵是不斷重覆自己聽到的字）、以及／或穢語症（語音上的tic特徵是不斷重覆或大聲說出猥褻的字眼），雖然這種狀況十分罕見。

朱利安，十一歲，在被小兒科醫師診斷出患有妥瑞症後，被爸爸媽媽帶到我這兒來。就像許多妥瑞症的孩子會有擤鼻子和眨眼的問題，朱利安常被同學惡意地嘲弄。他的自尊心很低，讓他相信自己真的是個「怪胎」、「笨蛋」，而且「未來的人生一定很慘」。朱利安透過毆打同學來對付自己的負面情緒。

我在對朱利安進行個別諮商時，解決了他低自尊心的問題。同時我也密切與他的學校合作。朱利安的老師同意在他不在教室時，向其他同學解釋什麼是妥瑞症。因此同學變得比較支持他了——當同學不再嘲笑他後，朱利安的攻擊性行為也就自然消失了。

妥瑞症目前仍無法治癒，但它的症狀可透過諮商輔導、學校的特殊教育方案及藥物而得到控制。幾年後，朱利安的媽媽因為父親去世而來找我諮詢。等我們比較熟了以後，她告訴我說，自從朱利安上回來看過我之後，他的問題就減少了。

七歲的狄倫因為不斷踢人及尖叫而被帶到我這裡。有一次他停止了鬧脾氣（這是我讓他聽貝殼裡像海洋的聲音所產生的效果）後，我們討論了一下他到底為何事所困擾。顯然狄倫對前陣子祖母的過世感到很難過，因為他一向與祖母很親。同時狄倫對同母異父的弟弟搬進家裡、還要跟他共住一個房間而感到很不舒服。個人及家庭的輔導讓狄倫明顯地減少了發脾氣的次數。而且隨著狄倫媽媽與繼父使用這個十天計畫之後，也讓狄倫在減少偏差行為方面有了長足的進步。

第9天的總結

今天你學到許多許多難以應付的障礙的問題，以及該如何減少孩子的偏差行為。在你繼續往前邁進之前，請記住以下重點：

- 有些孩子可能是因為有一、兩項精神方面的問題，才會導致偏差行為。
- 如果你懷疑孩子有精神方面的問題，多充實這方面的知識很重要。
- 只要你有足夠的耐心並堅持下去，孩子掃除難以應付障礙的日子便指日可待。
- 若孩子的問題一直沒有好轉，或想要進一步了解這些問題，可以請教合格的心理專家。

為第10天做好準備，並完成以下事情

- 如果孩子持續有情緒或人際關係上的問題，要注意可能會有潛在性的心理健康問題，對他仍然繼續發生的問題行為產生影響。
- 如果你的孩子被診斷有潛在性的心理健康問題，請讓孩子明白這是問題的解釋，但並非偏差行為的藉口。
- 對孩子面對的所有挑戰，抱持開放的態度，並加以教育，永遠要給他資源與對策，讓他去處理。
- 除了替孩子和你自己尋求合格的心理健康治療之外，也請考慮加入實體的支援群組或線上論壇，以取得支援，但不要輕易受到有待商榷忠告的影響。

以「長期減少孩子偏差行為」為目標

——克服退步情形，並遠離負面質疑的陷阱

現在你已經卯足了勁來到了最後階段，而且目前你已看到你與孩子都有了令人驚訝的改變。這個計畫的原則不受時間限制，而且我建議你只要身為父母一天，就該天天使用它。只要你持續使用這個計畫，我所提出的策略與工具同樣可以能奏效。

今天我們所要學的是些關鍵性的策略與建議，目的是讓你確定孩子（與你自己）的進步能穩固地維持很長一段時間。

對於「孩子的退步」千萬不能退縮

如果你已使用了我的策略，那麼或許在過去十天之中，你已發現孩子有了驚人的進步。或許，你以自己的自己的步調，給每一章規劃了更多時間仔細研讀，所以多用了幾天，或甚至好幾天，那都沒關係。最重要的是，你完成了一整套計畫。我很高興的與你分享，許多讀者告訴我，他們和自己行為偏差孩子一起取得的進步依然保持著，而且隨著時間的考驗，通常還繼續成長。

以「長期減少孩子偏差行為」為目標

——克服退步情形，並遠離負面質疑的陷阱

請記住，當你們有所進展時，你那個偏差的孩子可能會有一些退步的狀況，而且還會經常挑戰你，像是三不五時用力摔門、或是再度展開令人厭惡的爭端。當孩子用這些方法測試你的忍耐力的時候，千萬不要灰心喪志。對行為偏差的孩子來說，昔日的問題行為再度復發是很正常的事。請你懷抱著信心繼續往前邁進，絕對不要退縮。

你在處理自己的情緒與行為時，很可能也會退步。你可能感受到很大的壓力、失去控制或是做出會讓自己後悔的事。你可能很氣自己必須得幫孩子改正他的行為，同時又感到很沮喪，因為你認為其他父母好像比你輕鬆得多。失去耐性，讓自己陷入生活中各種需求而動彈不得，或是放棄不用這個十天計畫所學到的東西，其實很簡單。

重要的是你必須記住，儘管孩子與你出現退步的情形，這是很自然的事。不論你們之中哪個人在失望之際，都該好好想想自己為了這個十大計畫所付出的心力，以及是努力了多久才有今天的進步。你們的關切與努力都不該被抹煞掉。當你們在往前邁進的途中有所退步時，請務必記住：你們過去已克服了多少退步。就跟每個人一樣，我相信你一生中一定遭遇過很多退步。你可能經歷求學時期、對工作、活動及各種人際關係的失望。至於成功地處理退步的祕訣，就是再度整裝出發。

最近有位我曾經輔導過的母親來我這裡進行追蹤諮詢。卡洛琳的丈夫對於她處理與十一歲女兒瑞秋的退步方法大感佩服。有一天，瑞秋把弟弟奧斯汀用力推出房間，還重重地摔上了門，讓奧斯汀的手被門夾到了，所幸傷勢不算太嚴重。只是瑞秋對自己的所作所為毫無悔意。卡洛琳開始對著瑞秋咆哮，要瑞秋開門跟她談一談。但是瑞秋卻拒絕了。不過讓卡洛琳感到很自豪的是，頓時她了解到，這扇門其實也可以成為一扇窗——

機會之窗。卡洛琳很快做了幾次深呼吸，然後說：「瑞秋，我知道你不是有意要傷害奧斯汀的。我希望你能開門，我們好好談一談。」經過一分鐘的沉默後，瑞秋有了回應。

瑞秋之所以願意合作的原因，是因為卡洛琳使用了——你已經猜到了——冷靜、堅定、非掌控的方法。

所以，若是孩子又再度陷入過度反應的狀況，或是你無法保持冷靜、堅定、不掌控的態度、而又無法明智地選擇戰爭的話，千萬不要承認自己失敗。請你重新再讀一次這個十天計畫，加強自己使用這些策略與工具的能力。請記住，孩子的退步只是一時的，將來他一定會有好的改變。

當你面對自己的退步而感到震撼時，有些方法可以讓你做好心理準備。賈絲汀是我輔導過一位偏差孩子的媽媽，她有個朋友教她可以時常想像「一支拖把跟一個水桶」，這個譬喻的意思是當她反應過度時，千萬不要抱怨。每當賈絲汀快要反應過度時，便會想像用腦海裡的拖把與水桶，把不愉快的情緒一掃而光。另外可以幫助你清除退步感的想法，還包括了：

◆提醒自己目前已有多少正面的改變

◆記住自己有多努力，而且始終竭盡心盡力想做個好家長

◆為自己「失去控制」而向孩子道歉

◆跟朋友或受過訓練的心理專家談一談，如果需要的話，找出是什麼原因讓身為父母的自己會做出不好的、會產生不良後果的行為或決定。

為孩子的退步做足準備的5個方法

如果你在心理上對孩子再度陷入偏差行為做了愈好的準備，就會愈容易應付這個情況。有個好友常對我說：「努力追求進步，而不是追求完美」。當你在管教孩子的過程中發現孩子退步時，以下有些方法請你謹記在心：

①整理思緒，千萬不要恐慌

如果孩子又開始作怪，而你又反應過度時，千萬不要恐慌。處理所有的退步與危機是必經的過程。無論孩子有讓你多惱火，或是你有多希望當時自己會有不同的處理方法，一定要忍住恐慌的情緒。千萬不要對自己說些像是：「太好了，結果什麼都沒變」、或是「我就知道那些正面改變遲早都會不見」之類的話。當你心裡感到挫敗時，這些都是會出現在心頭的正常扭曲想法。讓自己緩和下來，整理一下思緒。提醒自己孩子目前已有多少進步。

②透過靜思，思考你身為父母的力量

提醒自己「孩子已經有進步」，不僅可以降低焦慮，在前去面對各種挑戰時，還能鼓舞自己，知道孩子和自己的關係比以前更正面了。我輔導過的許多家長都發現，靜思可以幫助他們在處理親子間持續面對的挑戰時，找到心裡的平靜、接受事實、並再度打起精神。以下這個靜思練習，可以幫助你認清你身為父母親的力量。

想一下自己和孩子有過的正面互動，最近或從前的都可以。在想這正面互動時，把右手拇指豎起來，整隻手擱在膝蓋上。接下來，在繼續深呼吸的同時，再想另外一件自己和孩子的正面互動，這次豎起食指來認可。繼續這個練習，直到手上的五隻手指頭都豎起來，或是雙手的十隻手指都豎起來為止。當能夠豎的手指都豎起來後，睜開眼睛，你就會實實在在的看到手中自己作為父母親的力量。

如果有一天，你因為一些事而不順心，想要開始這個練習卻覺得很困難，試圖豎起手指頭，又一無所得，那也不要灰心。萬一出現這種狀況，就從閱讀本書開始，把閱讀本書當成一件能讓你豎起手指的好事。餵孩子吃東西，開車載他出門也算好事。做這些事當然不能不為自己豎起手指，所以你至少能豎起一隻手指了。現在，你知道該怎麼做了。一旦能開始豎起一隻指頭，練習也就能繼續下去了。就算你只能豎起寥寥幾隻手指、豎不滿十隻，也請看清自己為孩子做的一切，好好重視，為自己這份心意慶賀，幫這分教養子女的精神加油打氣。

③繼續使用這個10天計畫

孩子（或你）的退步只是曇花一現。請記住，你是在協助孩子迎接他的人生旅程。請你就長期來思考，不要只想著短期的結果。繼續使用這個計畫的意思，就是記住當你們在往前邁進、不斷學習的過程中，勢必會犯錯。請你回顧一下過去的處境。必要時負起責任，但不要責怪自己或是孩子。在艱困的處境下教養孩子，並不是要你決定是誰該被怪罪。記住，你與孩子不需要變得那麼完美。畢竟，沒有任何人是完美的。你和孩子在這親子之路上都還在不斷學習成長呢！

④試著「擁有自我」

你是否知道自己對孩子做了某件錯事，或是強烈地反應過度，其實只是反映了你的想法？請好好想想該如何克服這點。坦雅是八歲貝西的媽媽，她在使用了這個十天計畫後，已經很少發脾氣或怒氣衝天了。坦雅一直在家照顧貝西，直到貝西的偏差行為開始減少之後，她決定重返職場。貝西對媽媽承擔起新的工作責任覺得很沮喪，於是又開始出現退步的現象。她告訴坦雅說，她是個「壞媽媽」。

坦雅在聽到這句話時，又開始使用過去那種火爆而命令的方式，對著貝西大吼，認為她簡直是「不可理喻」，還要貝西離她遠一點。但是當坦雅一聽到自己脫口而出的話，馬上就知道自己錯了。她深呼吸了幾次，努力讓自己緩和下來，她知道是自己太把貝西的話當成一回事了。坦雅忽略了一個事實，那就是其實貝西是在跟自己過不去。

等坦雅冷靜下來之後，她與貝西討論了這件事。貝西告訴媽媽說，她感到很害怕，因為她覺得媽媽再也沒有那麼多時間陪她，而且也不希望自己陪在媽媽身邊。坦雅笑著對貝西說：「親愛的，我剛才反應過度了。而且我知道現在我自己的時間變少了。可是只要有事情困擾你的時候，我還是會很關心你，可是當你告訴我是怎麼回事的時候，也要懂得尊重我。」然而貝西正如預料中地說：「是喔，媽，可是你對我也不怎麼尊重啊。」一想要擁有自我的坦雅也承認了這點。坦雅的坦白，讓她與貝西都能以更正面的態度，來克服這次的退步。

⑤遠離負面質疑的陷阱

面對退步的現象時，保持樂觀是很重要的。透過自我破壞的方式來質疑自己，會讓自己無法釋出正面的能量，還會讓自己充斥著負面的情緒。請避免讓自己老是停留在下列想法中：

◆「萬一我怎麼樣的話……。」
◆「如果我怎麼樣就好了……。」
◆「我實在不應該那麼……。」

不要滿腦子都想著那些你應該做、或應該說的「正確的事」。瑪莎是七歲麗莎的媽媽，她記得保持樂觀，以及把注意力放在解決問題之上的重要性。有天瑪莎跟我抱怨說，她對於自己竟然「打了麗莎的頭」感到很難過。瑪莎還提到一件事，那就是當她與朋友講電話時，麗莎故意打斷她，讓她氣得高聲大叫起來。

我先讓瑪莎平靜下來，把注意力放在麗莎過去一年來驚人的進步。透過重新聚焦在麗莎的正面改變，瑪莎不再因麗莎的退步而感到那麼恐懼了。瑪莎在重新重視自己的正面心態與行為上的改變後，也就覺得麗莎的退步，威脅性沒那麼大了。同時瑪莎也有了非常重大的發現——自己老是在打電話、檢查電子郵件。如果瑪莎不是一直責怪自己的話，就不會發現原來自己太愛講電話，對女兒來說是個很大的問題。我教瑪莎該如何幫助麗莎在必要時學會用更適當的方式（包括非干涉性的手勢）來得到媽媽的注意。同時瑪莎也決定減少使用電話的頻率了。

事實上，凡事不能盡如人意，但這並不表示你就得為此陷入憂鬱。你無法改變已發生的事，且即使當初你的反應不同，事情的結果可能會不一樣，但一直想著這件事又有什麼用呢？把注意力放在保持樂觀的心態，一旦塵埃落定，一切就又會恢復正常了。

克服負面想法的3個訣竅

前面我們討論過如何處理令人心煩的負面質疑。現在讓我們來談談令人頭痛的負面想法。我在書中曾從不同的角度談過，思想的力量在你面對生命中各種處境時，扮演了何等重要的角色。這其中當然也包括了扮演父母角色。當你感到疲憊或壓力時，很自然就會有出現這些負面想法：

◆「我無法管教自己的孩子。」

◆「我又不是天生就是要成為好父母。」

◆「我的孩子從來都不尊重我。」

◆「沒有那一家的父母有像我這樣的親子問題。」

如果你有這些想法的話，其實你並不孤單。幾乎每個父母都有過懷疑自己是否是合格父母的類似經驗。或許你一整天過的很糟，而孩子的壞行為無疑是雪上加霜。只要再次提醒自己，每個人都有不順心的日子。透過提醒自己過去美好的時光來趕走腦袋裡的負面思想，會讓你覺得壓力沒那麼大，處理事情起來就會更順利，而你與孩子也能共享歡樂。你會很驚訝地發現，這個方法的效果有多麼驚人。如果想多了解應該如何克服負面、有害的思考模式，可參看我另本著作《Liking The Child You Love》。

①放輕鬆

我在第三天曾警告過你，過度在意的結果，可能會妨害你用各種減少孩子偏差行為的正面策略。你可能聽過「關心過度反而有害」這句話。即使你保持冷靜、堅定、非掌控的態度，也明智地選擇戰爭，但有時孩子就是不如你預期有那麼快的轉變。不過，這都無所謂。你只要記住，每次你只要遵照著書中所提供的指示去做，就等於是在孩子心中種下不再偏差的種籽。有些種籽可能需要十天以上才會發芽。

在與孩子互動的這段期間，即使他沒有那麼快變得比較不愛吵架、或是比較乖，你也不用太難過。提醒你自己，你已透過不再對自己感到那麼難過，而更有效且成功地面對孩子的問題了。如果你繼續使用這個計畫，並持續保持冷靜、堅定、非掌控的態度，那麼假以時日，你將會看到孩子變得愈來愈堅強的各種正面改變。

當你使用這十天計畫中的策略時，建議你隨時都要留意「關心過度反而有害」這句話。這會讓你把眼光放在更重要的事情上。記住，促成孩子正面改變的各種努力，包括父母的心血，往往最後都沒有成功的原因，是因為他們都太早就放棄了。

②與孩子站在同一陣線

在本書中你所讀到對減少孩子偏差行為的內容都很有效——而且是強而有力的效果。為了支持你所學到的各種技巧，我鼓勵你「與其成為孩子的對手，不如與他站在同一陣線」。我的意思是，不要強出頭想爭個輸贏。在教養孩子的過程中，不論你是贏是輸都不重要。重要的是你要竭盡所能地以公平、尊重的態度對待行為偏差的孩子。想想看你見過那些喜歡作怪的偏差孩子的父母。我見過許多父母在公園、超市、溜冰場及我辦公室裡大發雷霆。請記住自己在支持孩子的這一邊。

避免成為孩子對手的關鍵，在於不要對孩子有太強的防衛心。當你與孩子共同討論問題時，請把話題鎖定在問題，以冷靜、不攻擊、具體且明確的方式討論。避免使用「絕不」、「應該」之類的字眼，這會增強彼此的防禦心。請記得保持冷靜、堅定、非掌控的態度，如此才會產生最好的結果。

在你使用這些方法時，請記住，書中所有策略不是在「操縱」孩子，好讓他變得更乖。尤蘭達，七歲丹妮爾的媽媽的例子，充分反映了這種對於我的計畫的混淆看法。在我們第一次的諮詢中，尤蘭達告訴我，她聽說我可以「讓偏差的孩子變乖」。我笑著告訴尤蘭達說，我只是覺得這些策略可以幫助她與她的女兒。這個時候，我很清楚說明了自己的目的不是要讓她女兒變得更乖。我的計畫不是命令孩子要有正面的改變，而是要幫助他。請記住，你可以牽馬到水邊，卻不能逼牠喝水。

當我告訴我的客戶這個譬喻時，我還喜歡加上一點，那就是一旦馬兒懂得什麼是口渴，自然就會喝很多水了。我的計畫是透過讓你更成功地扮演好父母的角色，才能建立起良好的親子關係。只要你更支持孩子，對孩子更有耐心，最後他不只會聽你的話，還會更渴望為了自己而有更多正面的改變。尤蘭達很快便了解到，透過心態上與孩子站在同一陣線來減少孩子的偏差行為，要比試圖讓孩子乖一點容易得多了。

③避免成為孩子的對手

我曾經建議許多父母思考這一點，他們才驚訝地發現，自己在某種程度上成了偏差孩子的勁敵，而不是愛他的支持者。請記住以下的提醒，那麼你對孩子愛與能量的管道就能保持暢通。

與孩子站在同一陣線的父母：

- 聆聽孩子的沮喪，並嘗試了解。
- 「捕捉」他們的正面行為。
- 面對孩子的退步，保持樂觀心態。
- 表現出愛與尊重的態度。
- 對問題行為感同身受（並非放任持續表現偏差行為）。

成為孩子對手的父母：

- 對孩子有著嚴厲、控制性的批評。
- 會對孩子下最後通牒。
- 威脅的態度。
- 生氣。

・利用孩子羞恥心，試圖影響他的行為。

不要忽略自己的人生

平衡，平衡，平衡。我十分強調除了教養孩子的責任之外，你還有自己的人生要過有多重要。你愈是讓自己生氣勃勃，學習新的事物，就會覺得愈開心。而且如此只會增強你在教養方面的努力效果。想想自己是否該做做下列事項，好為自己充電一下：

◆種花。
◆攀岩。
◆跟朋友一起做些開心事。
◆游泳。
◆打保齡球。
◆努力經營你的婚姻關係。
◆玩牌。
◆縫被子。
◆選修自己有興趣的課。
◆騎腳踏車。
◆上瑜伽課。
◆去附近健身房做運動。

◆在住家附近走一段長長的路，或去健走。
◆來一趟日間的歷史館或博物館之旅。

列一張「正面改變」清單

當你拿隻鉛筆在紙上寫下這份清單時，便會產生意想不到的奇蹟。把事情寫下來能幫你看得更具體，並欣賞你所有的努力及所經歷的一切。同樣的，我也建議你可以回顧一下目前你與孩子所有的正面改變。在本書的引言中，我曾建議你持續記錄孩子成功的日誌。如果你有做的話，請繼續做下去。如果沒有的話，請你考慮從現在開始做。

透過列出孩子表現更乖行為的清單，會讓你覺得持續受到鼓舞。我有位單親爸爸的客戶不斷記錄孩子的成功日誌，並認為這對他很有幫助。三天日誌的範例如下：

星期一 喬許開始大叫，可是當我冷靜地要他別再如此時，他便停止了。

星期二 喬許被弟弟推了一下。他握緊拳頭正要打弟弟時，我冷靜且堅定地要他別這麼做，他便順從地接受了。

星期三 當喬許一直問我要跟誰約會時，我的聲音開始變大了。但我始終保持冷靜、堅定、非掌控的態度，後來他就沒再來煩我了。

另外一種記錄孩子成功的變化方式就是使用正面行為罐。玻璃罐子的功能和樣子不拘，只要在上面貼個標籤，寫著「正面行為罐」、「正面合作罐」、或是「不再咆哮罐」就行了。每一次，當你注意到自己做出任何正面行為，或是孩子選擇放棄不好的行為，以好行為代替時，就寫一張小紙條，丟到罐子裡。你可以到文具店，或上網去買幾束彩色的小方條來用。孩子一色，你一色。看到正面行為和互動的紙條慢慢堆積起來，很能讓人滿心歡喜的——你和孩子都一樣。

尊重孩子獨特的個性

接受孩子與你對世界的理解有不同想法，會讓你如釋重負。有些父母會因為想說服孩子用自己的方式做事卻沒成功而感到沮喪。現在你可能已經很明白，如果你想讓孩子變成跟你一樣的話，只會製造出更多的衝突。

我輔導過一位十三歲的客戶叫做艾比，她堅持一定要綁馬尾，而且絕對不做啦啦隊隊長，這讓她時髦又擅交際的媽媽貝林達十分苦惱。貝林達花了好一段時間，才接受了艾比是什麼樣的人。一旦她接受了這點，她們之間的關係就更親近了。

我也輔導過一位叫佛列德的男人，他後來終於接受了一個事實，那就是九歲的兒子尚恩跟他的個性迥然不同。尚恩在解決問題之前，需要花點時間讓自己冷靜下來，但佛列德卻是那種立刻就要答案的人。他們兩人經過我幾次的諮詢後，我很高興看到他們都學到了妥協的藝術。而且很有趣的是，只要佛列德愈想妥協，他似乎就愈不需要馬上就得到解決問題的答案。並不令人意外的是，佛列德愈是不逼尚恩，尚恩就會覺得自己需要解決的問題愈少。

差異是讓世界運轉的動力。如果孩子看待事情的方法跟你不同，或是對事情的反應與你預期的很不一樣的話，也不是什麼世界末日。事實上，這正是生命之所以有趣之處，不是嗎？若是你能更尊重並接受孩子的風格，就能更妥善地處理彼此間的衝突。

從朋友那裡得到支持

教養孩子是件很困難的事，而要隨時保持樂觀更不容易。這裡有個方法，那就是結交樂觀的朋友。到朋友那兒，跟他談談你教養偏差孩子的成功經驗。請讓朋友給你支持，也不要覺得自己非得有媲美他們的美滿家庭關係，或是成功教養不可。當他們稱讚你時，也請你欣然接受。

展望未來

沒有人與生俱來就是好父母。教養孩子是個不斷學習的過程，隨著孩子的成長與發展，你將會更了解他。正如生命中所有的事情一樣，教養孩子充滿了挑戰。本書的目的是幫助你應付孩子所帶來的各種挑戰，並讓你了解雖然每個偏差孩子都很不同，但他們都有著理解、愛與界線的基本需求。

我所提供的策略能讓你具備適當的工具，但你為了協助孩子所做出的回應與貢獻，將會影響最後的結果。現在你正看著你的孩子，他可能弄翻了一杯果汁，為了看哪個節目而與兄弟姐妹大打出手，或是對你非常沒禮貌，你實在很難想像有一天他會變成一個大人。但我向你保證，當他有了自己的孩子時，這一天就會來臨，而那時你將會回顧這令人驚訝的十天改變。當你看著孩子面對身為父母的挑戰時，你不禁對自己笑了起來。

也許你已經把這本書妥善地保存在某個地方，等到時機成熟時，或許你可以問問他：

「要不要讀一本很有用的書呢？」

附錄I

當孩子需要專業協助時，可行的做法與應抱持的態度

這些狀況下，建議帶孩子尋求專業協助

家長和照護孩子的人士在閱讀過本書，並積極完成本計畫的人跟我報告，他們的孩子進步的比例很高，偏差行為也大量減少。不過，如果你孩子的偏差行為似乎不見改善，那麼可能就是你、孩子，或家人們得好好想想：是否需要尋求專業協助的時候了。

如果符合下面任何情形，請考慮是否去找一位合格的醫療專業人員進行諮詢：

◆你勤勞的完成了本計畫，而孩子的偏差性行為（也就是，經常和你爭執、發脾氣、常常拒絕服從、推諉自己的過錯責怪別人、或心懷惡意、報復心強）卻沒有變好的趨勢，甚至愈來愈糟糕。

◆孩子在學校還是繼續出現問題行為，無論是社交上，還是學業上。

◆孩子在社區裡製造問題，像和其他孩子或大人發生衝突，做出不合規定的事。

◆孩子還在為了第九天中所描述的，會一起伴隨出現的問題而苦惱，這其中包括了焦慮、憂鬱症、持續不斷的學習或專注力問題，或毒品藥物濫用。

◆你和配偶／伴侶（或前配偶／前伴侶）對於如何處理、管教孩子意見分歧，而且正製造出大問題，或讓現存問題惡化。

可以尋求哪一類的醫療保健人員？

如果你的孩子行為頑強又有情緒問題，該向哪一類的醫療保健人員尋求協助可能讓人感到非常挫敗。以下列表中所提出的健康照護人員種類是為了提供方向讓你參考的，並非一個完善完整的單子。但是，這些專業人士代表的是，當行為偏差孩子持續出現問題，家長和照護人員在尋求諮詢來源時，最推薦給他們的人選。

◆**一般醫療醫師**：在查看孩子的問題行為時，先把可能對孩子產生負面影響的潛在性生理問題排除是很重要的。在所有病症中，環境或食物過敏、腸胃問題、睡眠問題、糖尿病、頭痛、及萊姆病（或稱萊姆關節炎，是由蜱傳播給人類的細菌感染性疾病，其症狀包括高熱、頭痛、筋骨酸痛、全身抽搐以及紅疹等等）。最可能引起行為以及情緒上的問題，或使情況惡化。相當高比例的兒童主要的一般醫療醫師是他們的小兒科醫師。有些家庭則選擇家庭醫師，提供他們全家成員健康上的照護，這其中也包括了孩子。

◆**心理健康專業人員**：如果孩子行為和情緒問題的原因顯然與壓力、因應技巧不良、愛生氣、情緒不成熟、焦慮、憂鬱、藥物毒品濫用或是學校問題有關，那麼孩子的醫師可以把孩子轉介給持有心理健康學歷的專業人員（如心理醫師、社工人員、領有證照的專業心理諮詢師或精神科／身心科醫師）。學校的輔導老師、牧師、值得信任的朋友也能推薦地區合格心理健康專業人員。

◆**心理醫師**：心理醫師擁有心理學學位。負責兒童領域的心理醫師在兒童情緒相關問題及培養因應技巧上，更具有專業。心理醫師擁有相關學位（無論是哲學學位、心理學學位或教育學位）平均都曾在教育領域服務過七年，在獲得學士學位後，更要接受訓練。你可以請小孩的小兒科醫生或學校輔導諮詢老師幫你介紹合格的心理醫師（在兒童、青少年和家庭領域有實際豐富經驗的心理醫師）。

◆**領有證照的專業心理諮詢師**：領有證照的專業心理諮詢師是這方面的能者——他們能提供心理健康諮詢服務，可和個人與家庭一起治療心理行為情緒方面的問題及疾病。心理諮詢師受過訓練，可以診斷並治療心理及情緒上的疾病。

◆**醫療院所的社工**：醫療院所的社工通常任職於社工單位，工作則在醫療與醫院環境裡。他們也能擔任私人執業治療師，診斷並治療有情緒問題及心理疾病的人。

◆**駐校的心理醫師**：主要在學校的環境中工作。他們使用各種不同的策略來處理個別學生的需求，並改善課堂及學校氣氛與支援系統。我在第八天的內容中，曾經簡單的描述了由駐校心理醫師所帶領進行的評估。如果你家孩子有持續性的專注力或/和學習問題，請鼓勵並讓孩子接受駐校心理醫師的評估。有些家長會去外面找私人的執業駐校心理醫師，以便在學校之外，獲得另一份分開獨立的意見。

◆**精神科醫師**：有權利開藥的醫生。兒童與青少年精神科醫師多是內科醫師，專精於會影響孩童、青少年與其家人的心理疾病。兒童與青少年精神科醫師除了得完成醫學院基本課程，至少還需經歷三年住院醫師訓練，訓練的範圍包括醫藥、神經學、或成人的一般精神疾病，以及另外兩年針對兒童、青少年以及其家人進行的精神疾病訓練。

兒童與青少年的精神科藥物使用

一般醫療醫師與精神科醫師，是上表中能夠開精神科藥物給兒童和青少年的兩類專業人士。如果你的孩子需要精神科藥物來處理更複雜的病症，像是嚴重焦慮、憂鬱症，或ADHD，又或出現思想方面疾病，如精神分裂症的症狀，我會鼓勵你帶孩子去看兒童精神科醫師。對這類患者來說，兒童精神科醫師在開立藥方上的經驗最豐富。

家長和青少年對於要幫兒童和青少年開精神科藥物的話題，可能會感到非常不安。

我就曾聽一些負責心理健康方面的同事喃喃念著，「菲爾斯又不教技巧。」這段話是對那些關心兒童和青少年，認為兒童和青少年需要學會讓自己冷靜下來、學習管理情緒、解決問題，而不要用藥物，至少不必「依賴」藥物。我也聽過家長出聲，表示他們害怕精神科藥物可能會引起有害的副作用。對兒童和青少年使用精神科藥物會有這樣的疑慮也是可以理解的。

我的立場則是，當所有非藥物干預的方式都已經嘗試過之後，才使用藥物。話雖如此，有一點非常重要，我依然認為，對很多干擾到兒童和青少年生活的心理健康問題來說，藥物對很有效，適用範圍也廣。在很多心理健康問題之中，用藥物來治療焦慮、憂鬱症，及ADHD，兒童的生活品質能獲得大幅的提昇，這是我曾經見過的。藥物常有畫龍點睛之效，能讓諮詢上的努力變得更有效。

懷著對ADHD的崇敬，我曾仔細觀察過，藥物曾經讓在班上表現很差，也經常在學校和家裡惹麻煩的孩子，在兩個場合都有非常成功的表現。

「諮詢」跟「治療」有什麼不同？

在過去，「諮詢」這個名詞被視為是短期、範圍很集中的一種方式，用來解決客戶的問題。而「心理治療」（簡稱治療）過去則用來稱呼比較長期、也較深入的方式。近年來，「治療師」、「諮詢師」這兩種名詞則經常被當做相似的名詞，交換著使用，指的通常是心理治療師、領有證照的專業諮詢師、以及社工。

無論名稱是叫做治療或諮詢，底線則是，家長之所以選擇把孩子帶到治療師那裡接受額外的支援，是因為孩子的行為挑戰性很高，很可能還伴隨著其他症狀。而家長會尋求外力幫助也實在是因為身為父母親的他們，很難擺脫自己在面對行為偏差孩子時，適得其反的親子教育策略（像是，強硬、過度的責罰、咆哮、或是太過寬容）。當然了，這些需要委託專業協助的問題正好反應了孩子和家長雙方的掙扎。治療的目的在於幫助你、你的孩子和你們家人能找到一個地方，大家得以互相了解。

請求學校加入，協助你一同改善孩子的偏差

舉例來說，如果孩子正在適應新開給他的ADHD藥物時，老師在上課時卻發現他很累，或是「不在狀況裡」，那麼這就是一項非常重要的資訊。很多家長都害怕孩子的學校一旦得知他被確認患有像是ADHD，或其他可能會對學習產生負面影響的問題時，就會被標上負面的標籤。我就看過有些家長心慌意亂的胡思亂想，想著他們的孩子在學校如果遇上衝突時，會不會受到不公平的排擠、師長對他課業上的期望是不是會降低等。不過，這同時，我也看到愈來愈多家長支持孩子，有學習和情緒上的問題就好好接受診斷，這樣才能受到學校寶貴的支援。

整體來說，提醒學校的利多於弊。例如，有些有ADHD的孩子考試時如果能在一個安靜的地方進行，或是把考試時間延長，都會有幫助。請參考第九天的內容，裡面對於如何與孩子的學校合作，提供他對他幫助更大的教育方案有不少進階資訊。在我另外一本書《十天內，培養專注力小孩》（新手父母出版）中，對於這個課題有更深入的描

寫。簡而言之，視問題的性質而論，和校方溝通孩子因為情緒需求而接受專業協助的好處在於，你可以請求學校加以指導調適，幫助孩子成功。

替代治療法務必確保安全性

我知道，有些父母親幫苦於情緒問題的孩子尋找替代性療法，像是草藥療法、食療、或是生物回饋療法。只要家長回報表示這些替代辦法有效，我都支持。不過在這同時，我也鼓勵這些辛苦幫孩子想辦法的父母，在一開始的宣傳之外，一定要確保方法的安全性、確認產品及服務是否真的有效。生活在現在這樣一個資訊時代，在幫孩子尋求協助時，我們很容易就能取得大量有益的資訊，檢查所有治療方式是否有效、有事實根據，這些資料中甚至也包括了更傳統的方式，如諮詢。

幫孩子尋求協助，愈早愈好

菲雷得瑞克．道格拉斯曾說：「塑造一個兒童比修補一個男人容易。」對我來說，看到青少年和年輕人不必要的掙扎受苦，就因為他們的問題沒被偵測出來是很悲哀的。我說這句話的意思是，他們受焦慮症、憂鬱症、ADHD或學習障礙、自閉症譜系障礙之苦已經很久了（雖然沒經過正式的診斷或治療），卻沒能得到幫助。

舉例來說，我看過太多孩子在被診斷為ADHD前，被不公平的冠上「懶惰」或「故意不做」的標籤（像是不注意、不做功課，或忘記做家務。）當這些孩子接受了教育上的修正教學，並以藥物成功的進行治療後，原先被一直錯認是「故意不做」的事，才發現是「原來是做不到」。很多沒能即時、又或是從沒獲得幫助的兒童或青少年，自尊心受損、缺乏寬以待己的心、學不到所有重要的因應技巧所以冷靜不下來，無法解決生活中出現的問題。你愈是主動去幫助你掙扎中的孩子，他在生活中受到情緒折磨的情形就會愈少。為他所受之苦尋找諮詢輔助，加以防範，孩子之後就能少些負面影響的傷害。

出現藥物濫用警訊時，務必持續追蹤

秉持著防範的精神，我看過毒品與酒精濫用導致青少年及其家人生活陷入一片災難中的情景。覺得自己品德不佳、一事無成、或與人格格不入的孩子可能會轉向毒品，作為逃避問題的出口。而身為家長的人經常會矢口否認，抱持著「那不是我家孩子」的態度，對於第九天中所談論過的吸毒及毒品成癮的警示跡象，視若無睹。如果你懷疑你家十歲以下的孩子、青少年或年青人正在吸毒或／和酗酒，請諮詢合格的治療專家。

有些專家對酒精或藥物的濫用特別專精。而其他人雖然符合資格，可以處理這個問題，然而經驗上卻遠遠不足。還有一類諮詢人員屬於專科之下的附科，他們是有認證的諮詢師，在該領域有更深入的訓練。身為父母親，確保孩子的安全和福祉是你的權力與責任。在可能的程度與範圍裡，盡量與其他父母保持聯繫，以便兒童、青少年和年青人有接觸毒品，或其他負面影響時，能有人通風報信。時時保持警惕，信任你的直覺。

把「治療」視為一個正面的步驟

大多數的孩子，即使是反抗心很強的，在見到治療師時，實際上會有能鬆一口氣的感覺。在幫助你一直在努力去了解、並當他榜樣的孩子取得幫助的同時，你也會知道自己並非無所不知。如果覺得家中的生活大亂，失去控制，身為家長或照護人員的你想藉由這個機會做出正面宣告，恢復家中的秩序和倫常，尋求專業協助往往能幫助你達到目的。帶孩子去看治療師這種非常之舉則可以造成正面的差異。

在整套計畫裡，我不斷的向你展示一個有力的訊息，那就是把自己當做孩子的教練，以提高你身為父母的效率。無論是父母還是教練這個角色，都能讓你持續學習成長，也幫助孩子學習成長。在保持教練心態的同時，我還推薦你去尋求專業的協助，把它當成一個成長的機會，而非失敗的象徵。

雖說我在輔導行為偏差孩子以及他們的家人時，主要的角色是治療師，不過，我也從一個教練的角度來進行工作。舉例來說，在當著孩子的面，給家長具有建設性的治療回饋意見時，我也心知肚明，這也是個能藉機教導的機會。我可能會說下面這樣的話，「喬伊，你的電玩買來時附有說明書，但你可能也知道網路上有很多小祕訣和策略，或甚至教戰守則可以讓你學習該如何玩得更好。」「你可能不會這麼想，不過你生下來時是沒有說明書的，而你媽媽正在盡力想辦法去了解要怎麼做才能當個最好的媽媽。當我鼓勵你媽對你採取不同的回應方式時，她以開放的態度向我學習，我覺得這實在太酷了。」這樣的言論對家長和孩子強調了，向外面的專家學習是一種能得到支援、並幫助自己成長的經驗，而不是某個人「很壞」、「該被人責怪」。

下決心幫孩子和自己尋求支援既是一種很有價值的技巧，也是勇往直前的正面步伐。沒錯，表現給孩子看，你應付你們共同問題的方法是尋求外援，這會給她寶貴的一課：尋求幫助可以改善面對的情況。

我發現，對所有年齡的孩子來說，特別是十歲以下的孩子，進行諮詢輔導時帶著「我們一起去接受幫助」，而不是「我帶你去看醫師，讓醫師醫好你」的心態，孩子會更看重這種接觸方式，也能做得更好。諮詢輔導的過程應該也要能幫助家長和孩子看到他們自己的力量。我的第一堂課通常會請孩子和他的雙親一起過來。在第一堂課中，我們會先點出每一方的天賦和有利條件，然後接著討論可能會因此改善而受惠的問題。

帶孩子去見治療師前，先向他掛保證

跟年紀小的孩子解釋，去看這類型的醫師不用做身體檢查（很多小孩子聽到不用打針，就放心了）。你也可以跟孩子強調，這類型的醫師會跟孩子和他們的家人講話和玩耍，幫助他們冷靜下來、解決問題、好好相處、增進彼此間的感覺。孩子通常不願意覺得自己是「被確定的病人」，所以，如上面所提，讓孩子知道治療師會幫助身為父母親的你，也可能會幫助家中其他的成員。

年紀大一點的孩子和青少年在得知自己和治療師所講的全部內容都會保密，在未經他們同意之下，不會讓任何人知道，這其中包括了他們的父母、學校行政人員後，通常就會感到放心。唯一的例外就是當他們有傷害自己或別人的想法時。

在孩子去上第一堂課前先灌輸他們這些概念，讓他們心裡先有個底，以免他們覺得羞愧或被排擠，這麼做還能給他們信心，知道在這個問題上，家人會跟他們一起努力。這同時，也不要做過了頭。我就看過有家長在看治療師之前，自己就焦慮不堪，因此在進行訪前分析時出現很不明智的激動表現，也連帶讓孩子對看治療師的接受度變差。身為一位經驗豐富的兒童與家庭心理治療師，我發現和之前分析的家長相比之下，孩子和青少年對於諮詢課程的心態還比較開放。

幫自己和孩子選擇治療師前的重要考量

請別忘記，在尋找治療師的時候，你和孩子不僅只是客戶或病人的身分，你還是某種專業服務的消費客人。你想要在最大可能的程度下，確保自己在尋找治療師的經驗是正面的好經驗。最佳的醫病治療可能組合很重要，所以你在幫自己和孩子擇定前，可能需要先多見上幾位。在考慮並評估選擇你的治療師前，請記住以下各點：

◆這位治療師在你的國家或地區是否領有執業證照（可以去職業工會查詢，或看看他的診所是否有把證照掛出來）？我會提醒你，不要找沒有證照的治療師進行諮詢，因為他可能專業不足，或蓄意違反消費者保護法，進行不合法的執業行為。

◆這位治療師的費用，你的健保或醫療險能給付嗎？如果可以，你的方案可支付幾堂諮詢輔導課程？你的自付額是多少？如果這位治療師保險無法給付，他收取的費用是多少呢？他願意根據第一堂諮詢印象，告訴你治療大概得多久嗎？

◆他的專業證書有哪些？治療師有哪些種類（上面已有說明）。詢問可能成為你治療師的人選，他受過哪些專業訓練及在哪裡訓練是很正當的。

◆該治療師是否提供書面同意書？治療師提供書面同意書，把他專業的服務範圍、保密協定、及業務政策包含進去是很重要的。

◆該治療師擁有那方面的諮詢經驗？難道就因該人選在大學有相關教學經驗（或寫了關於行爲偏差孩子的著作），就是能幫每一位家長、孩子或家庭執行諮詢業務的最好人選？治療師應該對特定種族、文化或宗教問題有實際經驗，或是很敏銳。身為可能的治療師人選，客戶詢問這些相關訊息是可以理解、也是很正當的。

◆該治療師在兒童和青少年領域執業多久？在觀察孩子面對各式問題的處理手法有長時間經驗的治療師，在某些程度上，可以提出一些更有見地的觀點。

◆你覺得該治療師態度友善嗎？你的孩子是否也認為如此呢？

◆如果認為有需要的話，該治療師是否願意在適當的同意下提供支援，如就影響孩子情緒與教育需求的課題和學校進行溝通？

◆如果你無法按時履行約診，取消的作法是什麼？如果未曾事先通知就沒赴診，治療師按節計費是很常見的作法。

◆萬一有緊急情況治療師是否能以電話聯絡得上？如果不行，有什麼備用方式可以提供你所尋求的照護？我執行業務的時候，在雙方都清楚的專業界線內，我是容許客戶以文字訊息方式聯絡改期或其他更緊急問題的。每個治療師能夠接受的聯絡方式不同，只是這樣的需求在諮詢關係的後續部分，必須雙方都能清楚明白。

◆如果治療師去渡假、生病，或是遇到非執勤時間，誰能夠幫助你的孩子？

◆該治療師專精領域為何？如我採用不同治療學派策略，且不斷學習新策略。

◆除了輔導你孩子的時間外，該治療師是否還願意與你見面？我覺得讓孩子保有隱私權是最重要的，但是我也試圖讓父母了解他們可以做些什麼來支持孩子。在我執業的美國賓州，十四歲孩子擁有的隱私權就跟成人一樣了。不過如果青少年有傷害自己或他人的風險，那麼隱私保密指導條例就不適用於此。

附錄II

如何針對不同年齡層的孩子，協助他們管理使用3C產品的時間與經驗？

本附錄是第四天內容的補充，主要目的在於說明科技對孩子的影響，尤其是與行為偏差孩子在這方面的權力爭鬥問題。在第四天的內容中，我曾經提過最近這些世代的孩子曝露於各種3C科技的機會大幅的提高，而花在上面的時間雖然不盡相同，但平均估計，大約都集中在每天七個半小時左右。這個時間包括了花在智慧手機、其他移動裝置、電視遊樂器監視器及電視上。

美國小兒科學會（American Academy of Pediarics，簡稱AAP）現在對二歲以下兒童的意見是，完全不要讓他們接觸到任何螢幕媒介。美國小兒科學會也建議二歲到十八歲的孩子，每日接觸所有娛樂螢幕的時間最好限制在兩個鐘頭以內。這和對八到十八歲孩子每日大約要在螢幕上花七個半小時的估計相比，反差實在很大。

不過，正如同羅伯特・魏斯和珍妮佛・史耐德在他們合著的書《近聚遠分》中所指出，當更多長期調查與可靠的資料出現，顯示螢幕科技對兒童有同時正反兩面的影響時，美國小兒科學會和其他組織的指南可能就會跟著修改了。

以下，我特別把孩子超時使用3C（科技）裝置較為明顯的負面影響指出來。在提到與孩子使用3C（科技）裝置行為相關的狀況時，我會把貫連本計畫的冷靜、堅定及非掌控方法再加入。最後是適用於各個不同年齡的步驟，父母親可以用來幫助孩子管理他們使用科技裝置的經驗與時間。

6個超時使用3C裝置的負面影響

孩子若能以健康的方式使用３C產品，將可寓教於樂，獲得更多知識。不過，美國小兒科學會和其他組織還是把小孩超時使用３C產品，引起的幾個問題提了出來，這其中包括了肥胖症、睡眠不正常、行為問題、學業成績受到影響、行為激進、有暴力傾向，以及遊玩的時間變成少。特別將這些問題描述如下：

①體重增加或肥胖症

孩子花愈多時間，坐著不動的看著螢幕，體重過重的風險就會變大。孩子房間中擺放手機、平板電腦、電腦及電視都會讓這個風險提高。對體重影響最大的螢幕裝置是電視，不過其他螢幕裝置對體重增加的貢獻度也不遑多讓。

孩子暴露在媒體前就會受到不健康，但卻極度令人垂涎的垃圾食品廣告影響。這些食品都是高糖、高脂肪的。看電視、看手機平板等螢幕裝置通常都是坐著不動的。廣告的食品通常很有影響力，隱隱約約、但又呼之欲出的慫恿小孩多吃。與這些問題搭配的則是廣告片中的模特兒一般近乎完美的體態，這也能對某些孩子產生負面影響，讓他們互相比較，產生不快。

我曾輔導過因為體重增加變得焦慮又傷心的孩子，他們就是陷入這種負面的拼比中。父母親除了保持冷靜、堅定、又非掌控的態度外，還要鼓勵並指引這些沉迷於螢幕的孩子，轉向一些其他的興趣，像是運動和與數位無關的嗜好，這都有助於他們進行體重的管理。如此可以鼓勵孩子，避免進一步深陷於螢幕的誘惑、讓體重繼續增加，以致於產生可能的負面自我形象。

②睡眠不正常

孩子花在３Ｃ裝置上的時間愈多，就愈可能睡不著，或是讓睡眠作息時間變得不正常。房間裡有一件或一件以上電子裝置的孩子，睡眠明顯變少。這是因為他們為了使用這些裝置，晚上很晚入睡，而玩的時候又太過刺激，此外，螢幕上真正的亮光也對睡眠週期也會產生干擾。

我認識的一些孩子跟我說，他們整晚都會收到文字訊息和即時訊息，這些訊息會發出震動、叮咚聲或是其他噪音，擾亂了他們的睡眠。年紀大一點的孩子則可能會陷入內藏危機、與交往有關的即時訊息劇本裡，而變得更容易失眠。一失眠就會產生疲憊感，吃掉更多零食，而零食往往是不健康的食品。基於這些原因，如以下所討論，父母得好好管理孩子在臥房中，使用３Ｃ產品的情況。

③課業成績變差

神經傳導物質，如多巴胺（Dopamine）會驅動兒童的尋找行為。來自電視節目、電玩遊戲、以及社交媒體互動的刺激都是尋找的獎勵，會促使兒童渴求更多來自數位的刺激。而這種多巴胺的起伏，則會引發問題的強制循環，對孩子在學校的表現將會有不良影響。臥房中有電視的國小兒童，在學校考試的表現不如房中沒有電視的。年紀大一點的孩子腦子裡則容易被手機或其他移動裝置所占據，滿心想著朋友傳來的下一個文字訊息響聲或震動。

我就看過很多需要更努力把心思專注於家庭作業和課本上的孩子，因為渴望螢幕溝通這些迷人的神經化學獎勵品，而輕易的分了心。這類電子的干擾可以以電子郵件、文字訊息、即時訊息、或甚至在谷歌搜尋探索的形式出現，阻礙孩子把心放在學校的課業和家庭作業的需求上。過度沉迷於螢幕也會干擾到孩子安排時間的能力，讓他們無法把時間適當的投入到更多專案上。父母親必須多加留心，不要讓孩子在課業上用功的時間有被螢幕替代的可能。

④產生不專注的問題

研究顯示，每天花兩個小時以上看電視，或用電腦的國小兒童，比較容易出現專注力的問題。玩電玩遊戲也會使專注力出現問題的風險提高，無論在家或在學校都一樣。很多父母親對於孩子一心撲在電玩遊戲上感到非常挫折，他們擔心這會影響到孩子的注意力。華德，是我一個客戶，他也是兩個十出頭歲小孩子的爸爸。他把以下的觀察和我分享，「看到我兩個孩子瘋電玩瘋到對周圍的事物幾乎是視若無睹的境界，我真的很驚訝。他們就好像變成了遊戲的一部分，甚至忘記有真實世界的存在。」這個很平常的感受說出了父母親在考慮孩子螢幕使用習慣時，必須多多留意孩子的注意力和專注情況。

⑤出現激進/暴力的行為

研究顯示，透過電玩遊戲、電視和其他形式的媒體，接觸到過多的攻擊和打鬥，都會讓孩子對暴力的感覺變得遲鈍。研究也提出，在四歲時就開始看過多電視的孩子，在他們長到六到十一歲時，就容易與欺凌弱者扯上關係。在電玩遊戲的耳濡目染下，孩子有可能會把暴力行為當成解決問題的正常手段。

孩子自然可以玩有趣又刺激的電玩遊戲。不過，根據研究報告結果，那些帶有暴力色彩的主題，像是戰爭、謀殺等，都會讓孩子變得更激進，對別人的同情心降低。另外一個合理的思考則是，玩這些遊戲的孩子也比較可能對自己做出自殘的行為。父母親對於孩子在玩什麼類型的遊戲必須有所了解，也要確保孩子能了解虛幻與真實間的不同。

⑥其他形式的休閒（遊玩）時間變少

花太多時間在螢幕上，孩子進行活躍、有創意遊戲的機會就變少了。很多父母看到孩子因為花太多時間把自己隔絕在科技裝置上，沒能和朋友出去戶外玩，或做一些有趣的活動，而感到難過。這樣孩子就錯失了藉由遊戲和其他形式的健康娛樂，練習表達自己的機會。父母親愈是多鼓勵孩子進行一些比較活躍的嗜好，如散步、種花蒔草、登山、丟飛盤或是運動，孩子就愈會受到影響，往這些令人愉快的休閒形式靠攏。

當孩子迷惘在科技中，父母須扮演起重要角色

電子媒體無所不在，孩子有很多很好的機會從中學習。好好認識網路和數位媒體來源的價值，並排除上述負面影響，不要把網路和數位妖魔化還是很重要的。只是，我們還是要求家長，幫助自己的孩子找出「最適合」的優良內容，和協助設定合理的上網時間，以便他們參與。你成長的世界裡並沒有各式不同類型、發展快速的數位媒體串流，搶著吸引你的注意力，就像現在你家孩子所面對的。你和孩子之間情感的牽絆，正是你指引他的最佳利器。孩子願意和你分享他感覺與問題的程度可以讓你成功的幫忙指引孩子，避開負面的數位影響。而冷靜、堅定、非掌控的方式能讓你的聲音保持下去、維持在一個他能聽見的頻率，在他面對由數位噪音造成的灰白牆效果，而身邊的所有事物變得一片朦朧時，還能聽見你說的話。

身為父母親的你，在幫助孩子學會自律管理生活中的科技產品使用時間，與如何選擇好的內容時，扮演非常重要的角色。我見過很多心慌意亂的父母，非常關心他們孩子的問題，這些孩子使用科技裝置的時間實在太長了，他們在螢幕上所花的時間占用了許多原本可以讓他們參與其他寶貴活動的時間。以讓孩子感到安心的方式，幫助他們在這片媒體的迷宮中航行，比你想像的更可能做到。

你將會發現，以冷靜、堅定、非掌控的方式，來鼓勵並教導孩子節制螢幕使用時間的價值。這種不具威脅性的方式，會給予你最大的力量，來幫助孩子在他周圍浩瀚、吸引力強大、又不斷推陳出新的數位媒體中，做出明智的選擇。冷靜、堅定、非掌控的方式可以讓你避開情緒的風暴，發揮指引的影響力。

冷靜、堅定、非掌控態度，讓你被看見、被聽見

我在執行諮詢業務時，一次又一次看到那些能夠持續以冷靜、堅定、非掌控態度的父母扮演了很重要的角色，引領他們的孩子，航過迎面而來的數位溝通影像波浪。請別忘記，這個非偏差公式中的非掌控部分，並不代表你就喪失了為人父母的影響力。

事實上，正因為秉持著非掌控的態度，孩子才能迎向你，而不是將你排除在外！當孩子去應付使他注意力被往四面八方拉扯的競爭刺激時，你令人舒心的存在，是他歡迎的休憩場所。

我在執行業務時看過一個例子，一位媽媽幫助女兒順利避過一個經由社交媒體策動的危險情況。瑟琳和他十三歲的女兒瑪姬，因為瑪姬的偏差行為，及上學與在社區時挑釁的穿著來找我。瑪姬有些情緒化、對外表沒有安全感，她曾跟瑟琳說過一些「為什麼選擇那些麻煩服飾」的潛在理由。這其中包括了她擔心自己有些過胖，而且因為看到自己的名字沒出現在社交群聚會的名單上而難過。

之前顯得有些情緒反應的瑟琳，對瑪姬的態度變得很有同情心。這影響了瑪姬，為了回報，她開始調整自己挑釁誇張的形象。媽媽和女兒在情感上更緊密了，也因此提高了她們在以下所述的情況中，對彼此的信任度。

有個女孩曾因為一個男生，而和瑪姬有過一段充滿惡毒嫉妒的對手關係。她透過即時訊息威脅瑪姬，說要「打她一頓」。自己也有衝動傾向的瑪姬，幸好情緒上夠穩，穩到足以緩住，並把這令人沮喪的情況透漏給她媽媽。於是，媽媽打了一些電話給校方，並請其他女孩子的家長也介入，一起預防了一樁可能發生的危險事件。

不過，同一個禮拜，附近社區一個十幾歲的男孩很不幸地在社交媒介上被挑撥，介入了一個類似暴力口角的事件。即時訊息煽動了一群十幾歲的青少年出現打架，有一個孩子並因此受了傷。傷口雖然沒造成永久性傷害，但是他們已經在肉體與情緒上，對他造成了傷害。無疑的，社交媒介讓這些年青人之間的衝突快速加溫，然而家長們並不在圈裡，所以無從得知。

別因為受到挑戰而退縮

除了鼓勵瑟琳和瑪姬這樣的例子之外，我輔導的許多家長表示，自己對於使用行動裝置時間的管制只能聽天由命。這是因為家長自覺在約束孩子使用的時間上，甚為無力，特別是當約束要維持一段時間時。要鼓勵青少年減少對科技的依賴，更是難上加難。這在黛娜・鮑德所寫的書《It's Complicated：The Social Lives of Networked Teens (2014)》有更深入的討論說明。

我合作過的家長覺得冷靜、堅定、非掌控的方法，對於孩子管理孩子使用３C產品的時間有極大影響力。這是因為當孩子花了大把時間在新科技上，對它已經有濃厚的情感。用句我客戶，十二歲戴爾的話來說：「當我爸媽來找我，叫我別再玩遊戲時，我只想反抗他們，繼續玩。但是他們如果沒當著我的面說，只是用平靜的方式，或平靜的提醒我，好像我只是忘記了時，我會說好，然後就不再玩。」

戴爾這位客戶的說法，聽起來好像父母只要能冷靜管理小孩使用３C裝置的時間，事情就容易多了。但是，為人父母的其實跟孩子一樣，在管理小孩使用螢幕的時間上，也不是完美的。要引導小孩自制，約束３Ｃ產品的使用時間並選擇好的內容，其實是困難重重的。詳如以下描述。

6個可能遇到的典型挑戰及解決辦法

研究顯示，很多家長不是沒有一套管理螢幕使用時間的規矩，就是即使有，也不容易記住內容，並加以實施。如上面所建議，要管理小孩的螢幕使用時間，說的比做的容易，特別是對行為偏差的孩子，他們容易產生較大的情緒反應。我們來看看家長為什麼很難去監控，並成功幫孩子設定螢幕使用時間的部份原因。以下就是家長在面對螢幕時間對抗戰時，會遇到的一些典型挑戰。

①家長未能以身作則，過度使用３Ｃ裝置

孩子看見父母自己也是抱著各種數位產品不放，自然也會跟著學。米蘭達是一位和我合作的媽媽，她告訴我，「我知道我的孩子們是跟著我有樣學樣，學我用手機。我得找出一個方法，不要老黏著手機，因為我這樣會一直給他們一個訊息，認為這些讓人分神的東西其實沒什麼大不了的」。

解決辦法

家長自己未能以身作則，花太多時間使用３Ｃ裝置，最合乎邏輯的解決辦法就是

「減少自己的使用時間」。我覺得這樣做是有挑戰性的，特別是對工作上必須仰賴電話及其他移動裝置，或其他有迫切溝通需求的人來說。不過據說，只要能用「自我意識」（譯註：self-awareness，即自省的能力，了解自己是與周遭環境與眾人不同的個體）以身作則，就有助於達成所願。

我在整本書裡，不斷討論你以教練這個重要角色來引導孩子，並為孩子樹立一個冷靜、堅定、非掌控的立身典範。你以身作則帶來的動力，可做為孩子的情緒教練，自然能吸引他去學習你示範的行為。當他看到你讀書，就比較可能跟你去讀。如果你想要孩子少用數位裝置，那麼你自己也必須減少使用才行。

萬一你深陷於數位空間無法自拔，那麼鼓勵孩子以禮貌的方式把你叫出來，這是一種回頭的方式。另一種可行的方式，則是自己把自己叫出來。舉例來說，我合作客戶中有一個名叫賴瑞的爸爸，他跟分別為九歲和十一歲的孩子講，「孩子們，我正在努力想減少被手機占據的時間，也想增加離開手機的次數。如果你們還是老看到我抱著手機不放，請告訴我」。在這個例子裡，賴瑞成功的處理了他的「弱點」，並且在孩子面前樹立典範，教導他們個人的責任感。

②孩子的反抗和操縱，讓父母筋疲力竭

我不斷看見一些用意良善的父母，深深覺得防線實在太難守住了，因為他們孩子想再度取得他們喜愛的電子媒體時，一再使出纏功，與狡猾的操縱手段。卡拉是十一歲大男孩歐文的母親，她對我說「我就是忍不住要提醒歐文，叫他別再玩電玩遊戲了」。她

繼續說，「不過，現在我甚至不敢去叫他別玩，因為他已經想出一套辦法，能在我一不留神時立刻回去玩。我真的沒那耐心再管這件事了」。

解決辦法

如果你因為孩子頑強、堅持、又似乎不屈不撓的死守著他數位裝置的使用權而覺得洩氣，筋疲力竭，那麼我跟你保證，你絕對不孤單。請去尋求配偶、親密伴侶、朋友或治療師的支持吧！這樣你才能保有去約束3C產品使用時間並維持的力氣。讓孩子知道你需要他的配合，才不必讓你動用到處罰。如果你真的要處罰他，請用冷靜、堅定、非掌控的方式（參見第六天不再絕望的管教）。

③變相鼓勵孩子，使用電子產品來占據心思

快餐店和家庭式餐廳都讓孩子一開始分心，但隨即又低頭迷失在數位消遣中的場所。有些孩子是一手拿菜單，另一隻手拿攜帶型的科技裝置。而另外一些孩子則是闔上手上的菜單後，立馬拿起攜帶型的科技裝置來大玩特玩。

我不必往外去找，只要抬頭看看我診所的等待室，就可以看到一堆電子保母了。在那裡，我經常可以觀察到一群過度仰賴電子裝置的父母，他們用電子裝置來讓孩子打發無聊，或是在跟我說話時，有東西可玩。當一家人都來看我時，我還時常能發現光他們一家人，就有很多件的電子裝置同時在用！

當孩子看起來似乎乖乖的自己玩，心思被移動螢幕裝置所占據時，也是一種強迫，要他學會坐著「自己一個人」。有趣的是，我一個正值青春期的客戶，十四歲的卡羅斯

和我分享了他對這件事的看法。他跟我保證說，他的父母親簡直太寬大了，他們鼓勵他「玩電子類的東西」。卡羅斯跟我說，「杜德，我朋友的爸媽都叫他們離手機遠一點，但我爸媽卻要我無聊時，在自己的手機上玩遊戲。那我可不會笨到去拒絕的！」

對於孩子使用螢幕裝置，家長之所以採取太過寬容作法的理由是，他們沒辦法、或是已經不知道該如何跟自己的孩子說話，也不知道該如何傾聽他們說話。我也看過一些對孩子無聊「感同身受」的父母，他們跌入自己扭曲的罪惡感之淵，覺得孩子因為生活單調很可憐。基於這種信仰，父母親就放棄管束，錯誤的相信科技裝置正是安撫孩子的最佳方式，以致讓３Ｃ產品過度使用的習慣更加嚴重。

解決辦法

要記住，家長有能力可以影響孩子，讓他們學習不賴著螢幕裝置也能感覺滿足。對於年齡小的孩子，可以採用素描本、故事書、我是小偵探之類的書、迷宮書、適合孩子年齡的棋藝遊戲、沒有螢幕類的玩具，像是玩粘土，和適合他們的樂高積木。

對於十歲以下和十多歲的孩子，可以問一些需要說明的問題，像是最喜歡學校的哪些科目、如果可以讓他們自己選擇的話，週六想做什麼、嗜好、喜歡什麼網站和社交媒介、偏愛哪類音樂和藝術、生活中覺得最喜歡或是最擔心的事是什麼。想要了解有什麼好問題可以問不同年齡層的孩子，不妨看看Gregory Stock的《The Kid’s Book of Questions》。

年齡大一點的孩子，給他們記事本或素描簿，讓他們也能表達自我。如果你的孩子想玩遊戲，或用手機娛樂App，在合理的時間範圍內，找機會問問他們遊戲的事，並試著讓這些螢幕娛樂活動，成為你們之間交流的經驗，而不要讓活動將你隔離在外。

④只以時間長度作為設定目標，沒考慮在地點上設限

在約束孩子使用螢幕裝置時，限定使用地點可能比試圖追蹤使用時間來得容易。美國小兒科學會建議家長，不要在小孩臥室中放置電視、電腦或電玩，藉此在家中建立一些「無螢幕」區，吃晚飯時，電視也要關掉。這做起來未必容易，但還是能做到。我輔導的家庭中，就有一家人在他們家樓梯下面放了一個籃子，這籃子是給孩子和家長一起用的。家長和孩子都同意在上樓睡覺前，把他們的手機放到籃子裡。

解決辦法

如果電視是打開的——就算只是在背景裡面播放，還是可能會吸引孩子的注意力。如果不是你主動要看節目，就把電視關掉。攜帶型裝置、電視和電腦都別放在孩子房間，或至少使用時要監管。臥房裡有電視和螢幕裝置的孩子比房中沒放的看更多電視和影片。把電腦放在家裡的公共區域，監視孩子花在螢幕上的時間，以及所上的網站。

別在電視機前吃東西。讓孩子在電視機前吃飯或點心，會讓他看螢幕的時間增加。這個習慣也會造成他無心咀嚼，導致之前提過的體重增加。

設置平常上課日的規則。大多數孩子在學校要上課的時候空閒時間比較有限。別讓孩子把所有的時間都耗在電腦前面。也要小心，別把螢幕時間當成寫好作業或做好家事的獎勵，導致看螢幕的時間過長。最好是透過你冷靜、堅定、非掌控的聲音來影響孩子，而不要用拉長電玩的聲音來激勵孩子。

一個十三歲的客戶告訴我，對於父母限制他在房間裡使用手機的事，他並不介意。他之所以認可這件事，並和父母配合是因為他們對他說話的態度並不過分，讓他不覺得自己被威脅。孩子沒有情緒上的反彈，就能看清當身邊有3C裝置時，他實是分心得過頭了。在建立了彼此間的互信與合作關係之後，這孩子的父母就答應讓他在全家的公共區域內使用他的3C裝置，而使用的時數則是雙方都認為合理的。

⑤父母相信「我現在不能」這套迷思

當孩子和他們的父母親在我診所裡討論玩電玩的問題時，我常聽到孩子苦苦哀求，「媽媽，讓我……，讓我過了那一關就好，之後我會乖乖配合的」。我太常看到了，一關之後又是一關，沒完沒了。比利，十四歲，他跟我說，「我覺得我爸媽對打一關到底需要多久，完全沒有概念，所以我就可以拿那關還沒打完來唬弄他們。不過，我通常是打完了，然後我又想接著到下一關。」

解決辦法

想辦法跟孩子保證，如果他能遵守合理的3C裝置時間管制，就能確保他下次再玩的特權（提醒他，是特權，不是權利！）嘗試用溫和的方式提醒他：你們雙方都同意的使用時數，且你願意給他提個示（像「艾娃，請別忘了，我們同意的時間只剩下五分鐘了喔」）。跟他表示，你了解把遊戲暫停或關掉對他來說有多突兀，或多討厭，畢竟遊戲需要高度投入，而且很刺激。當孩子真的表現出合作的態度，即使一開始並不是你想要的馬上停止，還是要用讚美來支持他。你愈是多多「注意到」他表現出來的「自我控制」行為，他就愈會去控制自己。

⑥家長相信「電子互動能彌補沒有親自見面友誼的缺憾」

雖說不如上述其他理由那麼常見，還是有些家長會支持孩子，特別是害羞、不擅社交、或極度內向的孩子擁有更多使用3C裝置的時數。這些家長關心的是，他們的孩子在見面互動中，感受到的不愉快，將會在3C裝置中被消除。

我輔導的一個十幾歲孩子，最近感到很難過，因為他看到了社交媒介上秀出了一些他被排除在外的聚會照片。被別人排除在外，或是從別人獲得的「讚」不夠多，都會讓一些孩子覺得要毀滅了。我也看過某些父母，在管制電玩時數時心存猶豫，因為他們覺得那是孩子與朋友很重要的互動方式。

在人際關係上受到挑戰，或是感到苦惱的青少年及他們的同儕，或許真能透過即時訊息，獲得支持感及情緒上的安慰。阿部杜爾是我一個十五歲的客戶，個性非常內向，他跟我說，「我在即時訊息上說事情就不會緊張，真像是吃了大力丸」。這同時，家長也必須確認，孩子在數位上的交際，並不會取代他們在現實生活中的人際互動。

解決辦法

如果你的孩子不願意嘗試新的事物，或結識新朋友，讓他慢慢的接觸新的經驗。當他在社交上甘冒新的風險時，讓他知道，你對他的努力感到很高興。「我們昨天在店裡面排隊時，我看到你和那些排隊的孩子講話了。我知道這很難，我為你感到驕傲。」當有人當面說他很害羞時（眞的會有），稍微修改一下，說類似這樣的話，「我知道你喜歡把事情放在心裡，評估新情勢。」

當孩子最後能喜歡上他曾經認為會不喜歡，或一開始覺得害怕的事物時，把這件事情點明出來。事實上，他將學會自己調整謹慎的感覺。

你不該做的是，把孩子標上「害羞」標記。這樣他就會開始把緊張當成一種固定的特質，而不是可以學習去控制的情緒。他可能知道「害羞」在我們的社會通常是一種批評。想要多了解父母把孩子上標記帶來的負面影響，可以參考我的著作《Liking The Child You Love》。

適合不同年齡層的3C裝置使用指南

實際生活中，八歲到十八歲孩子看著螢幕的時間，每天是七個半小時，這和美國小兒科學會及其他專家建議的：一天一到二個小時，差距實在太大了。而子女被家長容許超過指南建議的使用規範，比例也相當高（根據統計，約有40％牙牙學語的幼兒，就用過智慧型手機或其他移動裝置了）。在當一位有責任感、能管理孩子螢幕使用時數與地點、並能設下限制的家長，與管理過程中不切實際、或限制過度的家長之間，當父母的最好能找到一個合理的平衡點。

孩子把時間花在戶外遊戲、閱讀、嗜好，並利用想像力隨便玩是很重要的。如果要幫助孩子，聰明的選擇好的媒體，家長就必須好好監控他們的「媒體糧食」了。家長可以利用現有的表演、電影及遊戲評分系統來選擇，避免挑到不適合的內容，像是暴力、明確的性內容，或是把吸菸喝酒美化的內容。

在第四天內容中提及的金伯莉・楊博士是研究科技對兒童影響的國際專家。她提出的推薦內容，與美國小兒科學會一致，不過，卻更精細，很適合家長用來管理孩子使用科技。請了解這些寶貴的指南，特別是運用到行為偏差孩子身上的指南，都必須以冷靜、堅定、非掌控的方式來執行。身為家長的你可以很努力的去遵守這些指導原則，然而也要了解必須以冷靜、堅定、非掌控的風格來配合，才能成功的執行並維持。依照不同年齡所建議的指導原則介紹如下：

①出生到兩歲：避免任何程度的使用

美國小兒科學會不鼓勵二歲以下的孩子使用媒體，這其中包括了智慧型手機、電腦、電視及其他任何電子產品。雖然，不清楚這個忠告是基於哪種可靠的研究所提出，我還是知道有些父母很尊重這個意見，不過卻覺得難以遵循。

一位和我講過話的媽媽，就跟我提過以下針對美國小兒科學會３C裝置時間指南的看法，「他們的建議我聽到了，不過，對我來說根本辦不到。當我大兒子玩他手上的行動裝置，而我襁褓中的女兒斜眼看了哥哥一眼時，我是不會擔心這是否會把她腦子給搞糊的。我到別人家拜訪時，也不會堅持人家必須把他家電視關掉。如果我們去的餐廳裡有電視，我也會擔心我是不是多多少少在『傷害』我的孩子。」

美國小兒科學會秉持的道理是，任何使用３C螢幕的時間，都會傷害到人際溝通、發展，及小孩跟父母或是其他家人間的親密感。如果這個年齡的幼兒完全與科技隔離，他們就有時間可以發展與其他人之間的關係，及所需的感覺動作與技巧遊戲。這樣說應該不會錯，要強制管理這個年齡幼兒的媒體消耗情況，將比管理年紀大的孩子容易。

②3到6歲：結合學習效果，一天1小時為限

根據楊博士的說法，三到六歲的孩子可以在父母謹慎監督下，接觸到科技。很有趣的是，研究顯示有二到五歲孩子的家長之中，有四分之一表示他們每天讓小孩花在螢幕的時間，平均約三小時或三小時以上。在這些家長中，有百分之三十五的家長表示他們沒想過要限制每日觀看螢幕的時間，有百分之二十四則說，他們沒幫家人設過什麼不要看螢幕的時間，而百分之十九則說，他們沒幫孩子規定哪天不可以看螢幕。

如之前所提過，不少父母常給孩子平板電腦或智慧手機，來打發他們的時間。而對年紀小的孩子來說，這些時間在他們的學習發展上是很重要的，是他們學習親社會的利他行為，以及社會行為的重要時間。讓他們能參與電腦之外的活動，以免被多平臺的攜帶裝置（像手機、iPad、平板電腦、手提電腦）操縱，是很重要的。

推薦這個年齡層的合適活動

- ◆說故事時間用電子閱讀器。
- ◆在手機或平板的應用程式上排序形狀圖案，並找出藏起來的東西。
- ◆在螢幕上選擇對小朋友友善的電子媒介，教導他們數字、英文字母、注音等。
- ◆要確定他們有實體的行為，如動手玩、閱讀書本和其他的孩子互動。

③6到9歲：監督孩子使用狀況，一天以2小時為限

對六到九歲這個年齡層的孩子，楊博士建議的是，孩子必須用社交和實體行為與科技取得平衡。這個年齡群的孩子，如果根據美國小兒科學會的指導原則，在家長密切的監督下，每天最多可以使用兩個小時的螢幕。這個年齡的孩子早就能掌握跑跑跳跳等身體行為，彎下身去時不會跌倒，使用科技裝置時，不妨嘗試全家人都可以玩的遊戲，其中有讓身體動作的。

推薦這個年齡層的合適活動

◆在監督之下使用網路（並每天空出一些非科技時間來聊天）。
◆和家人一起玩有動作的電玩遊戲。
◆找時間，為「使用科技裝置的時數」下個新定義。
◆讓小孩在學校社團、運動項目、同儕之間，及校外活動上都保持活躍。

④9到12歲：負責任的使用，且最好一天不超過2小時

九到十二歲的孩子每天使用螢幕的時數還是建議不要超過兩個鐘頭，這其中包括了全家玩電玩遊戲的時間。楊博士建議，不要讓孩子能在家裡的私人區域，像是孩子的臥房裡面，接觸到科技裝置。這種鎖定地點的限制方式，我們之前已經討論過了。楊博士還建議這個年齡的孩子不應該玩線上遊戲（特別是有角色扮演的遊戲）。

這個年齡層的孩子，心理和生理上都必受到刺激，方式包括了閱讀、在自然中散步、騎自行車、在學校有參與感、參加體育活動、在學校裡面交朋友，以及花時間和家

人在一起。請嘗試建立一段沒有科技干擾的家庭時光（也就是，晚餐時或在車上時身邊沒有任何科技裝置）。

楊博士建議，如果這些時間限制被破壞，家長就把所有科技裝置拿走24小時（或是更久），然後，在晚上把所有科技產品都鎖起來。我建議，父母親要限制使用或把科技裝置拿走時，必須以冷靜、堅定、非掌控的方式進行。舉例來說，家長可以說，「我知道遊戲對你很重要。我會在晚上把它拿走，是因為你沒遵守我們都同意的使用時數。我希望你能讓我知道，你真的了解我這麼做的原因，這樣我明早還你時，心情才會好。」

推薦這個年齡層的合適活動

◆在監督之下使用網路（並每天空出一些非科技時間來聊天）。
◆在遵守時數的限制及規則下，獨立使用科技和社交媒介。
◆做作業時加以監督，不遵守螢幕時數規定時，把所有裝置拿走或加以限用。
◆確定孩子有做完該做的家事，並參與了學校的活動。

⑤12到18歲：給予獨立權限，並與孩子協調使用時間

不管孩子是什麼年齡，所有家長對於孩子科技裝置的使用時數管束，似乎都比美國小兒科學會建議的原則——每天兩個小時或兩小時以下寬鬆，但是十幾歲孩子的家長在孩子科技裝置使用上的管束，多半會更寬鬆。上中學前，孩子幾乎都會擁有屬於自己的攜帶型電子裝置或智慧型手機。藍迪是我一個客戶，十六歲，他跟我表示兩個小時的使用時間「少得可憐」、「孩子是不會遵守的」。他說：「我知道十幾歲的人一定可以找

出辦法，對付家長設定的這些瘋狂時間限制。」

讓事情更複雜的是，十幾歲的孩子還會看到自己很多朋友，是沒有螢幕裝置時間限制的。他們對這些嚴格的規矩很感冒。當他們得知各家家長在管理十幾歲孩子時，立下的規矩大不相同時，很多下定決心的孩子就進行遊說，希望能取得全部的自由，其中包括了科技裝置的使用。我一個十四歲的客戶，雷斯特就和我分享一個很能代表這個年齡層孩子的共通作法。他跟我透漏，他是透過什麼方式被允許在房中使用智慧型手機和筆記電腦的。雷斯特更進一步告訴我，多數他認識的朋友，每天至少都會花四小時在網際網路上做家庭作業、看YouTube、上維基百科、上社交媒介，並且玩電玩。

視家長的開放程度，他們對於管束十幾歲青少年使用螢幕的作法也不相同。單純設下限制，效果是不會好的，特別是年紀大一點的青少年，對他們來說，規矩必須他們認為有意義才行。十幾歲的青少年渴望獨立，而家長愈是冷靜、堅定、非掌控，就愈容易取得他們的合作。

冷靜、堅定、非掌控的態度可以消除所有潛在權力鬥爭的靜態噪音。這個年齡的青少年，渴望擁有自己的社交媒介控制權，他們也很希望在使用所有科技裝置時，能擁有自主權。冷靜、堅定、非掌控的方式可以軟化父母在檢查青少年們訊息或其他電子溝通形式內容時帶來的衝擊。我建議，在盡可能的範圍內，給你十幾歲的孩子們自己的空間，盡量不要擅自入侵他們的世界。否則，你很可能會把正在努力建立、或是重新建立的信任給破壞殆盡。

楊博士建議，家長如果容許自己十幾歲的孩子在使用螢幕時不設時數，那麼可以讓他們自行記錄使用時間。這個主意其實不錯，對不少家長和孩子來說，可行度都很高，但我卻不常看到家長和孩子採取並施行這個政策。不過，只要維持一個冷靜、堅定、非掌控的聲音，你還是可以幫助這個年齡層的孩子在進行線上活動時，做出更好的選擇。

傳遞你希望孩子好的訊息給她，比幾乎肯定會挑起戰火的「照我說的去做」，更能穿透孩子防衛的心牆。如果孩子玩了一下午的電玩，或是邊做功課邊玩，你在跟他討論此事時，請保持冷靜。用同理心去想想孩子的需求，像是他面對了一些競相吸睛的有趣事物，無從選擇，或者他需要用到社交媒介，又或者他是因為功課所需，必須做點研究。就像食物成癮一樣，上網其實就是要做健康的選擇。父母若對某些食物有嚴格的限制，之後孩子往往會反抗，大吃特吃一番。在注意這類事的同時，均衡的網路與媒體營養就意味著，身為一個獨立的青少年，使用科技時是負有責任的。你和孩子的情感若是親近，就愈能了解他在虛擬空間裡喜歡什麼。

遵守彼此同意的規則，合理的期待你家的青少年能以負責任的態度使用科技。在決定並執行時，維持冷靜、堅定、非掌控的態度，管制不良媒體，不要過度使用。如果你對孩子施行了短期的禁用，或是限制他一天或一週的使用，讓他知道，你在情感上還是很支持他的，非常不願意繼續這樣剝奪他的特權。

借用一句美國著名喜劇女星，露西兒•鮑爾的話，「如果你想做某件事，找忙碌的人去做」。請記住，要鼓勵你家的青少年，讓他覺得自己是有生產力。讓他幫忙做家事，盡他一份力（像是洗碗、割草坪、鏟雪或是拿垃圾出去倒）。

我再怎麼強調讓十六歲以上的孩子去兼職打工有多重要，也是不夠的。工作可以讓青少年每天有事做，不會無聊、發呆，以致於花太多時間在科技產品上。等他自己賺錢後，可以讓他「自掏腰包」，買自己的數位產品，幫助他們建立工作的規範。

他們日子愈忙碌，愈沒時間去玩數位的東西。承認吧，，當你家十幾歲的孩子因為工作時太常去瞟自己的數位裝置，挨了老闆的罵後，絕對可以幫助他明白過來，家裡的日子是多麼逍遙甜蜜啊！

推薦這個年齡層的合適活動

◆孩子對於科技有獨立權，不過請確定他在和你談論科技裝置的使用時態度坦白、有責任感，而且不超過合理的限制範圍。

◆知道你青少年期的孩子有哪些線上朋友，請他們來家裡吃飯，聊聊他們。

◆確定孩子有做完該做的家事，並參與了學校的活動，和朋友有來往。

◆鼓勵你青少年期的孩子做一張時間表、個人財務管理表，並訂定一套好的工作規範。若是適當運用，有不少很棒的app軟體，都可以幫助孩子在這些領域取得成功。

附錄III

對付行為偏差學生的指南及策略

我希望你會覺得這份附錄很有用。如果你是孩子的父母的話，我建議你可以把這份附錄拿給孩子的老師或學校主管看看，作為你為孩子爭取應有權益的方法。雖然你是最愛護孩子的人，但也請記住，不要「激怒」他們。如果若是他們因此而對孩子有更多其他想法或建議的話，也請你保持開放的態度。

如果你是想使用下列策略的教育工作者，你可能會發現偏差學生變得愈來愈容易管教。這其中的關鍵在於面對偏差學生想作怪時，你必須保持冷靜的態度。以下所有策略及資訊可提供你必要的工具，在讓你更冷靜也更有信心之外，還提供了兩大好處：

◆學生會愈來愈聽話，因為你把他們看到你生氣而感到開心的理由給移除了。

◆你以前拿來進行可歌可泣的權力鬥爭的時間，現在可作更為充裕的教學時間。

了解學生的偏差行為

你必須了解，偏差學生缺乏處理問題的技巧，也無法以建設性的態度來表達自己。通常偏差學生的情緒都很不成熟，不願意告訴你他不喜歡做作業、這星期第三次忘記帶講義、或是不知該如何解答老師要他回答的黑板上的數學習題。當這些孩子面對太多情緒性壓力及／或感情無法滿足時，便會說出難聽的話，或表現出偏差的行為。所以當學生拒絕解答黑板上的數學習題時，他真正的意思可能是「我不想在同學面前看起來很笨，他們會看到我搞砸了。」了解了這點之後，你可能會跳過這個學生，而私下在解答數學習題方面多幫他點忙。保持冷靜，為自己與偏差學生留點顏面，可以讓你有效地應付學生因情緒不成熟所導致的偏差行為。

本著理解的精神，對可能影響孩子、讓某些孩子在校可能表現出偏差行為的特殊環境，也要留上一份心。羅藍道在七年級的社會課上表現並不好，他拒絕和老師有任何形式的眼光交流，被點到名字時也全然不理。羅藍道這種公開的偏差行為為他招來了處罰。教學輔導老師曾經一度跟羅藍道說，她覺得他是把助聽裝置關掉了，想逃避被點到名。覺得教學輔導老師了解自己的羅藍道掉了不少眼淚，他為自己引起麻煩覺得很羞愧。在了解到自己潛藏的焦慮後，他就跟老師以及教學輔導老師一起討論，開始提高他在班上的參與度。

不要認為學生的偏差行為是針對你

記住，你是學生偏差行為的出口，而不是原因——除非你大聲吼叫、與他爭論、或試圖用諷刺的方法來對付他。因此，千萬不要把他的偏差行為視為是針對你。你應該問他：「約翰，這是怎麼回事？這一點都不像你」，或是說：「你為什麼這麼難過呢？」即使這些話並無法反映你真實的感受，但與其與學生對抗，倒不如伸出援手來幫他，更可以保住你的尊嚴與專業地位。除此之外，你必須對所有學生強調偏差確實是一種麻煩，但有偏差問題的學生本身卻不是麻煩。

透過傾聽與鼓勵和學生產生聯結

大部分偏差學生都覺得自己在學校裡既沒權又無能。他們之所以傷害別人搗亂，只是為了表達自己在班上無法滿足的情緒。

我教過許多老師有關傾聽的力量的職前訓練課程，目的是減少學生的偏差行為。傾聽的力量之所以如此巨大，是因為它等於向學生表達了你了解他的想法。我的意思不是要你屈從於學生的意見——如果他的意見不合理的話。如果有學生說法律應禁止學生寫作業，並不表示你就該認同這種說法。你的主要目的是要讓學生知道你完全了解他們的想法。你可以告訴他說，你覺得寫作業確實是很累人，但還是很有挑戰性。偏差學生常視認真聆聽的老師，是支持、尊重且關心他的人。

當你在詮釋學生的論點時，可使用以下這些說法：

◆「你覺得不公平，是因為我不夠注意你。」

◆「所以，正如你所知道的，這次的測驗真的很難，因為……。」

◆「你覺得這一課沒有重點，是因為……。」

如果能以上面示範的例子來回應學生的情感，你就能在孩子做好準備時，鼓勵他去改變學習的觀點。做這件事的方法之一是跟他說，「所以，我們來討論一下怎麼把這個資訊／技巧應用到你生活裡。」

培養師生關係

和學生建立一個正面、有信賴感的關係，可以讓你在降低學生可能的偏差行為上，先發制人，採取主動。你必須了解在學生外表行為之下的意義。私下與他談談，表達你的關切之意。你可以給他幾篇雜誌上的文章，或提供他幾個他可能會有興趣的網站。每天花幾分鐘鼓勵學生。多笑，少批評。你可能得花點時間才能做得到，但這些舉動無疑是向學生顯示出你的同理心與關懷——而且會對他產生累積、有力且正面的影響。

一旦你與學生建立起密切關係，告訴他你真正關心的是偏差行為所導致的諸多問題。請確定你也可以聆聽他的意見。在這個過程當中，請你堅持一項原則——互相尊重。永遠要傾聽學生的聲音，讓他說出自己的想法。在他說完話之前，千萬不要打斷。

保持冷靜、堅定、非掌控的態度

應付偏差學生的最好方法，就是保持冷靜。如果你知道如何避免權力鬥爭的話，便不會想涉入權力鬥爭裡。當行為偏差的學生看到你表現出下列行為時，會認為自己可以繼續做出負面的行為：

◆看得出你愈來愈生氣。
◆提高嗓門。
◆試圖威脅他。
◆打斷他的話。

盡量稱讚學生

大多數我談過的老師都了解，適當的讚美能與偏差學生建立起良好關係。很多老師都被學生古怪的行為所愚弄，以至於深信即使自己稱讚學生，對方也會無動於衷。但事實上並非如此。你的稱讚具有無比的力量，因為這等於是對他的認同與正面關注。學生有非常多值得稱讚的理由，是你從沒有充分利用到的。請注意不要陷入不是一味地稱讚學生，就是忘了稱讚他的陷阱。我見過許多老師很會稱讚一般表現良好的學生，卻在偏差學生表現良好時忘了稱讚他。偏差學生可能無法一夕之間就得到你的讚美，因為他們與大人之間的不良互動已有很長一段時間；然而透過讚美及其他獎勵（像是根據下列的獎勵模式），稱讚的正面影響力終究會增加不少。

當你要稱讚行為偏差的孩子時，請注意以下幾點：

◆在他做出你希望他表現出來的行為後，就盡快稱讚他。

◆具體而誠懇地稱讚他值得讚許的成就。
◆對學生的努力與能力表示讚許，並暗示他將來也會同樣成功。
◆提醒學生你相信他，告訴他，他很重要。

讓自己像個神探

我一直很喜歡「神探可倫坡」這個節目。這個節目的男主角是個叫可倫坡的偵探，他常用令人十分困惑的方式詢問嫌疑犯。可倫坡最主要的特質，在於很冷靜又有好奇心。我建議你可以問問偏差學生幾個問題，像是「你為什麼這麼苦惱？」或「你好像有點生氣」。這些話可能並不是你內心的感受，但卻能產生良好的結果。然後你可以繼續問他：「是什麼原因讓你這麼生氣？」或是問他：「我可以為你做什麼嗎？」如果學生回答「可以，就是離我遠一點」的話，你也不要失去鎮定。你應該繼續使用可倫坡式的超然態度，讓這次的麻煩成為解決問題的契機，不致最後演變成悲慘的結局。

不要立刻或在眾人面前做出反應

對學生的偏差行為不立刻反應會很有效果。舉例來說，如果學生說：「我才不要做這件事」時，千萬不要馬上回應。請你先停一下，然後很驚訝地看著他說：「我不懂你為什麼這麼說。」這種反應會讓偏差學生有機會保留自己的顏面，而且不需要你一再斥責，就會把那種令人無法接受的行為，轉化為更順從的舉動。如果你與偏差學生的關係已經惡化到不行，那麼就絕不能在其他同學面前用這個方法，而必須私底下做。而且這個問題絕不能在眾人的面前解決。有時你為了讓學生閉嘴，只好說：「現在先不談這個。等你可以告訴我你的想法時，我們再來談。」最重要的是，你與學生必須在如何對待彼此這方面達成共識。來看看下面的例子，了解一位創新的老師是如何幫助學生，讓他的情緒緩和下來，阻止他的偏差行為。

希拉蕊和媽媽因為校外旅行發生爭執。希拉蕊執意不去，卻拒絕告訴媽媽理由。被媽媽告知這種情況的老師給了希拉蕊一張紙、一支筆，要她把心裡的想法寫下來。由於希拉蕊由於花了一些時間去寫出感覺，所以才有辦法說出她之所以不想去，是因為有可能要穿游泳衣。希拉蕊在校外的心理治療師介入了這件事，他繼續跟老師合作，並達成協議，當其他學生去游泳時，希拉蕊留下來幫老師做些跟課業相關的事情。

用對方法，結束與孩子的權力鬥爭

老師也是人。有些學生很擅於把老師捲入爭執之中，最後轉變成了權力鬥爭。為了避免陷入可能的權力鬥爭，你可以：

◆**做幾次深呼吸**。我輔導過一位老師客戶，她說，她在困難的處境下處理偏差學生問題時，會做幾次比平常還深的呼吸，然後再慢慢吐氣。她說這麼做，也可以讓她有時間思考該如何做出適當的反應，而不是立即針對學生的行為有所回應。

◆**在還沒成功地結束權力鬥爭前，先假裝自己已經做到了**。眾所周知的心理學之父威廉．詹姆士曾說過一句很有名的話：「如果你假裝自己做了什麼會有所不同，結果就真的會很不一樣。」我希望你能把這句話用在對付偏差學生上。如果你能保持冷靜與泰然自若，就可以表現出那付樣子。我不是要當學生把書丟到窗外時，你心裡還可以竊笑。我的意思是如果你盡可能表現出冷靜、堅定與非掌控的態度，就可以表現出那個樣子。

◆**用「我」取代以「你」開頭的說話方式**。這種說法，可以讓你免於權力鬥爭。用「你」開頭的說法（「你應該要爲這次考試做好準備的」），比用「我」的說法（「我不了解爲什麼這對你來說有那麼困難」）容易激起更多負面的情緒。這是因為以「我」開頭的說法，暗示了聽者是「錯的」，而你是「對的」。以「你」開頭的說法，會讓人覺得有指控性。以「我」開頭的說法，可以減少因老師批評所導致的反抗。我還記得自己在指導教師職前訓練計畫時，提過一個很有效的溝通方法。當我請那些老師每兩人分成一組練習時，有一位老師說：「這種方法一點用都沒用。我拒絕做。」我以冷靜、堅定、非掌控的態度告訴他說，我對他的決定感到很失望。後來那位老師同意做這個練習。爾後他私下告訴我說，他正在經歷離婚的痛苦，情緒很混亂。他為我那時的反應而向我道謝。我也很高興自己用了「我」開頭的說法。這些技巧真的很管用！

◆**不要為了下最後通牒而導致權力鬥爭**。當隱然的對抗一觸即發之際，你可以修飾自己的措辭為學生留面子，讓他保留想要的形象。舉例來說，有位老師對學生說：「莎拉，現在打開你的課本，專心一點。否則我就要把你送去辦公室！」這句話無疑是把學生逼到死角。最後這個學生並不會認為自己受到威脅，而且可能還會置之不理，因為他並不想「輸」。老師不妨用另外一種說法：「莎拉，我請你把課本拿出來，而且要專心一點。我真的希望你明天考試能考得更好。」

另外一個例子是，有位老師正在走廊上巡視時，看見雷蒙站在自己的置物櫃前，但那個時間不該有學生在那裡。老師明顯的挑釁態度激怒了雷蒙。老師說：「雷蒙，我告訴過你多少次，未經准許是不可以靠近櫃子的。你聽不懂我的話嗎？在我把你送去校長室之前，你快給我離開這裡！」在這個例子當中，雷蒙可能會乖乖走開，或者是在遭受這種人身攻擊之後反擊回去。雷蒙的反擊方式可能很叛逆，包括、但不限於對老師說出不當的言詞，甚至是更糟的反應。當老師質疑學生而突然爆發權力鬥爭時，學生可能會說出「別命令我該怎麼做！」或是「你管好你自己的事就好」之類的話。

同樣一個場景，如果那位老師能使用我那套冷靜、堅定、非掌控的方法讓雷蒙回教室上課，而不至於在置物櫃那裡閒晃的話，他們的互動可能是這樣：「雷蒙，我可以跟你談一下嗎？」然後老師輕聲地對雷蒙說：「雷蒙，你可不可以幫我一個忙？我必須確認上課時間走廊上沒有人。你可以幫我這個忙嗎？你現在應該在哪裡？」當雷蒙看到老師是用請求、而不是責罵的態度時，反應勢必會很不一樣。上面這兩種交戰的情況，老師都有同樣的目的，那就是終止權力戰爭。在第二個場景中，當時老師在不至於引起權力鬥爭的情況下，有更好的機會可以達到目的。

保持冷靜、堅定、非掌控的態度。老師憤怒的反應會增加學生的偏差行為，導致權力鬥爭不斷加劇。當你覺得自己被學生激怒時，花點時間整理一下思緒，在做出任何反應前，先想想該如何才能有適當且專業的表現。

控制型與不控制型老師的比較

下列是老師如何能以最有效方式應付偏差學生的濃縮精華。控制型老師的說法，會引發學生的偏差行為。反之，冷靜、堅定、非掌控的方法，會減少學生的偏差行為。

控制型老師的說法	冷靜、堅定、非掌控型老師的說法
你老在外鬼混，真是壞了一鍋粥的那粒老鼠屎。」	「我知道你很喜歡大笑，情緒好像很high。可是我真的希望每個人都能很專心，因為我們有好多新的教材要讀。這也是為什麼我要你盡可能專心的原因。謝謝你。」
「如果你不坐下來，我就不幫你改這次的作業。」	「請你坐下來，我才能幫你做完你沒做的作業，這樣你才能準備好做今天的作業。」
「傑瑞米，現在就把課本拿出來，否則我就要把你送到學務處！」	「傑瑞米，可否請你把課本拿出來，我們好開始念書。我希望你能趕上進度，才不會被足球隊開除。我知道足球隊非常需要你。」

「如果你的實驗進度一直落後的話，你的科學課就會不及格。」	「我不明白為什麼你的實驗結果一直交不出來？我看到你做實驗時興致很高，且我也希望你的實驗能拿到好分數。讓我們來看看，是什麼原因讓你無法完成最後的結果。」
「夠了，艾瑞克。你又在打電話了。我要把你送去教官室！」	「艾瑞克，我很欣賞你的熱情。但我們下課後，也許可以針對你在課堂上打擾別人的問題談一談，這對我們兩人都很有幫助。若你願意幫我弄清楚是怎麼回事，我會感激你的。」
「提姆，如果你繼續作弄旁邊的人，就回來這裡自己一個人坐。」	「提姆，希望你在班上乖一點。我知道你會做出更好的選擇。在午飯過後我們能聊聊，看看怎麼樣讓你更乖！」

至於，要如何成為冷靜、堅定、非掌控型的老師呢？不妨參照下列作法：

◆**改變你的思考邏輯**。如果你發現自己陷入與偏差學生的惡毒戰火（像是提高嗓門、斥責學生）時，請盡快想辦法讓自己脫離這種情緒（像是離那個學生遠一點，然後用中性一點的語氣，再對他說一次你的要求是什麼）。

◆**不要利用社會壓力**。利用社會壓力或肢體壓力，讓反抗學生做出你的要求，是非常錯誤的舉措（像是斥責、試圖用目光壓倒學生、站著看他）。通常學生會抵死不從，而最後會導致權力鬥爭。大人尤其不要把手放在學生身上，強迫他順從。多半學生會視這個舉動為嚴重的肢體威脅，而且會採取同樣的方式回敬你。在許多情形下，老師碰觸學生的身體是違法的——即使是以親切的方式碰觸他。

◆**利用幽默感來減少對抗**。以幽默（不是嘲諷）的方式回應行為偏差的學生，這對他而言，代表了老師願意為他保留面子，而且他的偏差行為會因此而減少，並更易於應付。學生可以加入老師用笑來掩飾一切，然後繼續參與班上的活動。我建議你不要諷刺或揶揄學生，因為行為偏差的學牛十分敏感，很容易會因為感到別人不尊重他而更偏差。你可能也會發現，透過私下的追蹤會議來談談這些事，確定學生真的了解你很關心他的反叛行為，是很有幫助的。

◆**請注意少即是多**。對偏差學生說得愈少愈好。老師的反應愈少，會讓偏差學生覺得自己被控制得愈少，而且會讓你避免因投注太多負面性的關注，反而無意中「獎勵」了不乖的學生。

◆**當學生難過時，不要要求他做什麼事**。當行為偏差的學生感到沮喪或難過時，如果你要求他做一件很難的事，他會變得非常想要反抗。如果可能的話，在你對他提出要求之前，給憤怒的學生一點喘息的空間，讓他整理一下思緒，冷靜下來。

◆**讓學生知道你了解他的感受**。如果你看到學生重重地把課本摔在桌上，走進教室後低聲抱怨，你可以說：「詹姆上，你看起來好像在生氣。你可以告訴我是怎麼回事嗎？」一旦你「點出」了他強烈的情緒，像是憤怒，那麼等會你跟學生便可以談談，找出他憤怒的原因，並共同找出解決能讓他緩和下來的方法。

◆**獨處或許會有用**。不過在與學生好好談過之前，千萬不要逼他獨處。這種「意外的驚喜」只會讓他更叛逆。讓學生成為你計畫的一部分，以改變他的偏差行為。

如果你不這麼做的話，只會成為他的敵人。

◆**明智地選擇戰爭**。若是學生說的話只是讓你有點討厭的話，就別理他了。如果他的負面意見嚴重到你必須回應（像侮辱、挑戰你的權威），請用中性態度，簡短表達為何他的言論不當，假裝算是自己已處罰過他了，然後再繼續上課。

更多對付偏差學生的策略

如果你覺得無法有效及缺乏支持地對付偏差學生的話，以下建議或許有幫助：

◆盡可能收集一切有關學生的有用資訊。

◆與諮詢顧問談談，討論一下學生在學校的整體表現。

◆找出過去一年教過學生的老師，擷取他們過去的處理經驗。這些老師可能會告訴你一些對他們來說能夠有效對付學生的教學技巧（如果是六到十二年級的學生，要求開小組會議）。

◆跟校長或副校長討論學生的問題，聽聽這些主管的建議。

◆如果哪裡有適合的兒童讀書會的話，老師應該考慮讓孩子去參加。

◆如果學生接受個人化教育方案的話，召開一個會議，跟負責讀者會的人談談，看他們是否有什麼新的建議。

◆如果哪裡有適合的諮詢計畫，不妨跟孩子的良師益友談談，看看對方有什麼建議。

10天內，孩子不再是小霸王！全新增訂版

作　　者／傑佛瑞・伯恩斯坦（Jeffrey Bernstein）
譯　　者／陳昭如、陳芳智
企劃編輯／蔡意琪

行銷企劃／洪沛澤
行銷經理／王維君
業務經理／羅越華
總 編 輯／林小鈴

發 行 人／何飛鵬
法律顧問／台英國際商務法律事務所　羅明通律師
出　　版／新手父母出版
台北市104民生東路二段 141 號 8 樓
電話：(02) 25007008　傳眞：(02)25027676
E-mail：bwp.service@cite.com.tw
發　　行／英屬蓋曼群島商家庭傳媒股份有限公司城邦分公司
台北市 104 民生東路二段 141 號 2 樓
讀者服務專線：(02) 25007718；25007719
24 小時傳眞服務：(02) 25001990；25001991
讀者服務信箱 E-mail：service@readingclub.com.tw
郵撥帳號：19863813
戶名：書虫股份有限公司

香港發行所／城邦（香港）出版集團有限公司
香港灣仔軒尼詩道 235 號 3F
電話：(852) 2508-6231　　傳眞：(852) 2578-9337
E-mail : hkcite@biznetvigator.com
馬新發行所／城邦（馬新）出版集團Cite(M) Sdn. Bhd.
41, JalanRadinAnum, Bandar Baru Sri Petaling,
57000 Kuala Lumpur, Malaysia
電話：603-9057-8822　　傳眞：603-9057-6622

封面設計／江儀玲
內頁排版／菩薩蠻數位文化有限公司
製版印刷／卡樂彩色製版印刷有限公司

2007 年 10月初　版　3.5刷
2011 年 01月修訂版　3　刷
2015 年 10月增訂版　1　刷
售價／ 340元

城邦讀書花園
www.cite.com.tw
Printed in Taiwan

ISBN　978-986-120-489-5
EAN　471-770-209-142-2

國家圖書館出版品預行編目資料

10天內，孩子不再是小霸王／傑佛瑞．伯恩斯坦（Jeffrey Bernstein）著；陳昭如、陳芳智譯. -- 增訂初版. -- 臺北市：新手父母：家庭傳媒城邦分公司發行，2015.10

面：　公分. --（好家教系列；SH0035Y）

ISBN 978-986-120-489-5（平裝）

1. 親職教育 2. 問題兒童教育 3. 行爲改變術
4. 親子關係

528.2　　　　99024047